Meinen Eltern
Dr. Frances Capps Cogan und
Dr. David Glendenning Cogan gewidmet,
denen ich meinen Wissensdurst,
den Anker der Liebe,
die Freude an der Arbeit und das Lachen danke.

DANKSAGUNGEN

Einigen meiner Freunde, die den anderen schon auf dem Pfad auf die andere Seite vorangegangen sind, möchte ich besonders danken:

* Larry Redshirt, dessen Tod mich gezwungen hat, mein Leben zu überdenken;
* Prof. Mary Bromage für die Korrektur meines Manuskripts und meines Stils; und
* Dr. David G. Cogan, der mir die Disziplin des Schriftstellerlebens nahegebracht hat.

Auch einigen Freunden, die noch mit dem zentralen Sinn des Lebens ringen, habe ich zu danken:

* George Whitewolf für seine Geduld mit meiner Naivität und für seine Offenheit;
* Dr. Lesley Shore für ihre beständige Unterstützung und kluge literarische Beratung;
* Dr. Jacob Goering, der mich ermutigt hat, meinen Träumen zu folgen;
* den Schwitzhütten-Bünden, die mir ihre Erfahrungen anvertraut haben, und
* Jennifer Barker, Judy Noyes, Katie Rock, Beverly Harju, Janet Lindner, Polly Parson, dem Food & Books Bookclub, Wendy Williams, Long Man und zahlreichen anderen, die mich so großzügig unterstützt haben.

Vor allem möchte ich meinem Mann und besten Freund Duncan Sings-Alone danken, der mich mit meinem ersten Computer und den Worten »Es ist jetzt an der Zeit, ein Buch zu schreiben« überraschte.

PROLOG

CHRYSALIS

* * *

Das dämmrige Gefilde zwischen Vergangenheit und Zukunft bestimmt die diffuse Welt des Wandels innerhalb einer Chrysalis.* Ebenso schaut ein Teil von uns voll Sehnsucht auf den verlorenen Zauber der Vergangenheit, während ein anderer Teil froh ist, der chaotischen Vergangenheit Lebewohl sagen zu können; ein weiterer Teil von uns schaut mit allem Mut, den wir aufbieten können, nach vorn; einen Teil erregt die Möglichkeit der Veränderung; ein Teil schließlich verharrt reglos wie ein Stein und wagt weder in die eine noch in die andere Richtung zu schauen.

Mary Woodman
The Pregnant Virgin

Die Zeit und der Raum, in denen das Herz jeden erwachenden Tag willkommen heißt – sie sind sein Zuhause. Zeit und Raum, in denen der Geist Nahrung aus kleinen Augenblicken schöpft – sie sind sein Zuhause. Zeit und Raum, in denen der Verstand dem Licht wie den Schatten einen Sinn entringt – sie sind sein Zuhause. Zu dieser Erkenntnis hatte ich neununddreißig Jahre gebraucht – neununddreißig Jahre, um den Kreis zu schließen, um an den Ort zurückzukehren, an dem meine Ahnen und damit meine Wurzeln in der Erde ruhen. Ich kam, um mir ihr Wissen zu erschließen. Da mein vierzigstes Jahr nicht mehr fern

---

* *Puppe, besonders von Schmetterlingen*

war, hielt ich meine Verpuppung für abgeschlossen und war endlich heimgekehrt.

Im Norden von Michigan sind Land und Jahreszeiten von einer rauhen Schönheit geprägt. Die Winter sind lang, einsam und kalt. Danach hält zum werbenden Kollern des Auerhahns der Frühling in den Farben der weißen Drillinge, des rosa Frauenschuh und des gelben Doppelsporn Einzug. Im Sommer, wenn die untergehende Sonne goldene Pfade auf die dunkle Oberfläche des Michigansees streut, wimmelt es von Touristen. Mit dem Herbst kommt die Renaissance des Stadtlebens, nachdem die Touristen, im Volksmund »Pinkel« genannt, sich in die milderen Lagen im Süden zurückgezogen haben.

Bis vor kurzem hatte auch ich noch zu den Pinkeln gehört. Seit 1890 waren vier Generationen meiner Familie regelmäßig vor der sommerlichen Hitze in den Städten in die Kühle von Suttons Bay im nördlichen Michigan geflüchtet. Vor der großen Wirtschaftskrise hatte meine Großmutter mütterlicherseits Chrysalis erworben, ein Anwesen von etwa drei Hektar auf einem Hügel, in dessen nördlicher Richtung Suttons Bay lag, und dort ein Haus gebaut. Lange Bänder von Kirsch- und Apfelbäumen und rechteckigen Wiesen verführen das Auge, den Blick über die sinnlich wogenden Hügel nach Süden und Osten schweifen zu lassen. Im Westen stößt Chrysalis an einen der großen Wälder des Nordens.

Ich habe meine Großmutter nicht gekannt, aber es heißt, sie habe den sechsten Sinn gehabt. Eines Abends, kurz nach dem Tod meiner Großmutter, als das schwarze Hausmädchen, die alte Dora, meinem Großvater und meiner Mutter das Essen servierte, soll Dora plötzlich auf die Knie gefallen sein, die Augen verdreht und gewimmert haben: »O lieber Herr Jesus, Missus Carolyn kommen da den Weg.« Meine

Mutter erzählte, sie habe angestrengt in die Dämmerung gestarrt, aber keine geisterhafte Erscheinung ihrer Mutter erspähen können.

Dennoch schwöre ich Ihnen: Meine Großmutter geht auf Chrysalis um. Als Kind saß ich manchmal in der Astgabel eines von ihr gepflanzten Apfelbaumes und las meine sommerlichen Abenteuergeschichten. Lange bevor ich etwas von Geistern erfuhr, erkannte ich Großmutters Geist an einem sich unnatürlich bewegenden Ast oder einem Säuseln des Windes an meinem Ohr. Voller Stolz auf ihre Wildblumen, Weinbeerhecken, Apfelbäume und Spargelpflanzen schritt sie über das Land. Ich wußte, sie war da und sah zu, wie ich zu ihrem Ebenbild heranwuchs. Chrysalis und meine tote Großmutter – beide lehrten mich während der langen Sommer in Michigan, daß uns das Land nicht gehörte, nicht einmal leihweise. Wir waren nur Hüterinnen seiner Größe.

Meine Mutter heiratete einen dunkelhaarigen Iren aus Massachusetts namens Kevin O'Connor, der wie sie selbst Medizin studiert hatte. Chrysalis wurde für viele Sommer ihre Leidenschaft. Mein Vater kam, wenn seine Arbeit es ihm gestattete, aber meine Mutter verbrachte jeden Sommer drei Monate mit meiner Schwester und mir auf Chrysalis und überließ uns ganz unserem eigenen Einfallsreichtum. Früh lernten wir, daß wir, wollten wir Chrysalis auch in der Zukunft behalten, uns durch die Fähigkeit zu körperlicher Arbeit, Forst- und Hauswirtschaft würdig erweisen mußten. Darin lag keine Härte. Schon damals gehörte ich dem Land, wurde von ihm besessen. Seine Ströme durchzogen unbemerkt mein Blut, tief unter der Oberfläche, vergessen über die Zeit, während sie meine Seele weiter aus tiefen, verborgenen Quellen speisten.

Als ich älter wurde und die Erkenntnis meiner eigenen Sterblichkeit näher rückte, als mein vierzigster Geburtstag keine entfernte Möglichkeit mehr darstellte, entriß mich Chrysalis dem Sumpf konventionellen Verhaltens und rationaler Überzeugungen. Über meinem Karrierestreben hatte ich vergessen, auf Apfelbäume zu klettern. Ich hatte den Geist meiner Großmutter verleugnet.

Fünfzehn Jahre Ehe lagen hinter mir, und außer einem Scheidungsurteil, einem gebrochenen Herzen und einem tiefen Mißtrauen gegenüber dem anderen Geschlecht hatte ich aus dieser Zeit nichts vorzuweisen. Ich kündigte meine Stellung als Chefpsychologin an einem New Yorker Krankenhaus und floh mit meinem Hund nach Chrysalis, um zu genesen. Meine Freunde warnten mich vor der schrecklichen intellektuellen Vereinsamung, die ich so weit fort von der großen Stadt erfahren würde. Es war nicht leicht, die Freunde zu verlassen. Ich schätzte die Sicherheit meiner gehobenen Stellung und ihre Freundschaft.

Aber ich hatte keine andere Wahl. Das Land rief mich. Tief in meinem Inneren zog es mich zu ihm, und ich erkannte, daß ich wie der Apfelbaum lange unbeachtet, unversorgt geblieben war und die Fähigkeit, meine Äste zu nähren, verloren hatte. Denn ungeachtet meines beruflichen Erfolges gedieh ich nicht als Mensch.

Ich mußte nach Hause zurückkehren, um das Land zu allen Jahreszeiten zu sehen, seine Menschen in den dunklen Nächten des Winters wie in den trägen Tagen des Sommers kennenzulernen. Es dauerte ein Jahr, bis die Einheimischen von Suttons Bay begriffen, daß ich bleiben würde, daß der lange, kalte Winter mir die romantischen Anflüge, die die »Pinkel« an den warmen Gin-Tonic-Augustnachmittagen pflegten, nicht ausgetrieben hatte. Ich, Meggie O'Connor, hatte mir nach einem Jahr das Recht erworben, mich »Perma-Pinkel« zu nennen.

Wie die Einheimischen durfte ich nun die nichtseßhaften Touristen mit Mißbilligung betrachten, denn sie drangen in unser Paradies ein. Sie waren Entwurzelte, die in jenem Zustand angespannter Erregung lebten, den man *Urlaub* nennt. Sie gingen spazieren oder fuhren in Spielzeugautos herum; sie besichtigten die Schönheiten, sahen aber die Geheimnisse nicht. Ihre Wanderungen und kurzen Aufenthalte brachten Geldregen. Nach ihrer Abreise zu Beginn des Herbstes kehrte in Suttons Bay wieder ländliche Ruhe ein. Die Stadtbewohner, die Bauern, die Ojibwe- und Odawa-Indianer fanden sich wieder zusammen. Türen öffneten sich. Die Kirchen füllten sich wieder mit Einheimischen, und alle sprachen über die Erleichterung, die der Abzug der sommerlichen Heerscharen bedeutete.

Die Eichen und Ahornbäume kleideten sich in festliche Herbstgewänder. Die Gespräche der Männer drehten sich nun um die bevorstehende Hirschjagd. In mir zog sich alles zusammen, wenn sie von Gewehren, Deckung und den besten Abschüssen sprachen. Ich hatte der Jägerin in mir abgeschworen, und mit Männern wollte ich ohnehin nichts zu tun haben.

Ganz so unbedarft bin ich nun nicht mehr. Jetzt weiß ich mehr über die Jagd, die Hatz, ihre Faszination und die Aufgabe des Lebens, die jedem von uns gestellt ist. Ich weiß nun, daß die Menschen in den Wald auf die Jagd ziehen, wohingegen die kleine Spinne ihrer Beute im eigenen Netz auflauert. Langsam und auf natürliche Weise lerne ich diese Dinge. Ich bin heimgekehrt nach Chrysalis, wo meine Großmutter über ihr Land schreitet.

1

MAUERSPRÜNGE

* * *

*Wir können den Nachmittag des Lebens nicht nach demselben
Programm leben wie den Morgen, denn was am Morgen viel ist,
wird am Abend wenig sein, und was am Morgen wahr ist, wird
am Abend unwahr sein.*

C. G. Jung

Die Quecksilbersäule in dem gläsernen Barometer rührte
sich nicht und versprach einen stabilen Tag. Dennoch wirkte die Luft unbeständig, die leichte Brise wechselhaft, als
könne sie sich für keine Richtung entscheiden. Ein Nachmittag und Abend mit Therapiestunden lag vor mir. Den
Morgen hatte ich jedoch für mich, war frei, um die steinernen Mauern zu begutachten, die die Rasenterrassen ums
Haus stützten. Weinranken überwucherten sie und strömten in Kaskaden an ihnen herunter, tiefe Risse verbergend,
die der Winter in den großen Steinen zurückgelassen hatte.
Der Mörtel war alt, und ich mußte jedes Jahr die klaffenden
Löcher und Spalten stopfen.

Die Arbeit im Freien machte mir Spaß. Mein Leben in dem
weitläufigen, einsamen Sommerhaus bereitete meinen Eltern Sorge. So hatten sie zur Sicherheit den alten Farmer Olf
Nielson beauftragt, sich um mich zu kümmern. An den Wochenenden schaute Olf unangemeldet vorbei, um zu plaudern, eine Tasse Kaffee zu trinken und nach dem Rechten
zu sehen. Er war norwegischer Herkunft und sprach immer

noch ein gedehntes »Jaa« als Zustimmung. Seine Gesellschaft, seine Bereitschaft, praktische Ratschläge für Arbeiten am Haus zu geben, und die Geschichten über seine eingewanderten Vorfahren waren mir willkommen. Seine Eltern hatten noch Ahornsaft für meine Großeltern gezapft. Daher kannten Olf und ich uns schon seit ewigen Zeiten.

Doch an diesem Tag hatte Olf auf seiner eigenen Farm zu tun, aber die rissigen Mauern bedurften dringend der Reparatur. Der Zementsack war für mich allein zu schwer, also riß ich ihn auf und füllte den Inhalt mit einem Topf in die Schubkarre um. Mit einem Wasserschlauch benetzte ich die körnige Masse und rührte sie wie ein Bäcker den Brotteig so lange mit der Hacke um, bis sie die richtige Konsistenz hatte. Ich verspürte bereits die austrocknende Wirkung des Kalks an meinen Händen, als ich überquellende Becher mit Zement aus der Karre schöpfte und damit die klaffenden Risse in der Mauer zukleisterte. Meine Finger eigneten sich besser als eine Kelle, um die unnachgiebigen steinernen Lücken mit meinem Teig zu füllen.

Ob die Mauern es spürten oder nicht, ich verband die Wunden, die die Zeit ihnen geschlagen hatte, wie es alle guten Heiler tun, indem ich stopfte, festklopfte, zusammenfügte und glättete. Tiefe Wunden hinterlassen stets Narben. Doch ich gebe zu, daß ich die Zeichnung der Narben und grauen Mörteladern interessanter fand als ein unversehrtes Steingebäude, denn solche Unebenheiten sind Zeugnisse, die mit der Geschichte eines Ortes verbunden sind.

Nachdem ich einen Teil repariert hatte, ließ ich mich unter dem hängenden Geflecht des Weins nieder und legte noch zwei Stellen mit offenen Nähten frei. Mit Hilfe der Kelle schleuderte ich Zement darauf und dichtete die Öffnungen mit wiederholten Bewegungen ab, bis die Oberfläche glatt war. Die großen einbetonierten Steine würden nun noch ein weiteres Jahr in ihren Verankerungen halten.

Auf die gleiche Weise hatte ich auch mit Klienten gearbeitet, die aus Angst vor der eigenen Zukunft ihre innere Kraft zum Überleben vergessen hatten. Während ihre Mauern durch den unvermeidlichen Druck des Alters und der Erfahrung zerfielen, rührte ich meinen psychotherapeutischen Mörtel an, flickte, verstärkte und half ihnen, eine Zukunft zu entwerfen. Es ist nicht meine Fähigkeit, Wände niederzureißen, die mich zur erfolgreichen Therapeutin macht, sondern vielmehr meine Wertschätzung der Dauerhaftigkeit und der Schönheit dieser Wände. Ich schätze sie als Behausung menschlicher Geschichte und Stütze für Seelen auf der Flucht. Mein Stil ist es, Hoffnung zu wecken und aufzubauen, nicht einzureißen.

Hastig räumte ich zusammen, aß zu Mittag, duschte und zog mich an. Mit einer vollgestopften Aktentasche unter dem Arm küßte ich meinen Drahthaarterrier zum Abschied und ließ ihn an seiner langen Kette zurück. Ich würde erst spät nach Hause kommen. Bis dahin sollte er wenigstens ein bißchen Auslauf haben.

Auf der Straße nach Suttons Bay herrschte kaum Verkehr. Selbst ein altes Auto wie meines schien die vitalisierende Wirkung des beginnenden Herbstes zu spüren. Der Wind wurde stärker, als der Wagen die Straße entlangschnurrte. Die Wellen, die in die Bucht rollten, trugen kleine weiße Schaumkronen. Die Luft war sanft streichelnd und verführerisch, nicht mehr heiß und feucht. Der Michigansee begünstigte unbeständiges Übergangswetter an seinen Ufern. Man konnte sich auf nichts verlassen.

Die frühen Nachmittagsstunden vergingen wie im Flug. Ich teilte mir die Praxis mit Dr. Beverly Paterson, ebenfalls Psychologin. Zwischen unseren Sitzungen, die je fünfzig Minuten dauerten, erinnerte sie mich, daß ich um sechs Uhr einen Termin mit Winona Pathfinder, einer neuen Klientin, hatte, deren Tochter, Lucy Arbre, Krankenschwester im Indianergesundheitszentrum war. Lucy kannte Bev und hatte sie gebeten, ihr eine Therapeutin für ihre Mutter zu empfehlen. Außer daß die ältere Frau vermutlich an Depressionen litt, konnte mir Bev auch nichts sagen. Schnell war es sechs Uhr. Als ich gerade meine Notizen aus der vorangegangenen Sitzung beendete, betrat Bev mit einer kräftig gebauten, dunkelhaarigen Frau Ende Dreißig mein Büro.

»Lucy, das ist Dr. Meggie O'Connor«, stellte mich Bev vor. Wir gaben einander die Hände; ihr Händedruck war fest. Sie hatte das Gesicht einer Indianerin von den Plains mit hohen, breiten Wangenknochen und dunklen Augen. Ihre Schuhe waren ebenso weiß wie ihre Schwesterntracht.

»Ich komme gerade von der Arbeit«, erklärte sie. »Meine Mutter sitzt im Wartezimmer, aber ich wollte erst einmal mit Ihnen allein sprechen.«

Ich bat sie, Platz zu nehmen und es sich bequem zu machen. Als ich die Bürotür schloß, erhaschte ich einen Blick auf eine kleine, stämmige Frau, die auf dem Holzstuhl im Wartezimmer saß, die Füße über Kreuz und das Gesicht hinter einer Zeitschrift verborgen. Es war eindeutig, daß Frau Winona Pathfinder nicht hier zu sein wünschte.

Lucy umriß kurz die Gründe für ihren Besuch. Lucys Stiefvater Davis war vor sechs Monaten an Lungenentzündung gestorben. Wie ihre Mutter war Davis Pathfinder ein Mischling gewesen, überwiegend Sioux, und im Pine-Ridge-Reservat in Süddakota aufgewachsen. Davis hatte wie Winona ein traditionell indianisches Leben geführt. Lucy hingegen hatte schon früh beschlossen, daß die alten Bräuche nicht die ihren waren. Nach Abschluß der indianischen High-School hatte sie so schnell wie möglich das Reservat verlassen, um Krankenschwester zu werden.

»Ich wollte für die indianische Gesundheitsfürsorge arbeiten, aber nicht ins Reservat zurückgehen. Mein Mann Larry ist Ojibwe und Ausrufer in der Bingohalle von Peshawbestown. Wir haben zwei Kinder, einen Jungen und ein Mädchen, auf die wir sehr stolz sind, und unser Leben verlief eigentlich recht harmonisch – bis Davis starb. Ich bin die einzige Tochter meiner Mutter. Was sollte ich machen? Ich mußte sie zu uns holen. Aber es ist kein fröhliches Wiedersehen daraus geworden.« Lucys Gesicht bekam einen finsteren Ausdruck.

»Worin besteht das Problem?« fragte ich.

»Erstens müssen die Kinder jetzt übereinander im Doppelbett schlafen, damit sie ein eigenes Zimmer hat. Die meiste Zeit sitzt sie im Schaukelstuhl auf der Veranda und fertigt Perlenstickereien an. Sie braucht gar nichts sagen, ich weiß, was sie denkt. Sie hat schon immer die Fähigkeit zum beredten Schweigen besessen.« In Lucys Stimme schwang Bitterkeit mit.

»Was sagt sie mit ihrem Schweigen?« Ich war neugierig.

»Sie heißt es nicht gut, wie ich die Kinder erziehe. Sie sagt, ich behandle sie zu direkt und unverblümt. Wenn sie glaubt, ich höre es nicht, fängt sie an, wie mit sich selbst zu reden. Ich weiß aber, daß sie zu den Kindern spricht, ihnen Geschichten erzählt, ihnen etwas auf ihre umständliche Art erklärt. Beispielsweise daß die Namen, die ich ihnen gegeben habe, nur ›weiße‹ Namen sind, daß sie bei einer Zeremonie ihre richtigen, ihre Lakota-Namen entdecken müssen – starke Namen, in die sie hineinwachsen können. Und sie finden ihre Großmutter natürlich faszinierend und geheimnisvoll.«

»Das gefällt Ihnen nicht?« Es war eher eine Feststellung als eine Frage.

Lucy seufzte. »Verstehen Sie nicht? Wenn sie so redet, erinnert mich das an unser Leben im Reservat. Für meine Kinder wünsche ich mir etwas anderes. Ich möchte, daß sie kommunizieren können wie alle anderen auch, in der Lage sind, direkt zur Sache zu kommen. Da sehen Sie es, jetzt bin ich selbst von dem Grund, aus dem wir hier sind, abgekommen.«

Ich wartete auf eine Erklärung.

»Am letzten Wochenende hat Mutter angekündigt, daß sie in zwei Monden sterben wird. Sie hat noch nie ein Versprechen abgegeben, das sie nicht einzuhalten gedachte. Anscheinend ist sie durch nichts von dieser absurden Idee abzubringen. Es ergibt keinen Sinn für mich. Sie hat Diabetes, muß aber kein Insulin spritzen. Andere lebensbedrohende Probleme mit ihrer Gesundheit hat sie auch nicht. Aber ich kenne sie – sie hat vor, in zwei Monaten zu sterben.« Lucys zorniger Blick wurde weich und traurig.

Sie öffnete ihre Hände zu einer bittenden Geste. »Können Sie mir helfen?« – die universelle Bitte an den Therapeuten. Momentan war ich noch nicht sicher, wer die Hilfe brauchte – Lucy oder Winona. Ich wußte noch nicht, daß ich diejenige war.

»Natürlich kann ich das«, erwiderte ich.

2

TEPPICHE

* * *

… Gewebtes Leinen oder Teppiche und ihre Muster dienen häu-
fig als Sinnbilder für die komplexen symbolischen Entwürfe des
Lebens und verborgenen Pfade des Schicksals. Sie stellen den
größeren Zusammenhang unseres Daseins dar, den wir lebens-
lang nicht überblicken … erst rückblickend im Alter wird er-
kennbar, daß das ganze Gebilde über eine Struktur verfügt.

Marie Luise von Franz
Interpretation of Fairy Tales

Ich schlug Lucy vor, ihre Mutter nun hereinzubitten. Lucy
hatte sich darauf versteift, daß ich allein mit der alten Frau
sprechen sollte, da ihre Mutter sich ihr nicht anvertraute.
Sie dachte, es wäre vielleicht einfacher für ihre Mutter, mit
mir zu sprechen. Mir war dabei nicht klar, daß Lucy um ein
Wunder betete. Ich stieß die Bürotür auf, entließ Lucy in
den Warteraum und wandte mich an Winona. »Bitte kommen Sie herein, Frau Pathfinder.«
Hinter der großformatigen Zeitschrift rührte sich nichts.
Zwei Sekunden dieses Schweigens reichten aus, um mir die
Entschlossenheit dieser alten Frau, die Therapie zu boykot-
tieren, begreiflich zu machen. In diesem peinlichen Augenblick der Nichtbeachtung griff Lucy ein und riß ihrer Mutter die Zeitschrift aus den Händen. Abrupt wurde das ver-
witterte Gesicht einer alten Sioux-Frau sichtbar. Sie trug

kein Make-up und hatte Krähenfüße um die Augen. Ihre Wangenknochen waren hoch und flach, die Augen dunkel und undurchdringlich, die Mundwinkel drückten hartnäckige Sturheit aus. Winonas Augen starrten angestrengt auf Winonas Füße.

»Mutter, bitte!« Lucys Stimme klang frustriert.

Wortlos und langsam erhob sich Winona, ohne einen Blick auf ihre Tochter zu richten. Sie hatte den Körper einer erdverbundenen Frau, die an schwere, in der Hocke zu verrichtende Arbeiten gewöhnt war. Ohne meine Anwesenheit zu beachten, glitt sie an mir vorbei ins Büro. Hinter dem Rücken ihrer Mutter hob Lucy ihre Hände hoch; sie gab das Problem an mich weiter. Ich schloß die Tür und wandte meine Aufmerksamkeit Frau Pathfinder zu. Diese steuerte zielsicher auf einen prall gepolsterten Stuhl zu und setzte sich. Dann konzentrierte sie sich wieder auf ihre Füße.

Sie trug eine unauffällige blauschwarze Kittelschürze. Auf Sicherheitsnadeln aufgereihte Glasperlen zierten ihre abgestoßenen braunen Mokassins. Die schmutzigen und zerfurchten Hände schienen ein Leben lang Beeren von dornigen Büschen gepflückt zu haben – die Hände einer Erdfrau. Winona ging vermutlich auf die Siebzig zu. Der Blick ihrer schwarzen Augen blieb undurchdringlich. Ihr Gesichtsausdruck war der einer Frau, die tief in sich ruhte und geduldig darauf wartete, daß man sie in Frieden ließ.

»Sie sind wahrscheinlich noch nie bei einem Psychologen gewesen«, begann ich. »In der Psychotherapie gibt es gewisse Regeln. Erstens ist alles, was Sie mir erzählen, streng vertraulich, außer es handelt sich um einen geplanten Mord oder Selbstmord, um Kindesmißhandlung. Zweitens ist meine Schweigepflicht aufgehoben, falls ich vom Gericht als Zeugin vorgeladen werde.« Ich überlegte, ob sie diese Informationen aufnahm.

Die alte Frau schien nicht einmal zu atmen.

»Es muß unheimlich sein, zum erstenmal in seinem Leben eine Therapeutin aufzusuchen.« Ich beugte mich zu ihr vor. Regungslos, eins mit dem Stuhl, hielt sie den Blick auf ihre Füße gerichtet.

Ich lehnte mich zurück. Sie würde keine leichte Klientin sein. »Vielleicht wollten Sie ja gar keine Therapeutin aufsuchen?« forschte ich. Das war eine Untertreibung.

Immer noch keine Reaktion.

Ich wagte einen weiteren Vorstoß. »Ihre Tochter macht sich große Sorgen um Sie, besonders nachdem Sie die Absicht geäußert haben, in zwei Monaten zu sterben. Sie möchte nicht, daß Sie gehen. Wie denken Sie darüber?« Ich formulierte die Frage absichtlich vage.

Nicht einmal ein verstohlener Blick.

Mir ging der Gesprächsstoff aus, aber ich zögerte, noch mehr Fragen zu stellen. Fragen konnten aufdringlich sein. Schließlich blieb mir nichts anderes übrig, als selbst zu schweigen.

Eine Pause kann manchmal dem Therapeuten wie auch dem Klienten die Zeit einräumen, über die Vorgänge nachzudenken. Zuweilen kann ein Schweigen einen Klienten auch beunruhigen und damit die Preisgabe zurückgehaltener Informationen erzwingen. Unser Schweigen war jedoch verwirrend. Ich hatte den bestimmten Eindruck, daß ich Luft für die alte Frau war. Obgleich sie in meine Richtung schaute, sah sie durch mich hindurch. Auch ich begann meine Füße anzustarren, nicht weil ich sie etwa nachahmte, sondern eher, um meine eigene physische Realität zu bestätigen.

Dabei bemerkte ich, daß mein linker Strumpf eine Laufmasche hatte.

Wir hätten vielleicht noch eine Stunde so weitergemacht – zwei Erwachsene, die ihre Füße anstarrten –, als Winona sich plötzlich meiner erbarmte und zu sprechen begann.

»Lucy ist ein Apfel.«

Die Bezeichnung »Apfel« bedeutete für einen Indianer, daß sein Charakter gespalten war – außen rot und innen weiß.

»Es muß schwierig für Sie sein, so weit weg vom Reservat und Ihrem Volk bei Ihrer Tochter zu leben.«

Winona grunzte zustimmend.

Dieser kleine Austausch hatte die Atmosphäre zwischen uns erwärmt. Ich war ein wenig sichtbarer für sie geworden und wollte unbedingt den Augenkontakt aufrechterhalten. Winona hingegen schien entschlossen, mir nicht in die Augen zu sehen. Obwohl ihr kurzer, stämmiger Körper mir zugewandt war, blickte sie mit im Schoß gefalteten Händen hartnäckig zu Boden und studierte die Muster des orientalischen Büroteppichs zu ihren Füßen.

Ich verstand ihre Körpersprache nicht, also reflektierte ich sie und versuchte intuitiv zu erfassen, was ihr Körper vermittelte. Mit gefalteten Händen begann ich, ebenfalls auf den Teppich zu starren und nach einem Anknüpfungspunkt zwischen uns zu suchen. Der Schlüssel oder die Metapher bot sich von selbst an, und ich griff danach.

»Unser Leben ist wie dieser Teppich hier, Frau Pathfinder …« Abermals versuchte ich, einen beziehungsreichen Augenkontakt herzustellen. »… voller komplizierter Muster; die Zeit seit unserer Kindheit, Familienbande, Freuden und sogar all die Schicksalsschläge, die unserem Dasein seinen Sinn verleihen. All diese sind in den Teppich des Lebens eingewoben. Doch wenn wir einen Menschen sehr stark lieben und er stirbt, haben wir das Gefühl, der Teppich unseres Lebens wäre mit einem groben Werkzeug zerfetzt worden, die komplizierten Muster wären in lose Fäden aufgelöst, die nirgendwohin führen und beziehungslos im leeren Raum hängen. Ich vermute, daß Sie das Leben mit Ihrer Tochter in einem fremden Land, das nicht Ihrem Volk gehört, so empfinden.«

Winona sah rasch zu mir herüber, jedoch ohne mir in die Augen zu sehen. Ich hatte etwas in ihr berührt, ob es der Ärger über Lucy war, der Verlust von Davis oder Heimweh nach dem Reservat, wußte ich nicht. Zumindest war der Keim für eine Beziehung zwischen uns gelegt. Sie veränderte ihre Haltung auf dem Stuhl. Ein Gedanke wuchs in der Stille. Ich wartete geduldig und betrachtete ihr Gesicht. Der Respekt gebot, daß ich ihre Antwort abwartete. Doch ihre Bemerkung überrumpelte mich. Sanft korrigierte sie meine Unwissenheit.

»Einem Indianer in die Augen sehen, heißt, seine Seele stehlen.«

Ich wandte den Blick ab. Was nun? Sollte ich ihr überhaupt nicht ins Gesicht sehen? Woher sollte ich dann wissen, was sie empfand?

Ihre Augen glitten an meinen vorbei in die Ferne.

»Ich weiß wenig über die Sitten der amerikanischen Ureinwohner«, gab ich zu.

»Das habe ich mir gedacht«, antwortete sie lächelnd. Ihre Zähne waren braun und vom Rauchen verfärbt. Ohne Umschweife bestimmte sie, daß Ehrlichkeit die beste Verfahrensweise zwischen uns sein würde.

Indem ich sie auf den Anlaß unserer Sitzung zurückverwies, bestätigte ich auch meinen Anspruch auf die Leitung der Therapie. »Frau Pathfinder, Ihre Tochter ist in ernsthafter Sorge um Sie. Es betrifft Ihren Tod in zwei Monaten. Sie fürchtet, daß Sie es ernst damit meinen und ...«

»Aber natürlich tue ich das«, unterbrach sie mich.

»Ihrer Tochter zufolge sind Sie nicht krank. Wollen Sie sich etwa umbringen?«

Winona neigte den Kopf fragend zur Seite. »Mich umbringen?«

»Ich spreche von Selbstmord. Haben Sie vor, sich zu töten?«

Winonas Gesicht wurde von einem fröhlichen, ansteckenden Grinsen erhellt. Ich lächelte zurück. Irgendwie amüsierte sie sich auf meine Kosten, aber das störte mich nicht im geringsten in Anbetracht der Erleichterung darüber, daß sie keine Selbstmordkandidatin war.

»Also«, sagte ich, »wenn Sie an keiner Krankheit sterben und nicht vorhaben, sich umzubringen, was veranlaßt Sie, Lucy zu sagen, Sie werden in zwei Monaten sterben?«

Über meine rechte Schulter hinweg schaute sie auf. »Weil in zwei Monden« – sie beugte sich nach vorne, um ihrer Aussage Nachdruck zu verleihen – »eine gute Zeit zum Sterben sein wird.«

In diesem Augenblick stieg in mir der Verdacht auf, daß Lucy recht hatte.

»Ich möchte, daß Sie zweimal in der Woche – Montag und Donnerstag – zur Therapie kommen. Sie haben mir nicht viel Zeit gegeben, Sie kennenzulernen oder zu den Wurzeln Ihrer Entscheidung, zu sterben, vorzudringen.« Unsere fünfzig Minuten waren verflogen.

Winona zuckte die Achseln, als wären ihr meine Gefühle gleichgültig.

»Werden Sie am Donnerstag wiederkommen, Frau Pathfinder?« Immerhin war es nicht ihre Entscheidung gewesen, eine Therapeutin aufzusuchen.

»Warum?« Eine einfache Frage, die eine einfache Antwort verlangte.

»Damit Sie mir mehr von sich berichten können«, erwiderte ich. Ehrlich.

»Dann nennen Sie mich Winona«, brummte sie. Sie hievte sich hoch, öffnete die Tür und verließ, ohne sich umzuwenden, das Büro. Sie überließ es der geplagten Lucy, die Sitzung zu bezahlen.

3

ERSTE VORBEREITUNGEN

* * *

Es ist ihr Kind, das er vor ihr für den Segen vorbereitet;
Es ist ihr Kind, das er hinter ihr für den Segen vorbereitet;
Es ist ihr Kind, das er unter ihr für den Segen vorbereitet;
Es ist ihr Kind, das er über ihr für den Segen vorbereitet;
Es ist ihr Kind, das er um sie herum für den Segen vorbereitet;
Für den Segensspruch von ihr
Für den Segen auf all ihren Wegen
Bereitet er sie vor.

Traditioneller Navajo-Gesang
für die Initiation junger Frauen
Blessingway

Die Woche verlief hektisch wegen einiger Notfälle und psychologischer Gutachten für das Traverse-Stadtkrankenhaus. Sehnsüchtig hatte ich den Donnerstag erwartet, an dem ich mich wieder in das ruhigere Ambiente meiner Privatpraxis in Suttons Bay zurückziehen konnte. Den ersten Termin dieses Tages hatte Winona Pathfinder.

Ein roter, mindestens zehn Jahre alter Pick-up-Truck mit verrostetem Unterboden stand auf dem Parkplatz, als ich ankam. Auf dem Fahrersitz saß Winona und rauchte aus einer langen Pfeife aus gesprenkeltem roten Speckstein. Der dunkle Holzstiel war etwa vierzig Zentimeter lang und mit Glasperlen und Fransen verziert. Sie beobachtete im Seiten-

spiegel, wie ich meine Wagentür öffnete und meine Aktentasche herauszerrte. Ihre Augen lächelten. Ich hatte den
bestimmten Eindruck, Winona beabsichtigte, sich mit mir
einen Spaß zu machen.

Leicht abweisend sagte ich: »Winona, Sie sind zwanzig
Minuten zu früh.«

»Wi«, sie zeigte mit der rechten Hand auf die Morgensonne,
»steht schon lange am Himmel. Außerdem«, grinste sie,
»kann ich hier meine Pfeife rauchen, ohne daß mir meine
Tochter alles über Lungenkrebs erklärt. Wenn die Pfeife fertig ist, bin ich bereit.« Lange Rauchschwaden entstiegen
dem glatten Pfeifenkopf, den sie mit der linken Hand umschloß, während sie den Tabak mit einem gebogenen Werkzeug aus Hirschhorn hineinstopfte.

Ich trat näher an die Wagentür, um die Pfeife zu betrachten.
Ihre erste Frage überraschte mich. »Stehen Sie in Ihrem
Mond?«

»Was bedeutet das?«

»Ist es die Zeit des Monats, in der Sie bluten?« Winona sah
mich an, als wäre ich zurückgeblieben.

Eine seltsame Frage, aber nicht schwer zu beantworten.
«Nein.«

»Dann werde ich Ihnen diese Pfeife erklären, wenn ich Sie
heute besser kennenlerne, wenn ich weiß, daß Sie schweigen und zuhören werden«, kündigte Winona an. »Weiße
verhalten sich töricht.« Sie sah mich bedeutungsvoll an,
ohne jedoch meine Augen mit ihrem Blick zu streifen. »Sie
verschwenden soviel Zeit mit ihrem Geplapper wie die Zi-
kaden. Sie fragen dies und das – und lernen nichts. Sie lieben ihr eigenes Gerede. Aber wenn sie zuhören, schweigen
und beobachten würden, was geschieht, dann müßten sie
nicht so viele Fragen stellen!«

Kein Wort kam über meine Lippen.

Sie nahm noch einige Züge. Ihre rechte Hand liebkoste den Pfeifenhals. Sie war in Gedanken, führte selbstvergessen eine altvertraute Geste aus, wurde eins mit der Bewegung. Schweigend nahm ich meine Aktentasche auf und ging ins Büro. Winona würde kommen, wenn sie bereit war.

Wenige Minuten später ging die Tür zum Wartezimmer auf, und Winona trat ein. Ihre Linke umklammerte eine längliche Tasche mit Fransen. In der rechten Hand trug sie zwei Zweige mit grauen Blättern, die sie abriß und zu einem Pfropfen rollte. Winona bat um einen Aschenbecher und legte die zusammengepreßten Blätter hinein. Sie zog ein Feuerzeug aus der Tasche ihres Kleides und zündete sie an. Sie begannen zu qualmen. Winona umkreiste mich, wobei sie den Rauch in meine Richtung wedelte.

»Jetzt sind Sie rein«, erklärte sie.

»Ich wußte nicht einmal, daß ich schmutzig war.« Meine Stimme klang abweisend, aber auch belustigt. Eine andere Stimme riet mir, den Mund zu halten und ihr das Reden zu überlassen. Das Dilemma bestand jedoch darin, daß ich die Therapeutin und Winona die Klientin war, obwohl sie zweifellos die Kontrolle über unsere Sitzung übernommen hatte. Ich erinnerte mich daran, daß nur eine Anfängerin sich von so etwas aus der Ruhe bringen lassen würde.

»Winona, erklären Sie mir, was das ist.« Ich deutete auf die Überreste der brennenden Blätter. Sie rochen wie Marihuana.

»Männersalbei«, antwortete sie. »Kein Pferdesalbei, kein Frauensalbei. Nicht Ihr Salbei. Männersalbei. Ich habe in einem eurer schlauen Bücher nachgeschlagen. Dort stand, die Pflanze heißt Artemisia Silberkönigin. Frauensalbei hieße Artemisia Silberkönig.« In komischer Verzweiflung warf sie die Hände hoch. »Bei den Weißen steht die Welt auf dem Kopf. Mann ist Frau; Frau ist Mann. Sie sind nicht zu unterscheiden, deshalb glaubt ihr, es gäbe keinen Unterschied.« Winona kicherte. Sie setzte sich auf den Polsterstuhl und legte die längliche perlenbestickte Tasche auf den Teppich.

Bereit, die Sitzung zu beginnen, setzte ich mich ihr gegenüber und streifte mit einem Blick ihr Gesicht, um ihre Stimmung einzuschätzen. »Winona, erzählen Sie mir von den Unterschieden zwischen unseren Welten, wie es kommt, daß der weiße Mann ein Dasein führt, das auf dem Kopf steht. Wie sähe das Gegenteil für uns aus?«

»Gleichgewicht, ihr würdet im Gleichgewicht leben. Draußen auf dem Parkplatz habe ich auf einer Stoßstange einen Aufkleber gesehen. Darauf stand, eine Frau ohne Mann wäre wie ein Fisch ohne Fahrrad. Das hat kein Gleichgewicht. Dieser Satz ist dumm.«

Ich verriet ihr nicht, daß der Wagen mit dem Aufkleber meiner Kollegin Bev Paterson gehörte oder daß viele Feministinnen stolz auf ihre Unabhängigkeit von Männern waren. Winona würde das vermutlich leichtfertig finden.

»Erzählen Sie mir von der Pfeife, wenn Sie möchten.« Der Stiel ragte aus der langen Fransentasche hervor.

Winona zog die Pfeife heraus, strich über das eine Ende und deutete auf eine Perlenstickerei auf einem Lederstreifen um die Mitte des Stiels. Die bunten Perlen waren zu einem stilisierten Blitz verwoben, der über einen schwarzen Himmel zuckte. Als nächstes holte Winona den lachsfarbenen Pfeifenkopf aus dem weichen Inneren der Tasche hervor.

»Das ist alles«, sagte sie. »Hirschleder, Sumach-Holz, Catlinit. Sie würden es Tier, Pflanze und Mineral nennen.«

31

Sie umschloß den Pfeifenkopf mit der linken Hand. Ein winziges Stück war abgesprungen.

»Dieser Pfeifenkopf – die Schale – ist weiblich.« Sie nahm den Pfeifenhals in die rechte Hand.

»Der Stiel ist männlich.« Sie steckte beide Teile zusammen. »Getrennt voneinander sind sie nur Pfeifenkopf und -hals. Verbunden bilden sie das Universum. Vereint sind sie heilig.« Winona sah mich an, als wollte sie eine persönliche Erklärung abgeben. Sie hielt die Pfeife, den Stiel von sich weg weisend, und beschrieb einen kleinen Kreis in der Luft. Dann nahm sie die Pfeife auseinander und packte sie sorgfältig wieder in die Fransentasche.

»Sie sind allein«, bemerkte sie. »Das macht nichts, aber Sie sind unausgeglichen. Sie haben keinen Mann, der Ihr Gleichgewicht herstellt. Und in Ihrem Inneren wissen Sie noch nichts von der Macht der Frau.«

Traurigkeit durchflutete mich plötzlich; ich senkte verlegen den Blick. Was berührte Winona da, tief in meinem Inneren? Wessen Therapie war das überhaupt? Ich reagierte mit einer Herausforderung.

»Woher wissen Sie, daß ich keine Beziehung zu einem Mann habe, Winona?«

»Die Geister haben es mir gesagt.« Sie grinste. »Nach unserer ersten Begegnung wollte ich einige Dinge über Sie erfahren. Ich nahm meine andere Pfeife, die heilige Pfeife *Chanunpa Wakan*, aus meinem Medizinbündel und befragte die Väter über Sie. Sie haben mir gesagt, daß Sie Hilfe brauchen, da Sie im Ungleichgewicht leben. Sie befahlen mir, Sie zu lehren, solange ich noch hier bin. Sie sagten auch, Sie gefielen ihnen, denn Sie hätten ein gutes Herz.«

Schöner Trost, dachte ich. »Können Sie diese Geister sehen?«

»Manchmal.«

»Wie sprechen die Geister zu Ihnen? In Ihrem Kopf oder von außen?« Ich mußte herausfinden, ob Winona an Halluzinationen litt. Eigentlich wirkte sie nicht psychotisch auf mich.

»Manchmal von innen, dann wieder von außen. Mal so, mal so.« Ihre Antwort war kurz und bündig.

»Können Sie mir etwas über diese Geister erzählen, die Sie manchmal sehen und manchmal von innen und manchmal von außen hören?«

Winona machte eine Pause, atmete tief ein und sprach in den Raum hinein. »Großmutter, sie weiß überhaupt nichts.« Sie wartete und sagte dann nachdrücklich und zustimmend: »*Hau!*«

Entschuldigend wandte sie sich wieder mir zu. »Ich bin es nicht gewöhnt, eine Person zu unterrichten, die ich nicht kenne. Die Großmutter findet, wir hätten nicht genug Zeit. Es sei im Moment nicht wichtig für Sie, etwas über Geister zu erfahren. Außer, daß auch Sie einen Schutzgeist haben, der auf Ihr Erwachen wartet.«

»Was wird geschehen, wenn ich erwache?« Ich verfolgte diesen Punkt, um zu sehen, wo er hinführte.

Winona lächelte. »Dann werden Sie nicht mehr so viele Fragen stellen!«

Zurück auf Feld eins. Wer half hier überhaupt wem?

»Warum muß unsere Zeit so kurz sein, Winona? Man braucht Zeit, um jemanden kennenzulernen, um mit jemandem zu sprechen. Weshalb haben wir diese Zeit nicht?«

»Weil ich müde bin. Ich habe hart für mein Volk gearbeitet. Ich möchte gehen.«

»Wartet Davis auf Sie?«

»Dieser Hurensohn!« rief sie. »Einfach vor mir abzuhauen!

Typisch Mann, immer in Eile. Wenn ich ihm begegne, erschieße ich ihn!«

Vielleicht war ich doch nicht die einzige, die Schwierigkeiten mit Männern hatte.

4

EINE HEILIGE GESCHICHTE

* * *

Freund, komm und tu dies!
Freund, komm und tu dies!
Freund, komm und tu dies!
Wenn du dies tust,
sieht der Großvater dir zu.

Wenn du dich niedersetzt
zur heiligen Zeremonie,
denk an mich, wenn du die Pfeife stopfst!
Wenn du dies tust,
werden deine Wünsche wahr.

Wenn du dich niedersetzt
zur Pfeifenzeremonie,
denk an mich, wenn du sie stopfst.
Wenn du dies tust,
werden deine Wünsche wahr.

Freund, komm und tu dies!
Freund, komm und tu dies!
Freund, komm und tu dies!
Wenn du dies tust,
sieht der Großvater dir zu.

Traditioneller Lakota-Gesang,
dem Volk geschenkt von der
Weißen Büffelkalbfrau

Um wirkungsvoll mit Klienten arbeiten zu können, muß man sich ganz auf ihre Welt einlassen, deren Sinn und Sprache verstehen. An diesem Montag begann die Unterweisung der Meggie O'Connor durch Winona Pathfinder.

»Es ist gut, daß ich hergekommen bin. Lucy ist auch froh. Sie glaubt, Sie werden mich zur Besinnung bringen.« Winona grinste.

»Aber«, fuhr sie fort, »die Vernunft hat ihren Sitz nicht auf der rechten Seite. Das Herz liegt auf der linken. Dort ist auch die Hand, die die Schale hält, und in dieser Schale ruht die gesamte Schöpfung.« Winonas linke Hand schöpfte Luft, als hielte sie darin die ganze Welt. Ihre Stimme klang gelassen. Nur das Zirpen einer Grille durchdrang die Stille meines Büros. Ich spürte, wie ich mich auf mein Herz konzentrierte.

»Wenn Sie im Gleichgewicht sind, hören Sie den Herzschlag Ihrer Großmutter. Sie werden Ihre weibliche Kraft daraus ziehen, daß Sie wissen, wohin Sie Ihre Füße setzen. Oder wie wir es nennen, ›die Sonnentanzschritte machen‹. Wenn Sie hierhin und dorthin rennen« – sie wedelte mit der Hand – »verschwimmt alles, wird alles zu Bienengesumm! Wenn Sie jedoch gehen oder innehalten, spricht Ihre Umgebung zu Ihnen.«

Ich betrat ihre Welt und fragte: »Was sagt sie, wenn sie zu Ihnen spricht, Winona? Wenn Sie innehalten und lauschen, was hören Sie?«

Winonas Augen wirkten uralt, wie tief in ihre Höhlen gesunken, so als erschöpfe der Blick nach draußen ihre Kraft. Einige Minuten herrschte Schweigen. Ich wußte, daß ihre Offenheit mich ehrte, aber ich wußte noch nicht, daß ihr Schweigen meinem Schutz diente, daß sie überlegte, was sie sagen sollte und was ich bereit war zu hören.

Schließlich beschloß sie, ihr Leben mit einer Geschichte zu erklären.

»Als unser Volk vor langer Zeit die Achtung vor dem Büffel und dem Hirsch verloren hatte, kamen diese nicht mehr zu uns, und die Menschen litten Hunger. Zwei Brüder gingen auf die Jagd, denn auch ihre Familien hungerten. Auf einmal gewahrten sie eine wunderschöne Frau. Der erste Mann sagte: ›Ich nehme die Frau unter meine Decke, denn sie steht nicht unter dem Schutz eines Mannes.‹ Aber der andere Bruder sagte: ›Nein, die Frau ist *wakan* – heilig. Laß sie lieber in Ruhe.‹ Aber der andere rannte bereits so schnell er konnte auf die Frau zu. Sie wandte sich um und winkte ihm, näher zu kommen. Es heißt, als er sie erreicht hatte und sie berührte, stieg eine Staubwolke auf und hüllte die beiden ein. Als sie sich wieder gelegt hatte, lag nur noch das Skelett des Mannes am Boden, und Schlangen wanden sich darauf.

Nun bedeutete die schöne Frau dem anderen jungen Mann, näher zu kommen. Wie er sich fürchtete! Aber sie war *wakan*, und er mußte ihr gehorchen. Sie befahl ihm, nach Hause zu gehen und seinen Stamm zusammenzurufen. In drei Tagen würde sie zu ihnen sprechen. Der Stamm errichtete ein Tipi des Rates, sie kam und lehrte die Menschen viele Dinge. Sie lehrte sie Ehrerbietigkeit und wie man im Gleichgewicht mit den Verwandten wandelt. Sie schenkte ihnen die Pfeife und sieben Riten, die wir bis heute bewahrt haben. Es heißt, sie verschwand, von einer Staubwolke umgeben, in der Prärie. Als der Staub sich gelegt hatte, wälzte sich ein weißes Büffelkalb auf der Erde. Daher wird sie die Weiße Büffelkalbfrau genannt. Nun habe ich Ihnen die Geschichte erzählt. Hau!«

Ein langes Schweigen folgte. Winona zog Pfeifenhals und

-kopf aus der Ledertasche, steckte sie zusammen und brö-selte Tabak in die Pfeife. Als die Pfeife brannte, lehnte sie sich gedankenverloren zurück und rauchte. Weiße Rauch-wölkchen stiegen wie heimliche Gedanken aus der Pfeife empor. »Ich werde Ihnen Dinge sagen, die ich niemandem sonst sage. Die Zeit ist kurz, und Sie müssen lernen.

Gewissermaßen war Lucys Vater wie der erste junge Mann und Davis wie der zweite. Ich könnte Ihnen nun die Ge-schichte einer jungen Indianerin erzählen, die von einem Betrunkenen vergewaltigt wurde, der der Welt der Weißen seine Männlichkeit nur beweisen konnte, indem er die Hose runterzog und die zarte Erde pflügte. Aber mein Zorn von damals ist vergangen und damit auch das Mitleid mit mir selbst. Heute bin ich eine alte Frau, der eine Tochter ge-schenkt ist, die nicht weiß, woher sie stammt und wie sie geboren wurde. Sie kennt nicht einmal das Feld, auf dem sie entstanden ist. Die Großväter schert es nicht, warum sollte ich mich also darum kümmern?« Als Antwort zuckte sie die Achseln.

»Lucy ist also das Ergebnis dieser Vergewaltigung?« riet ich.

Winona ignorierte meine Frage, als sei sie irrelevant für ihre Geschichte. »Lange trank ich billigen Fusel. Ich verwandel-te mich in das Skelett, durch das die Würmer kriechen. Wie Sie sich denken können, war ich Lucy keine besonders gute Mutter. Wir überlebten, aber sie war ein Kind, das immer weinte, und ich … ich verdorrte innerlich. Ich beschaffte mir Alkohol, wenn ich Geld hatte, und wenn ich keines hat-te, auch. Ich hatte jede Selbstachtung verloren. Ganz be-stimmt wandelte ich nicht im Gleichgewicht. Allerdings konnte ich die meiste Zeit sowieso kaum gerade gehen. Doch wenn ich mich mit meinen Saufkumpanen traf, saßen wir auf der Erde und opferten der Großmutter den ersten Tropfen, ehe wir die Flasche kreisen ließen.«

»Wer kümmerte sich damals um Lucy?« Die Ursprünge der Entfremdung zwischen den beiden wurden nun deutlicher.

»Ich. Und manchmal die Frau meines Bruders. Sieben Jahre lang war ich nur ein Zweibeiner, kein Mensch.«

»Was geschah dann?«

Winonas Gesicht leuchtete auf. »Davis trat in mein Leben, als ich dachte, es würde nur noch von Knochen und Würmern zusammengehalten. Und Alkohol. Ich lernte Davis auf dem Gericht kennen. Ich hatte eine Anklage wegen Trunkenheit am Steuer hinter mir und verließ gerade den Gerichtssaal, als ein gutaussehender Mann zu mir herüberkam und meine Hand nahm. Er sagte, daß ich im Herzen niemals froh sein könnte, solange ich mich nicht auf das Leben meines Volkes besinnen würde.

Wie gut er aussah! Er trug ein breites Uhrenarmband aus Silber mit einem eingravierten Adler, der auf einem grünen Türkis landete. Der erste reiche Indianer, dem ich je begegnet bin, dachte ich. Er bot mir an, zu ihm zu ziehen. Er würde mir alles beibringen, aber nur wenn ich den Fusel aufgeben könnte. Ich erzählte ihm von meiner kleinen Tochter, aber das spielte keine Rolle für ihn. Wenn ich einverstanden sei, sollte ich mich am nächsten Tag auf dem Gericht mit ihm treffen. Ich sagte, ich würde es mir überlegen, denn ich dachte natürlich, er sagte das alles nur, um etwas von mir zu kriegen. Außerdem war da noch etwas …«

»Was war das, Winona?«

»Davis war angeklagt, ein Kind umgebracht zu haben.«

Die Geschichte wurde zunehmend komplizierter. Ich stellte die nächste logische Frage. »Wurde er verurteilt?«

»Nein.« Sie machte eine Pause. »Das Gericht befand ihn am

selben Tag für unschuldig, als ich meine Anklage wegen Trunkenheit am Steuer los war.«

»Was war denn noch?«

Winona musterte mich wie eine Närrin, die die offenkundige Realität der Situation nicht begriffen hatte. »Jeder wußte, daß Davis das Kind getötet hatte.«

5

WUNDERSELTSAM RÜHREND

* * *

Als ich nun geendigt,
gab sie zum Lohn mir eine Welt von Seufzern:
Sie schwur – in Wahrheit, seltsam! Wunderseltsam!
Und rührend war's! Unendlich rührend war's!
Sie wünschte, daß sie's nicht gehört; doch wünschte sie,
Der Himmel habe sie als solchen Mann
Geschaffen, und sie dankte mir und bat mich,
Wenn je ein Freund von mir sie lieben sollte,
Ich mög' ihn die Geschicht' erzählen lehren,
Das würde sie gewinnen. Auf den Wink
Erklärt' ich mich.
Sie liebte mich, weil ich Gefahr bestand;
Ich liebte sie um ihres Mitleids willen:
Das ist der ganze Zauber, den ich brauchte.

William Shakespeare
Othello

Winona genoß es offenbar, unsere Stunden mit einer Information zu beschließen, die mich bei der Stange halten würde. Manche Klienten warten bis zur letzten Minute einer Sitzung und lassen dann eine Bombe platzen, weil sie sich fürchten und im Zwiespalt sind, ob sie ihr schreckliches Geheimnis preisgeben sollen. Andere heben sich die saftigen Stellen für den Schluß auf, um noch ein paar kostbare Minuten herauszuschinden und ihre Therapiezeit zu verlängern. Doch Winonas Enthüllungen am Ende der Stunde waren ein rein erzählerischer Kunstgriff. Ich weiß jetzt – im Gegensatz zu damals –, wie ein erfahrener Geschichtenerzähler die Wahrheit für Ohren und Geist seiner Zuhörer gestaltet.

Dienstag und Mittwoch rauschten an mir vorbei. Am Mittwochabend ging ich ermattet von einem langen Therapietag nach einem leichten Imbiß früh zu Bett. Im allgemeinen kann ich mich an meine Träume kaum erinnern. An diesem Morgen jedoch war ein Traum im dämmrigen Zwielicht meines Bewußtseins haftengeblieben:

Ich gehe einen Pfad entlang bis zu einer Gabelung. Zu meiner Rechten liegt eine gerade, ebene Straße; in der Ferne erheben sich hohe städtische Gebäude. Deutliche Schilder weisen in diese Richtung, die irgendwie vertrauenerweckend und ungefährlich wirkt. Zur Linken verschwindet der Pfad in einem hügligen Wald. Es gibt keine eindeutigen Wegweiser; der Boden ist uneben; das Gehen unsicher. Der Wald ist dunkel und geheimnisvoll. Seine Gegenwart zieht mich an und erschreckt mich zugleich. Ich weiß nicht, welche Richtung ich einschlagen soll, und bin in meiner Unentschlossenheit momentan wie erstarrt.

Dann höre ich ein gräßliches Schnauben hinter mir. Auf der Suche nach seinem Ursprung drehe ich mich um. Mein Blick fällt auf eine eingezäunte Farm, eine Weide für Stiere und Kühe. Der Zaun besteht aus waagerechten roten Holzleisten, die unter einem furchtbaren Druck erzittern. Entsetzt erkenne ich, warum. Ein großer weißer Büffel stampft und versucht, mit seinem massigen Schädel den wackligen Zaun einzureißen. Seine roten Augen funkeln mich bedrohlich an, und sobald der unzulängliche Zaun fällt, wird er sich auf mich stürzen, das weiß ich. Ich muß mich sofort für einen der Wege entscheiden!

Tief in Gedanken versunken legte ich den Stift auf den Küchentisch. Träume haben kein eindeutiges Ende. Sie thematisieren einen Zwiespalt und sagen dem bewußten Ich: Wach auf! Du bist an einem Scheideweg angelangt. Du mußt auf die Richtung achten. Meine Psyche erklärte mir, daß ich wählen mußte, ob ich mich nach links oder nach rechts wenden wollte – aber mein Lageplan war nicht klar, und ich wußte noch nicht, was ich riskierte. Ich legte den Traum in der Hoffnung auf spätere Einsicht zu den Akten.

Einen Fuß vor den anderen setzend, sah ich dem Donnerstag verhältnismäßig entspannt entgegen. Meine Phantasie umgab die wilden Tiere erfolgreich mit einem Gatter und stellte sie in einen vernünftigen Zusammenhang. Als Winona zu ihrem Morgentermin erschien, war ich völlig entspannt. Es war unsere vierte Sitzung, und wir hatten das Stadium einer gewissen Berechenbarkeit füreinander erreicht. Erfreut, sie zu sehen, begrüßte ich sie mit einem Lächeln.

»Winona, wie geht es Ihnen heute?«

Sie ließ sich auf ihrem Lieblingsplatz, dem zu prall gepolsterten Stuhl, nieder und rutschte hin und her, um ihren Körper, der in seinem langen Leben ganz eigene Formen ausgebildet hatte, in eine bequeme Stellung zu bringen. Sie trug wieder einen weiten Kittel, dessen aufgedrucktes Muster vom vielen Waschen längst verblichen war. An ihr war nichts, das einen zweiten Blick herausgefordert hätte oder erforschenswert schien, außer dem Blitzen ihrer Augen, wenn sie sich zum Sprechen entschloß. Dann wurde sie lebendig und zog den Zuhörer in ihren Bann. Kein Wunder, daß ihre Enkel sich um sie scharten, wenn sie das Wort ergriff, denn sie hatte etwas zu erzählen.

»Ich spüre meine Knochen. Ein dumpfer Schmerz ist in ihnen. *Mni*, die Wasser, kommen.« Nach einer Pause fügte sie hinzu: »Ich fühle mich alt.«

Winona sagte das mit dem gleichen Nachdruck, mit dem sie gesagt hatte, in zwei Monaten sei eine gute Zeit zum Sterben. Ob sie doch depressiv war, auch wenn ihr Gesichtsausdruck in keinster Weise darauf schließen ließ?

»Winona, ist es schmerzlich für Sie, alt zu werden?«

Das war eine Fangfrage, und Winona wußte es. Sie gestattete sich ein paar Klagen über ihre Gesundheit. »Meine Knochen schmerzen. Die Gelenke sind morgens steif, manchmal auch nachts. Meine Zähne wackeln, als wollten sie ausfallen, zumindest die, die noch echt sind. Die Daumen sind mir im Weg. Morgens habe ich Mundgeruch, und meine Knöchel sind ständig geschwollen. Und wollen Sie auch wissen, ob ich heute morgen auf dem Klo war?« Sie lächelte mich an. Wahrscheinlich hatten es die Schwestern im Indianergesundheitszentrum nicht ganz leicht mit ihr. Ich mußte lachen, und sie stimmte ein. Als ihre Therapeutin konnte ich die angestrengten Bemühungen einer weißen Psychologin offensichtlich vergessen. Besser war es, der eigenen Neugier als einem professionellen Schema zu folgen.

»Erzählen Sie mir von Davis und dem Kind, das er getötet hat.«

Winona nickte. Sie war einverstanden und bereit, den Faden ihrer Geschichte wiederaufzunehmen.

»Mir wurde erzählt, er habe ein Baby entführt. Einige behaupteten sogar, er wäre ein Zauberer und wollte die Seele des Babys stehlen. Die Mutter des Kindes schwieg zu allem. Sie sagte gar nichts. Eigentlich wußte man nur, daß das Baby im Krankenhaus gewesen war und jemand Davis mit einer Kinderdecke hatte hineingehen sehen. Danach war das Baby verschwunden. Aber sehen Sie, ich kannte ihn kaum … und ich hatte Lucy …« Winona streckte ihre Hände mit nach oben gewandten Handflächen vor sich, um die Last und die Leere in ihrem damaligen Leben zu illustrieren. »Außerdem war ich eine Säuferin, und er bot mir einen Ausweg an.« In ihrer Erklärung schwang etwas von einer Entschuldigung mit.

»Also entschieden Sie sich, mit ihm zu gehen, obwohl Sie wußten, daß er ein Baby entführt und seinen Tod verursacht hatte?«

»Es war eine Art Handel zwischen uns. In jenen Tagen kämpfte ich mit aller Kraft gegen den Alkohol. Er beschämte mich nie, also fragte ich ihn auch niemals nach dem Baby. Er ließ Lucy und mich bei sich wohnen. Er ernährte uns. Ich versorgte das Haus und kochte die alten Gerichte, die ihm schmeckten. Büffelsuppe, Fladenbrot, Beereneintopf – *Wojape*. Wir sprachen nicht viel. Damals waren Worte nicht so wichtig für uns, wir wußten alles. Ich putzte sein Haus, bis es blitzte und frisch roch. Es war so ein schönes Gefühl, endlich innerlich rein zu werden, und ich liebte den Zitronenduft der Dosen mit Möbelpolitur. Ich hielt meine Nase an das Holz und roch lange daran. Und wenn er in sein frisch geputztes Haus kam, schnupperte er in der Luft herum und rümpfte die Nase. Er beschämte mich niemals, aber wenn er glaubte, ich sähe es nicht, brannte er in den Räumen Zedernholz ab. Denn ein Heim hatte für ihn nach Zedernholz zu riechen …« Winonas Satz verlief sich in Erinnerungen. Sie war dabei, sich von neuem in ihn zu verlieben.

Aber Winona war diejenige gewesen, die den Köder ausgeworfen hatte, und so stellte ich die bisher unausgesprochene Frage.

»Hat er Ihnen jemals erzählt, was mit dem Baby passiert ist?«

»Er erzählte es mir, als es eigentlich schon keine Rolle mehr für mich spielte. Ich kannte die Wahrheit längst.« Winona schaute auf und an mir vorbei.

»Man kann wissen, wie ein Korb aussieht, sich anfühlt, welche Form und Holzverstrebungen er hat, bevor man ihn aus dem Schilf herausgearbeitet hat. Er wartete ab, und ich hatte eine Zeitlang das Gefühl, die Schmach mit ihm zu teilen. Mein Problem war der Schnaps und seines das Baby. Aber im Grunde war es das Schweigen, das wir teilten. In dieser Zeit ohne Worte lernten wir uns kennen. Davis erzählte mir die Geschichte, als ich bereit war, ihm zuzuhören. Denn hätte er sie mir vor der Zeit erzählt, hätte ich keinen Platz für seine Worte gehabt. Worte können wie Wasserspinnen sein, die auf dem Teich umhergleiten und die Oberfläche berühren, aber niemals das Innere.«

Ich wartete. Die Geschichte entwickelte sich nach einem indianischen Zeitplan.

Winona nahm einen Zahnstocher aus einer kleinen hirschledernen Tasche. Sie steckte ihn in den Mund und gab, sich von Zahnlücke zu Zahnlücke vorarbeitend, saugende Geräusche von sich.

»Die Mutter des Babys hatte Davis, unmittelbar nachdem sie das Krankenhaus nach der Geburt verlassen konnte, aufgesucht. Es war ein kleines Mädchen. Die Mutter wußte, daß Davis die alten Medizinriten kannte, und bat ihn um Hilfe. Das Baby war mit einem unvollständigen Gehirn geboren und konnte nur an Schläuchen überleben. Sein Bettchen im Krankenhaus war ein gläsernes Gefängnis, umgeben von all diesen komplizierten Maschinen, die Nahrung in seine Adern pumpten.

Die Mutter flehte Davis an, die Väter zu bitten, das Kind zu heilen, und er vollzog eine Pfeifenzeremonie. Es wurde ihm offenbart, daß es zu jenen besonderen Wesen gehörte, die nur kurze Zeit auf der Erde wandeln, gerade so lange, bis sie ihre Aufgabe hier erfüllt haben. Er berichtete der Mutter, was er durch die Pfeife erfahren hatte. So erfuhr sie die Wahrheit und bereitete sich darauf vor, das Kind sterben zu lassen. Sie wollte das Baby fort von den Maschinen und mit nach Hause nehmen. Selbst die weißen Ärzte wußten, daß das Kleine bald sterben würde, und waren anscheinend einverstanden.

Aber es gab eine weiße Sozialarbeiterin in dem Krankenhaus, die behauptete, die Indianerin liebe ihr Baby nicht genug, um es am Leben zu erhalten. Sie versuchte, das Baby anderen zu geben. Das Krankenhaus bekam es mit der Angst zu tun und wollte das Baby nicht nach Hause lassen, damit es sterben konnte. Also pumpten die Maschinen Tag um Tag weiter Leben in das Baby. Sie ließen den Geist des Babys nicht hinübergehen, sondern hielten ihn zwischen seinem Fleisch und der Maschine gefangen. Die Tränen der Mutter flossen endlos. Das ist nicht der Weg der Väter!« Winona biß zornig die Zähne zusammen. Sie schwieg einen Augenblick.

»Sie hatten keine Achtung vor dem Leben und keine Achtung vor dem Tod. Die Weißen haben große Angst vor dem Sterben.« Vielleicht war das die Wahrheit, die Winona erst hatte erfahren müssen. Vielleicht war es eine Wahrheit, die ich nun auch lernen mußte.

Sie fuhr fort. »Davis betrat das Krankenhaus während der Nachtschicht. Er befreite das arme Baby von den Schläuchen, wickelte es in eine Decke und verließ mit ihm das Krankenhaus. Er brachte es auf den Hügel und legte es mit der Decke auf die Großmutter. Er nahm seine heilige Pfeife und opferte den Himmelsrichtungen Tabak. Er sang alle Lieder, die er kannte, und betete für den kleinen Geist des Kindes. Und als die Nacht verging, wurden die Bewegungen des Babys langsamer. Es war ein ruhiges Kind – es gab kaum einen Laut von sich in dieser Nacht. Doch als die Sonne über den östlichen Horizont schaute und die Dunkelheit verjagte, stieß das kleine Mädchen einen letzten Schrei aus, und sein Geist ging hinüber. Davis erzählte mir, er habe wegen der Schönheit der Sonne und des Abschiedslieds für das Baby geweint. Er begrub den Körper, wie es die Sitte gebietet. Nur er allein kennt den Ort.«

»Warum hat man ihn angeklagt, obwohl es dem Baby bestimmt war, zu sterben, Winona?«

»Die weiße Sozialarbeiterin hat es aus Wut getan. Alle wußten, daß er einfach hineingegangen war und dem Baby ohne Erlaubnis die Schläuche abgenommen hatte. Niemand hatte ihn jedoch aus dem Krankenhaus gehen sehen. Was sagen Sie dazu? Niemand, außer Davis und mir – und jetzt Ihnen – wußte, was er wirklich mit dem Baby getan hat. Sie konnten ihm nichts beweisen. Was glauben Sie, wie ist er mit dem Baby aus dem Krankenhaus entwischt, ohne gesehen zu werden?«

Ich zuckte die Achseln. Wie sollte ich Winona bloß jemals wieder auf die Problematik ihres eigenen Todes zurückbringen?

Sie beantwortete ihre eigene Frage. »Ich werde es Ihnen sagen. Er war unsichtbar.«

»Winona, ich verstehe nicht.«

»Er konnte nicht gesehen werden. Die Geister hatten ihm befohlen, das Baby zu holen und ihm Ehre zu erweisen. Deshalb konnte er mit dem Baby auf dem Arm direkt an der Krankenhausaufsicht vorbeigehen, ohne gesehen zu werden. Die Geister können das bewirken, wissen Sie. Wenn man es ernst mit der Ehre meint, helfen die Geister. Es ist wie ein Gebet. Vielleicht geben sie nicht das, was man will, aber sie geben das, was man braucht.«

Winona faltete ihre Hände im Schoß, eine abschließende Geste. Unsere Stunde war vorüber. Ausnahmsweise flossen indianische Zeit und weiße Zeit ineinander.

Bev nickte Winona zu, als sie im Wartezimmer aneinander vorbeigingen. Winona beachtete den Gruß nicht, warf sich einen schäbigen Mantel über und ging hinaus.

»Sie ist ein zäher Brocken, oder?« sagte Bev, als sie mein Büro betrat.

»Das ist noch untertrieben. Sie ist weder depressiv noch unheilbar krank noch selbstmordgefährdet, dennoch hat sie vor, in zwei Monaten zu sterben – nein, eigentlich in anderthalb Monaten.« Ich mußte die Zeit und das Honorar abziehen, die ich bei der Spurensuche in Winonas Gedankenwelt schon vergeudet hatte.

»Sie setzt sogar dich unter Zeitdruck.« Bev grinste schadenfroh. »Predigst du ihr die Freuden des Lebens?«

»Wohl kaum. Sie redet die ganze Zeit selbst. Ich weiß schon nicht mehr, wer die Therapie leitet.«

»Also Meggie, den Klienten, der deinen Überredungskünsten widerstehen kann, möchte ich sehen.« Bev setzte großes Vertrauen in meine professionellen Fähigkeiten.

Als ich meine Notizen in der Akte Pathfinder, W. überflog, schüttelte ich verwundert den Kopf. »Ich habe noch nie jemanden wie Winona kennengelernt. Sie will nichts von mir, außer daß ich verstehe, was sie sagt.«

»Na und?«

»Aber was sie sagt, dient nicht ihrem eigenen Vorteil, Bev.

Ihre Worte sind für mich bestimmt. Sie behandelt mich, als wäre ich die Verletzte und sie die Heilerin.«

»Interessant.« Bev zog nachdenklich die Augenbrauen hoch. »Und je mehr sie dich behandelt, desto inkompetenter fühlst du dich.«

6

AM RAND DES WAHNSINNS

* * *

Vermöcht' ich nur am äußersten Rand des Wahnsinns zu leben,
wo alles ist, wie es in meiner Kindheit war.
Heftig, lebendig und voll unendlicher Verheißung ...

Richard Eberhart
If I Could Only Live at the Pitch
That Is Near Madness

Am Freitag brachte der kanadische Jetstream die Kühle des herannahenden Winters. Die Eichen- und Ahornblätter begannen, sich an den Rändern zu verfärben. Eine nach innen gerichtete, braune Stimmung hüllte mich ein wie eine vertraute warme Decke. Fritzie war entzückt, daß ich nicht ins Büro ging, und tobte auf der Jagd nach Eichhörnchen ausgelassen draußen herum. Nach dem Kaffee ging auch ich hinaus, um Gras zu mähen und die Weinranken, die über die steinernen Mauern hingen, zurückzuschneiden. Ginge es nach mir, würde ich sie niemals beschneiden, denn ich liebe das wilde, wollige Wuchern der Natur. Aber das Erbe meiner Eltern und einer gesamten Kultur zwingen mich dazu, meine Umgebung zu prägen, wie um zu sagen: Ich war hier, ich habe hier gelebt.

Während ich den surrenden Rasenmäher durch das hohe Gras schob, erstand in mir plötzlich eine Kindheitserinnerung. Als ich dreizehn war, gab es auf meinem Heimweg von der Bushaltestelle eine Abkürzung durch den Wald hinter der Kirche. Für diesen Weg brauchte ich nur etwa fünf Minuten. Wenn ich den Wald betrat, warf ich meine menschliche Maske ab. An diesem Ort, an dem mich keines Menschen Auge sehen konnte, geschah das Wunder.

Meine rundlichen Schenkel und Waden verwandelten sich in die langen Beine eines glänzenden, schnellen schwarzen Pferdes. Meine Hände wurden zu den erfahrenen Fingern eines Reiters, der mit subtilem Geschick die ungeheure Energie des Tieres in sich lenkte. Meine Hufe schlugen auf den Boden. In erwartungsvoller Erregung tänzelte das Pferd in mir zur Seite. Meine Hände besänftigten, lenkten und beruhigten das Tier. Wild flog meine Mähne; Wiehern und Schnauben trat an die Stelle menschlicher Sprache. Alles wurde möglich durch den stärker werdenden Drang, ungehindert und kraftvoll dahinzugaloppieren – ein magischer, vergänglicher Augenblick. Dann durchbrachen wir – wie durch einen Energiestoß nach vorne katapultiert – jedes Hindernis. Reiter und Pferd schossen in totaler Bewegung vorwärts, rasten an den Bäumen vorbei, mit den Hufen über Tannennadeln stampfend. Fünf Minuten im Wald, dann gelangte ich wieder an die Straße. Das Tier verbarg sich in der menschlichen Gestalt, und das Kindergesicht nahm wieder menschliche Züge an.

Nun war ich neununddreißig, und immer noch schnaubte das schwarze Roß in mir, während ich den alten Rasenmäher schob. Es tänzelte nicht mehr, und seine Mähne war von grauen Strähnen durchzogen. Ich hatte gelernt, das Pferd zu zügeln, es manchmal als Zugpferd einzuspannen, ausdauernd, stark und unglaublich geduldig. Die Arbeit am Rasenmäher tat mir gut.

Nach dem Mittagessen verzog ich mich mit einer meiner

Fachzeitschriften ins Wohnzimmer, um die Einsamkeit und den Sonnenschein mit meinem schlafenden Hund zu teilen. Ein alter Polstersessel nahm meine müden, aber erfrischten Glieder auf. Auf der Suche nach einem Stückchen Information, das für meine Arbeit mit den Klienten relevant sein konnte, machte ich mich daran, eine Reihe von langweiligen Artikeln zu lesen. Fritzie fing an zu schnarchen.

Pock.

Ein Ton, als wäre etwas gegen die Verglasung der alten französischen Tür geflogen. Ich schaute von meiner Lektüre auf, konnte aber nichts entdecken, und beugte mich wieder über die Zeitschrift.

Pock.

Fritzie schaute auf, seine Ohren bewegten sich, und er legte den Kopf schief, um zusätzliche Geräusche zu erhaschen. Nichts. Er legte den Kopf wieder auf die ausgestreckten Pfoten.

Pock, pock.

Diesmal fuhren wir beide hoch und beschlossen, der Sache auf den Grund zu gehen. Fritzie schnupperte an der Glastür. Ich stand auf, bewegte mich auf die Tür zu, die Augen offen, wartend, beobachtend. Dann sah ich es – ein rotes Aufblitzen.

Pock, pock.

Ein leuchtend roter Kardinal erhob sich von der Mauer und prallte gegen sein eigenes Spiegelbild in der Glastür. Mit vorwärts gerichtetem Schnabel, bereit, seinen hübschen Gegner zu treffen, zielte der Vogel und flog geradewegs auf seinen Feind zu. Wie wütend mußte er sein, als er sein Spiegelbild mit ebenso angriffslustig präsentiertem Schnabel auf sich zukommen sah. Das bedeutete Krieg!

Pock, pock.

Der Kardinal zog sich auf seinen Platz auf der Mauer zurück. Sein Feind tat das gleiche und starrte ihn durch das Glas an. Sein Spiegelbild verhöhnte ihn. Den Kopf zur Seite geneigt, beobachtete der Vogel, wie sein Rivale ihn nachäffte. Doch das Alter ego antwortete nicht auf seine herausfordernden Rufe. Ein stummer Feind. Wieder schwang er sich mit zornig ausgebreiteten Flügeln empor und stieß wie ein roter Bomber auf die Glasscheibe nieder.

Pock, pock, pock.

Da der Vogel keine Möglichkeit hatte, in sein Territorium einzudringen, kehrte Fritzie zu seinem warmen Plätzchen auf dem Teppich zurück und schlief ein. Ich machte mir Sorgen wegen der narzißtischen Wunden, die sich mein gefiederter Freund zuziehen konnte. Sein Schnabel würde vom Schlagen gegen das Glas bald stumpf werden. Er brauchte seinen langen Schnabel jedoch, um im Herbst Samenkapseln zu öffnen. Offensichtlich lehrte die wiederholte Erfahrung den von seinen Instinkten geleiteten Burschen mit dem Vogelhirn überhaupt nichts. Glücklicherweise hatte ich eine Gummischlange parat, die ich im Sommer für den Gemüsegarten gebraucht hatte. Ich nahm die Schlange, ging hinaus und legte sie sacht direkt vor die französische Tür. Argwöhnisch blieb der Kardinal auf der Mauer sitzen. Ich ging wieder hinein und beobachtete die Lage weiter.

Pock, pock.

Der Kardinal beachtete das regungslose Stück Gummi überhaupt nicht. Angemalte Plastikattrappen und bewegliche Spiegelbilder unterschieden sich wohl doch. Was konnte ich tun? Wenn ich nicht gewußt hätte, daß der Schnabel des Kardinals durch das Glas auf Dauer beschädigt würde, hätte ich über das Dilemma des Vogels gelacht.

Tiefer Schlaf hatte Fritzie in eine andere Welt entführt. Ich setzte mich in meinen Sessel. Die Stille dieses herbstlichen Nachmittags auf dem Land, durchbrochen von dem Aufprall eines Vogels, der sich den Kopf einschlug, weil er sein eigenes Bild nicht ertragen konnte, hielt mich gefangen.

7

WINDUNGEN

* * *

... Weder grad noch krumm, weder hier noch da
doch Schatten über tiefen Schatten
und tiefer noch ...

O lieblicher, letzter Todessprung
ins reine Vergessen am Ende der längsten Reise.
Friede, vollkommner Friede!
Könnte es sein, daß auch er gezeugt ist?

D. H. Lawrence
Ship of Death

Bev rief mich spätnachmittags am Freitag an, um mich zu einem Abend zu viert am Samstag zu überreden. Ich lehnte ab, ich wollte lieber allein sein.

»Seit deiner Scheidung sind anderthalb Jahre vergangen, Meggie. Es würde dir guttun, mal auszugehen und ein paar Männer kennenzulernen.«

»Ich bin noch nicht soweit.« Das klang nach einer faulen Ausrede. Sie wollte protestieren, aber ich fügte rasch hinzu: »Ich muß auch arbeiten. Vielleicht ein anderes Mal.«

»Na gut. Ich nehme das als Versprechen und werde dich daran erinnern«, erwiderte Bev, bevor sie auflegte.

Ich hatte wirklich keine Lust auf ein Rendezvous. In mir waren Kräfte am Werk, die ich nicht verstand. Als ich am

Samstagmorgen im Buchladen von Suttons Bay stand, war ich überzeugt, meine Knie würden mich nicht mehr tragen, aber diese Angst beruhte auf keinerlei physischer Realität. Ich war im Reich der Metaphern gefangen. Auf dem Weg vom ersten Stock nach unten sah ich mich am Samstagnachmittag stolpern, Hals über Kopf die Treppe hinunterstürzen und bewußtlos liegen bleiben. Ich mußte mich am Geländer festhalten.

In der Nacht wurden die Bilder intensiver. Ich stieg im Dunkeln die Treppe hinauf, um schlafen zu gehen. Fritzie rannte vor mir nach oben, und ich hörte, wie er in sein gemütliches Nest sprang. Als ich in den unbeleuchteten Raum trat, fragte eine Stimme: »Was ist das für eine Dunkelheit, in die du trittst?« Als ich das Licht anschaltete, sah ich natürlich niemanden.

Es war eine Erleichterung, am Montag wieder zur Arbeit zu gehen.

Bev war schon dort und konnte es kaum erwarten, mir von ihrer Verabredung am Wochenende zu erzählen. Sie schimpfte mit mir, weil ich nicht mitgekommen war. Der neue Mann in ihrem Leben war erklärter Feminist und schien sich auch von Bevs politischer Haltung nicht bedroht zu fühlen. Ich sollte ihn unbedingt kennenlernen. Er hatte einen sehr engen Freund, der ungebunden war. Es gab nicht viele vierzigjährige ungebundene Männer, erinnerte mich Bev. Sie hatte auch herausgefunden, ob der Freund des Freundes 1) sich gerade getrennt hatte, 2) in seine Mutter verliebt war oder 3) eine schreckliche körperliche Mißbildung hatte. Bestochen von der Gründlichkeit ihrer Nachforschungen erklärte ich mich schließlich für das folgende Wochenende zu einer Verabredung zu viert bereit.

Mir war klar, daß ich es später bereuen würde.

Ungeachtet des in mir tobenden Sturmes, war ich in der Lage, einfühlsam auf die nur halb ausgesprochenen Bekenntnisse meiner Klienten zu reagieren und den Schmerz und die Tumulte in ihren Leben zu ergründen, um rücksichtsvoll und heilend auf sie einzuwirken. Der Tag endete mit einem erwachenden Gefühl von Produktivität.

Den letzten Termin hatte Winona. Mir fiel auf, daß sie es vorzog, in ihrem Truck zu bleiben, bis die vorhergehende Klientin gegangen war. Durchs Fenster sah ich, wie Winona sie beobachtete, ohne daß die Frau es merkte. Ich fragte mich, was Winona wohl an meiner anderen Klientin interessierte.

Winona öffnete die Wagentür und schob sich nach draußen. Sie schlenderte mit gesenktem Blick auf die Bürotür zu. Ich entfernte mich vom Fenster, um sie zu begrüßen. Sie betrat den Raum, steuerte geradewegs auf ihren Lieblingsstuhl zu, ließ sich geziert darauf nieder und legte ihre Tasche ab. Sie nickte in meine Richtung, und ich setzte mich.

Wir begannen die Sitzung schweigend. Ich wußte, daß Winona sowieso die Führung übernehmen würde, also überließ ich ihr auch das Schweigen. Sie zupfte ihr Hauskleid zurecht und machte es sich bequem. Dann schaute sie zu mir auf, lächelte und fragte: »Na, was haben Sie am Wochenende gelernt?«

Es war keine scherzhafte Frage. Mit meinem durch den erfolgreichen Tag wiederhergestellten Selbstbewußtsein hatte ich keine Lust, erneut verwundbar zu werden. Wessen Therapie war das überhaupt? »Und Sie, Winona, was hat das Wochenende Sie gelehrt?« parierte ich.

Sie ignorierte die Frage und begann übers Wetter zu reden. »Die Blätter wissen, daß ihre Zeit kommt. Sie halten sich noch fest, werden bunt und nehmen die Farbe der Sonne an. Bald werden die Winde von Norden sie rütteln und schütteln, und wenn man sie genau beobachtet, sieht man, daß sie nur noch an einem dünnen Faden hängen, bis sie eines Tages alle auf einmal loslassen und fallen. Sie trudeln zu Boden, tanzen in magischen Kreisen. Sie wissen, wann sie loslassen müssen, nach all dem Festhalten.«

Ein scharfer Schmerz berührte mein Herz. Ihre Worte verhalfen mir zu einer Überleitung. »Sind Sie dabei, loszulassen, Winona?«

Sie schwieg. War ich zu schnell auf den zentralen Punkt der Therapie zugesteuert? Stille senkte sich über das Zimmer, und die abendlichen Schatten vertieften sich. Und dann, als hätte es nie eine Unterbrechung gegeben, nahm sie ihren Faden wieder auf.

»Aus dem Westen kommen die Visionen. Aus dem Norden kommt die Reinigung. Aus dem Osten kommt die Einsicht. Aus dem Süden stammt das Wissen der Kinder und das Wissen um den Pfad, den wir gehen, wenn hier unser Ende gekommen ist. Wir sind ganz vom heiligen Rad umgeben, Meggie. Der Großvater über uns und die Großmutter, auf der wir wandeln. Alles um uns dreht sich. Nichts bleibt gleich. Sie aber fürchten immer noch meinen Tod. Machen Sie doch die Augen auf, Meggie.« Winona hielt ihre Hände wie eine Schale mit etwas sehr Kostbarem.

»Die Ganzheit des Lebens ist kreisförmig. Sehen Sie das denn nicht?»

Ich sah es nicht, aber ich war sehr aufmerksam.

Winona machte noch einen Versuch. »Selbst die Jahreszeiten bewegen sich im Kreis. Die Schönheit des Frühlings existiert nicht ohne den Tod im Herbst. Oder wußten Sie nicht, daß vor dem Leben der Tod kommt? Aber …«, sie sah mich bedeutungsvoll an, »… das Blatt springt nicht mit Leichtigkeit vom Baum. Nein, durch uns alle fließt ein Lebenssaft. Wir klammern uns fest, Meggie, ohne wirklich daran zu denken, was uns hält. Bis wir den vollständigen Kreislauf kennen. Dann können wir im Tanz des Windes hinunterwirbeln, den heiligen Kreislauf unseres Lebens lehren und weitergeben.«

»Ist das Ihr Wunsch, Winona? Mir vom sich schließenden Kreis Ihres Lebens zu berichten?« Nur indem ich mich an ihre Worte hielt, konnte ich dem folgen, was sie sagen wollte. Dennoch gab es nichts, was ich wirklich begreifen und in Beziehung zu unserer Arbeit setzen konnte, die natürlich darin bestand, sie zu überreden, am Leben zu bleiben.

Verärgert schnauzte mich Winona an. »Hören Sie zu, Meggie. Die Weißen wollen klar Umrissenes, auf den Punkt Gebrachtes, die Wahrheit und nichts als die Wahrheit. Die Weißen ziehen Linien von A nach B, und nur A und nur B zählen. Und das, was dazwischen ist, geht als schöne Aussicht durch. Die Sonne sinkt, ist das nicht schön?« Winona äffte spöttisch die Stimme eines Touristen nach.

»Die Weißen«, fuhr sie fort, »leben in Quadraten und Rechtecken. Sie addieren. Sie subtrahieren. Merken Sie das nicht, Meggie? Merken Sie nicht, daß auch in Ihrem Leben nicht nur die großen Momente zählen? Es sind die Reise, die Bewegung und die Zentrierung innerhalb dieses Kreises, die das Medizinrad für Sie bilden. Es ist der Morgen, wenn *wi*, die Sonne, aufsteigt und man ein Begrüßungslied singt und sagt: ›Hab Dank für mein Leben‹ oder ›Heute ist ein guter Tag zum Sterben‹. Und wenn der Großvater nach Westen aufbricht und die beiden Welten sich in dem Augenblick zwischen hell und dunkel berühren …« Sie lehnte sich zurück und wartete auf meine Reaktion.

Ich war ratlos. Winona schien nicht zu begreifen, daß es

mein Beruf war, sie zum Leben zu überreden, und daß ich schmählich versagte. Mir war natürlich klar, daß sie sich bemühte, die jahrelange Gewohnheit geradlinigen Denkens bei mir zu durchbrechen. Ihre Einschätzung meiner Person war richtig. Ich war schwer von Begriff, verwirrt und ausgeliefert. Das Bild der Dunkelheit, die Stimme, die sagte: »Was ist das für eine Dunkelheit, in die du trittst?«, hallten in mir wider.

Winonas Stimme wurde sanft. »Das ganze Leben ist durchsichtig. Sie kennen gewiß die grauen Tafeln, auf denen die Kinder mit angespitztem Holz schreiben? Sie wissen schon, dieses graue Papier, das man hochhebt, und die Schrift verschwindet? Genauso ist es. Die Worte sind da, doch dann läßt das, was darunter ist, sie verschwinden. Punkt A und Punkt B verschwinden. Sie waren scheinbar wichtig, aber ...« Winona unterbrach sich. »Wir können uns in unseren eigenen Reflexionen verfangen.«

Winona beobachtete von der Seite, was ich mit ihren Worten anfing. Verdammt, diese Frau wußte mehr von meinen inneren Stürmen als ich selbst! Sie verdiente meine Offenheit. Was hatte ich schon zu verlieren? Wie eine Blinde stolperte ich vorwärts. »Und wenn ich mich in meinem eigenen Spiegelbild verfange? Sagen Sie, daß ich dabei mein Leben verlieren werde, Winona? Wie mein Freund ...«

»Der rote Vogel«, beendete Winona den Satz. Sie lächelte. Vielleicht war dieser weißen Frau ja doch noch zu helfen!

8

DAS WESEN DER WAHRHEIT

* * *

Es war einmal ein Handwerksmeister mit einer guten Arbeit, einer liebenden Frau und vier schönen Töchtern – kurzum, er war eigentlich ein glücklicher Mann. Aber der Mann fühlte sich rastlos und unzufrieden. Seine Frau fragte ihn, was denn los sei. »Ich suche die Wahrheit«, bekannte er.

»Dann geh«, sagte sie, aber da sie eine kluge Frau war, fügte sie hinzu: »Überantworte alles mir.«

Und er begab sich auf die Suche nach der Wahrheit. Bergauf, bergab, an den Küsten, tief in den geheimnisvollsten Wäldern – er suchte Tage, Wochen und Monate, bis er am liebsten aufgegeben hätte. Doch an einem kalten Tag auf dem Gipfel eines Berges entdeckte er eine Höhle, in der eine weise alte Frau lebte. Sie war so alt, daß ihre Haut die Farbe von Leder hatte, ihr Haar war verfilzt und fettig, ihre Hände knotig und arthritisch. Im Mund hatte sie nur noch einen einzigen Zahn.

Doch sie bat ihn mit so klaren, lyrischen Worten zu sich, daß er erkannte, endlich die Wahrheit gefunden zu haben.

Er blieb ein ganzes Jahr bei ihr und lernte alles, was sie ihm in dieser Zeit beibringen konnte. Dann kam der Tag, an dem er in die Außenwelt und zu seiner liebevollen Familie zurückkehren mußte.

Am Eingang zur Höhle wandte er sich um, um Lebewohl zu sagen. »Wahrheit«, sagte er. »Du warst dieses ganze Jahr so gütig zu mir. Hast du vielleicht eine Bitte an mich?«

Sie überlegte einen Augenblick und hob dann ihren uralten Zeigefinger. »Ja«, erwiderte sie. »Wenn du zu den Menschen da draußen sprichst, berichte ihnen, ich sei jung und schön.«

Volksmärchen

Bev, meine Kollegin, rief mich am Dienstag an, um zu sagen, sie würde die Praxis am Mittwochabend zu einem Nottermin öffnen. Sie behandelte ein Paar, in dessen Ehe es immer wieder zu Gewalttätigkeiten kam.

»Ich bin nicht gerne allein mit ihnen in der Praxis. Man kann ja nie wissen ...«

»Gut, ich komme. Soll ich vielleicht meinen furchterregenden Fritzie mitbringen?«

»Das soll wohl ein Witz sein?« schnaubte Bev.

»Die müßtest nur einen Tennisball zwischen die Kampfhähne werfen, und Fritzie würde alle erledigen.« Bev hatte noch nie einen Terrier besessen und verstand den Scherz nicht. »Ich komme und erledige inzwischen Papierkram im Nebenzimmer. Was verdienen denn weibliche Rausschmeißer so?«

Bev hoffte jedoch, daß ich meinen Extraausflug in die Praxis nicht umsonst machen müßte. »Ich habe gestern Lucy Arbre in der Eisenwarenhandlung getroffen. Sie möchte vorbeischauen und mit dir über ihre Mutter sprechen. Sie hat mich gefragt, ob das ginge, wo ihre Mutter doch deine Klientin sei. Ich habe ihr das mit der Schweigepflicht erklärt und daß du ihr nicht erzählen kannst, was in den Sitzungen mit Winona gesprochen worden ist. Sie hat es verstanden. Warum machst du nicht einen Termin mit ihr, während ich mit dem Ehepaar zu tun habe?«

Eine gute Idee. Ich befürchtete nur, daß Lucy mich nach den Fortschritten, die die Therapie machte, fragen würde. Wie Winona und ich vorankamen, wäre schwer zu beschreiben.

In dieser Hinsicht hätte ich ganz unbesorgt sein können. Lucy freute sich, als ich sie anrief, um den Termin zu vereinbaren. Am Mittwochabend erschien sie hübsch zurechtgemacht in einem burgunderfarbenen Kostüm und Pumps. Mit einem dankbaren Lächeln setzte sie sich auf die Couch. »Ich möchte Ihnen für das, was Sie für meine Mutter getan haben, danken, Dr. O'Connor. Unsere häusliche Atmosphäre ist wie ausgewechselt.«

Was sollte ich darauf antworten? Ich wartete. Zumindest mußte ich mich jetzt nicht in weitschweifigen Erklärungen darüber ergehen, daß ich Zeit brauchen würde, um in Winonas Welt vorzudringen, ehe ich eine echte therapeutische Wirkung erzielen konnte.

Lucy fuhr fort. »Meine Mutter ist viel lebhafter geworden. Ich fühle mich beinahe an die alten Zeiten im Reservat erinnert, als sie sich soviel um andere Leute kümmerte. Damals sprühte sie vor Energie.«

»Was für andere Leute waren denn das?« Ich war jetzt sehr neugierig.

»Ach, ich weiß nicht viel darüber.« Lucy rutschte auf dem Sofa herum, als fühlte sie sich unsicher. »Wissen Sie, als ich von zu Hause fortging, um die Schule zu besuchen, begann mein Stiefvater Davis, sie in die alten Bräuche einzuführen.« Lucy schlug die Beine übereinander und verschränkte die Arme. Irgend etwas an diesem Thema beunruhigte sie. Behutsam machte ich sie darauf aufmerksam, daß sie verunsichert wirkte.

»Dr. O'Connor, ihre Kenntnisse in der traditionellen Heilkunde haben meine Mutter zu einer hochgeachteten Frau im Reservat gemacht. Ich hingegen bin eine modern ausgebildete Krankenschwester. Die beiden Systeme vertragen sich nicht, und, ehrlich gesagt, halte ich vieles von dem, was die traditionellen Heiler tun, für Hokuspokus. Sicher wissen auch Sie eine Menge über den Placebo-Effekt. Manche Leute fühlen sich besser, weil sie *glauben*, eine Behandlung würde sie heilen. Der Körper verfügt über ganz eigene Genesungsmechanismen.

Aber«, fügte Lucy hinzu, »meine Mutter glaubt an das, was sie tut.«

»Kommt es zu Spannungen zwischen Ihnen, weil Sie beide Heilerinnen verschiedener Traditionen sind?«

»Nein, wir sprechen nicht über ihre Arbeit. Um ehrlich zu sein, sie spricht nicht mit mir über ihre Arbeit.« Lucy lächelte. »Über diesen schamanistischen Kram wird sowieso nicht viel gesprochen, außer wahrscheinlich zwischen zwei Medizinleuten. Ausgeschlossen, daß sie mich in diese Welt einweiht. Ist mir auch recht. Sie ist meine Mutter und die Großmutter der Kinder. Ich habe mit dieser Zauberei nichts am Hut.« Ihre Hände winkten verächtlich ab.

»Bevor sie nach Davis' Tod zu uns zog, bestand sie darauf, daß ich einen Wandschrank oder ein kleines Zimmer bereithielt, wo sie ihr Medizinbündel mit der heiligen Pfeife und anderen magischen Gegenständen aufbewahren konnte. Also überließ ich ihr den Schlafzimmerschrank. Als sie ankam, kaufte sie ein Schloß und ließ es von meinem Mann an der Schranktür anbringen! Ich fragte sie, warum die Tür verschlossen sein müsse. Die Kinder würden vielleicht ihr Medizinbündel nehmen und damit spielen, sagte sie. Aber wissen Sie, was ich glaube?« Lucy sah mir gerade in die Augen.

»Was?« fragte ich und wandte den Blick ab.

»Ich glaube, sie hat Angst, daß ich in dem Schrank herumschnüffele, wenn sie nicht da ist. Nicht daß sie fürchtet, ich würde etwas wegnehmen, aber ich könnte die Gegenstände irgendwie entweihen. Es ist ihr ja schon unangenehm, wenn ich ihre Alltagspfeife berühre, die sie zum Rauchen und Lehren benutzt.«

Ich fragte mich, ob Winona nicht vielleicht ein wenig paranoid war. »Auf welche Art könnten Sie die Gegenstände entweihen?« fragte ich.

»Oh, indem ich sie berühre, wenn ich in meinem Mond stehe. Wissen Sie, sie traut mir nicht. Sie glaubt, die Weißen hätten mich umerzogen, mich gelehrt, nicht zu sehen. Vielleicht habe ich ein anderes Weltbild, aber ich weiß genug von den alten Bräuchen, um nicht während meiner Menstruation an den Schrank zu gehen. Natürlich glaube ich nicht, daß tatsächlich ein Schaden entstehen würde. Aber in zwei verschiedenen Welten zu leben heißt doch nicht, daß wir uns gegenseitig nicht respektieren können, oder?«

Lucys letzte Frage war überfrachtet, und ihre Stimme klang flehend. Auch wenn sie sich für die moderne Welt entschieden hatte, sehnte sie sich noch immer nach der unzeitgemäßen Anerkennung ihrer Mutter. Vielleicht konnte ich eine Versöhnung zwischen Mutter und Tochter erleichtern. Das würde zumindest einen Fortschritt auf dem dornigen Weg von Winonas Therapie bedeuten.

Ich mußte mehr über Lucys Kindheitserlebnisse mit ihrer Mutter erfahren. »Erzählen Sie mir etwas über Ihre Kindheit im Reservat. Wie haben Sie sie empfunden?« Lucy schien nicht zu bemerken, daß ich ihre Frage nicht beantwortet hatte.

»Wie Sie wissen, war meine Mutter Alkoholikerin. Ich kann mich nur an sehr wenig aus dieser Zeit erinnern.«

Es ist nicht ungewöhnlich, daß Erwachsene mit traumatischen Kindheitserlebnissen diese schmerzhaften Erinnerungen blockieren.

»Aber ich erinnere mich an die Veränderungen in meinem Leben, als wir zu Davis zogen«, fuhr Lucy fort. »Ich war sehr stolz, nun einen Vater ganz für mich zu haben. Sie wissen ja, wie Kinder sind. Davis war lieb zu mir. Er nahm mich mit in den Wald und zeigte mir die verschiedenen Spuren der Tiere. Er ließ Mutter und mich nach Kräutern suchen, die er für seine Medizin brauchte. Ich weiß noch, wie er immer, bevor er eine Pflanze pflückte, Tabak opferte und mit einem Gebet für das Leben der Pflanze dankte. Er erklärte mir, die Pflanze gebe ihr Leben hin, damit wir leben könnten. Er verwendete das Wort ›Hingabe‹ häufig. Das machte großen Eindruck auf mich, nur ...« – Lucy kicherte – »... als ich an meinem Geburtstag meiner besten Freundin ein Geschenk ›hingeben‹ sollte, zum Ausgleich für die Geschenke, die ich bekommen hatte, gefiel mir das gar nicht!«

»Das hört sich an, als hätten Sie sich einen Vater sehr gewünscht.«

Lucy nickte. »Ich habe meinen biologischen Vater nie gekannt. Ich wußte nichts von ihm. Wenn ich meine Mutter nach ihm fragte, schüttelte sie nur den Kopf, ein ärgerlicher Ausdruck trat auf ihr Gesicht, und sie preßte die Lippen zusammen. Es war, als sei plötzlich eine Sturmwolke ins Zimmer gezogen. Ich lernte rasch, nicht weiterzufragen. Aber wissen Sie, was? Seit sie zu Ihnen kommt, beginnt sie sich zu öffnen und mehr zu sprechen.«

Ich spitzte die Ohren. Es interessierte mich, was die Therapie für Winona tat und was sie ihrer Tochter eröffnete. Vielleicht gaben die Gespräche mit einer Therapeutin den Anstoß zu einer Aussprache zwischen Mutter und Tochter.

»Was hat Ihre Mutter Ihnen denn erzählt?«

»Also, sie hat gesagt, mein biologischer Vater sei ein sehr intelligenter, gutaussehender Mann gewesen und habe eine vielversprechende Zukunft gehabt. Ich freute mich, daß er klug war. Leider sei er im Koreakrieg ums Leben gekommen und habe nicht gewußt, daß sie schwanger war. Sie hätten nur eine Nacht miteinander verbracht.

Ich habe sie gefragt, warum sie mir das nicht schon früher erzählt hat, denn dann hätte ich die Familie meines Vaters kennenlernen können. Sie sagte, der Mann sei verheiratet gewesen oder so etwas, und es hätte einen Skandal gegeben. Mein Vater sei ein feiner Mensch gewesen und ein liebevoller Mann, der, wenn er von mir gewußt hätte, an meinem Leben hätte teilhaben wollen. Im Krieg hat er eine Menge Orden bekommen, weil er sehr tapfer war. Er hat sich auf eine Granate geworfen, die in ein Loch in der Nähe seiner Kameraden gefallen war. Ein echter Held. Dabei wurde er getötet.«

Lucy schaute nachdenklich drein. »Ich hätte ihn gerne kennengelernt.«

Ich konnte mein Erstaunen kaum verbergen. Hatte Winona mir nicht vor kurzem erzählt, daß Lucy das Ergebnis einer Vergewaltigung war? Ich konnte es kaum fassen, daß sie eine solche Lügengeschichte über Lucys Vater erfunden hatte. Doch die Schweigepflicht versiegelte meine Lippen. Winona hatte die Wahrheit gegen den Frieden eingetauscht. Lucy hatte noch mehr zu sagen. »Aber ich kann mich nicht beschweren. Davis war mir ein sehr guter Vater. Dennoch fürchtete ich ihn. Manchmal wurde er sehr zornig und stürmte aus dem Haus. Die Kinder in der Schule erzählten mir, daß er einmal ein Baby umgebracht hat. Deshalb fürchtete ich seinen Zorn. Es war ein Widerspruch, verstehen Sie? Er war ein sehr sanfter Mann, und dennoch war etwas Unberechenbares an ihm. Schließlich half mir die Mutter einer meiner Schulfreundinnen, das zu begreifen. Sie erklärte mir, er sei ein *Heyoka*.«

»Was ist das?«

»Die *Heyoka*-Medizinmänner haben von allen Heilern die größte Macht, aber die Menschen fürchten sie. Ich weiß nicht viel über diese Dinge. Sie interessieren mich auch nicht besonders – aber die *Heyoka*-Leute gehören zum Volk des Blitzes. Sie gelten als mächtig, kapriziös, gefährlich, schnell und unberechenbar. Obwohl ich Davis als Vater liebte, hielt ich aus diesem Grund einen Sicherheitsabstand ein. Ich glaube jedoch, er war sehr traurig, als ich fortging, obwohl …« Lucy beendete den Satz nicht.

Ich erinnerte mich an den Blitz auf Winonas Pfeife. »Ist Ihre Mutter auch eine *Heyoka*?« fragte ich.

»Ich weiß es nicht. Sie wurde erst Heilerin, als ich schon fort war. So etwas dauert lange. Man muß über Fünfzig sein, ehe man zu Ansehen gelangt, weil man dem alten Brauch zufolge langsam und mühevoll lernen muß.«

Eine letzte Frage. »Welche Krankheiten heilt Ihre Mutter?«

»Das kann ich beantworten. Einige Medizinleute spezialisieren sich, genau wie bei den Weißen. Es gibt Heiler, die Knochen wieder einrichten, Krebs behandeln, Allgemeinmediziner und Internisten. Manche arbeiten mit Kräutern, andere mit den Geistern in der Schwitzhütte oder mit den extremeren *Yuwipi*-Ritualen, bei denen der Medizinmann in eine Sternendecke eingewickelt und mit sieben Knoten gefesselt wird. Davis beschäftigte sich mit Kräuterheilkunde und Geisterheilung. Aber meine Mutter hat eine Spezialität.«

»Welche?« fragte ich.

»Meine Mutter arbeitet mit Menschen, die das, was die Weißen ihre Seelen nennen würden, nicht gefunden haben oder zu verlieren drohen. Sie war bekannt dafür, die Krankheiten des Geistes, nicht die des Körpers zu heilen. Man könnte vielleicht sagen«, Lucy lächelte bei dieser Erkenntnis, »daß Mutter eine Art Therapeutin ist wie Sie, aber nach den traditionellen Vorstellungen ihres Volkes.«

Lucy sah auf die Uhr und merkte, daß die Sitzung zu Ende war. Sie schüttelte mir die Hand und sagte: »Ich möchte Ihnen noch einmal sagen, wie sehr es meiner Mutter gefällt, mit Ihnen zu arbeiten.«

Auf mehr als eine Art, dachte ich.

9

GESCHICHTEN ERZÄHLEN

* * *

Täuschen Sie sich nicht, wenn Sie die Katze zu erkennen glauben, die nun langsam aus dem Sack hervorkommt!

J. R. R. Tolkien

Am Donnerstag betrat Winona grinsend den Therapieraum. »Lucy ist sehr angetan davon, wie Sie mir helfen.« Sie peilte ihren Stammplatz an und ließ sich nieder. »Ich habe schon eine ganze Weile nicht vom Sterben gesprochen. Sie findet, daß ich mich besser fühle.«

»Und ist es so, Winona?« Ich kannte sie zu gut, um ihr zu trauen.

»Ist was so?« Sie schaute belustigt in meine Richtung.

Ich stellte mich dumm. »Fühlen Sie sich besser?«

»Oh, viel, viel besser! Meggie, Sie wissen gar nicht, wie wundervoll es ist, auf seine alten Tage noch normal zu werden! Nicht mehr alles in sich hineinfressen zu müssen.« Sie lachte über ihren eigenen Scherz.

Trotz des Widerstandes, den sie der Therapie entgegenbrachte, gefiel mir ihr übermütiges Wesen. In Wahrheit hat Therapie viel mit Loslassen – Körper und Emotionen – zu tun. Wir entspannten uns und lachten. Aber ich ließ mich nicht lange von den schwierigen Fragen abhalten.

»Lucy hat mir ungefähr das gleiche erzählt. Sie hat auch länger über das Heldentum ihres biologischen Vaters und die kurze ›Affäre‹, die Sie mit ihm hatten, gesprochen. Lucys Bericht zufolge war er ein ausgesprochen netter Mann, der sich aber gewaltig von dem aus Ihrer Erzählung unterschied. Finden Sie nicht, daß Lucy die Ehre der Wahrheit gebührt?«

Sie wich meiner Frage geschickt aus. »Eine gute Geschichte, finden Sie nicht? Ich habe eine ganze Weile an ihr gearbeitet, denn ich wollte ihr nicht irgendeine Geschichte über ihn auftischen. Lucy brauchte eine gute Geschichte, eine mächtige Geschichte, die sie für den Rest ihres Lebens stark machen würde. Etwas, das sie den Kindern erzählen kann und das ihnen hilft, den Geist des Kriegers in sich zu entdecken, wenn sie ihn brauchen. Es war eine gute Geschichte, Meggie.«

»Aber was ist mit der Wahrheit – mit der Vergewaltigung?« Ich war verblüfft von ihrer offenkundigen Freude an der Ausschmückung der Lüge.

Ein Schimmer von Ungeduld glitt über ihr Gesicht, so als spräche sie zu einer etwas zurückgebliebenen Person. Sie sammelte ihre Gedanken, und ich spürte, daß nun eine Belehrung auf mich zukam. Ich lehnte mich zurück und fragte mich, warum die Therapie ein solcher Kampf zwischen uns war.

Winona schlug die Füße übereinander und wählte ihre Worte sorgfältig. »Lucy will nichts von unseren alten Heilmethoden wissen. Ihre Wahrheit ist das, was sie ›die Wissenschaft‹ nennt. Wenn einer krank ist, kommt er zu ihr und diesen Ärzten. Sie haben alle möglichen vornehmen Tabletten und Spritzen. Sie haben Maschinen, die dir in den Kopf gucken, und Maschinen, die das Pumpen des Herzens lesen.

Aber was können sie über das Herz sagen, Meggie? Warum

bricht es? Was können sie über eine kranke Seele sagen, die den Körper in die Finsternis führt? Sie haben Pillen, die das Gehirn in einen leeren Raum versetzen, aber – Teufel noch mal – mit Alkohol schafft man das billiger! Weiß ich aus eigener Erfahrung. Und da bleiben die Leute dann, im grauen Nirgendwo. Das ist die Wahrheit.« Sie machte eine Pause.

»Ich habe einmal versucht, Lucy diese Dinge zu erklären. Das Wesen der Dinge und daß das Gehirn nicht getrennt vom Herzen existiert. Man kann auch nicht das schlagende Herz nehmen, ohne etwas von den Vernetzungen des Geistes zu wissen, die alles zusammenhalten. Sie spricht von Beweisen und sogenannten Doppelblindversuchen. Sie sagt, nichts von alldem, was vor ihr ist, existiert, solange die Wissenschaft es nicht bestätigt. Ich habe sie aufgefordert, doch einfach *hinzuschauen*, aber sie schließt die Augen. Auch das ist eine Wahrheit, Meggie.« Ihre Stimme klang scharf vor Zorn.

»Sie sprechen von Ehre, Meggie. Was ist mit dem Mann, der mich vergewaltigt hat? Er hatte keinen Büffel, den er jagen konnte, obwohl sein Vater und Großvater oft vom Büffel sprachen. Er lebte in einem viereckigen Verschlag, obwohl er die Kreisform des Lebens kannte. Das Reservat war ein Gefängnis für seinen Geist, weil es ihm die Vision eines Lebens gab, aber nicht die Möglichkeit, nach dieser Vision zu leben. In der Welt der Weißen konnte er kein Mann sein, denn im Reservat gab es keine Arbeit für ihn. Verließ er sein Volk, um Arbeit zu finden, gehörte er ihm nicht mehr an. Also zog er das Gefängnis dem Tod vor und trank.

Ich habe ihn nicht gekannt, Meggie. Wahrscheinlich hat er sich selbst nicht gekannt. Vielleicht hätte er ein großer Krieger werden können. Hätte er diesen Weg gewählt, wie viele junge Leute unseres Volkes, wäre er in irgendeinen Krieg gezogen und vielleicht für die Ehre unseres Volkes gestorben. Vielleicht war es der Alkohol, der ihn dazu brachte, die Frau mit dem Feind zu verwechseln. In uns allen schlummert ein tapferer, kriegerischer Geist. Auch das ist eine Wahrheit.«

Sie lehnte sich zurück, die Intensität ließ nach, und sie lächelte mich an. »Immerhin war es eine gute Geschichte. Stimmt's, Meggie? Ein Geschichte, die den Geist nährt und heilt. Ich habe sie gut erzählt. Und Lucys wissenschaftlicher Verstand hat sie angenommen und bejaht. Für sie, für ihre Kinder und Kindeskinder habe ich diese Geschichte erzählt.«

»Was ist mit Ihnen selbst, Winona? Hatte diese Geschichte auch eine heilende Wirkung für Sie?« fragte ich.

»Wenn ich auf die andere Seite gehe, statte ich dem Mann einen Besuch ab. Ich hab ein Hühnchen mit ihm zu rupfen. Er wird sich wünschen, als Geist zwischen den Welten gefangen zu sein, wenn ich ihn in die Finger kriege!«

Das waren kriegerische Worte. Winona bekämpfte die Männer, die sich ihr widersetzten. Sie ließ sich nicht kleinmachen. Meine Art war es, mich zu verstecken und auszuweichen, das zerbrechliche Herz hinter der Maske der Psychologin zu verbergen.

10

INNERES FEUER UND LEERE WÄNDE

* * *

Sex – das Vergnügen ist momentan, die Stellung lächerlich und der Aufwand verdammungswürdig.

Lord Chesterfield

Am Freitag kündigte sich nun ernsthaft der Winter an. Die Kälte machte es jetzt notwendig, abends den Ofen anzuzünden. Fritzie sprang um mich herum, während ich riesige Holzstücke mit einem mechanischen Schlageisen klafterte. Mein Stapel Feuerholz für den Ofen wuchs und wuchs.

Nachmittags kam Olf vorbei, um mir bei den Arbeiten zur Hand zu gehen, die ich nicht allein verrichten konnte. Gemeinsam zogen wir Schneezäune um die Haustür, die die zu erwartenden Schneewehen auf Distanz halten sollten. Wie gewöhnlich sprach Olf bei der Arbeit kaum ein Wort mehr als unbedingt notwendig. Nach etwa zwei Stunden Arbeit war ihm eine Pause bei heißem Kaffee und selbstgebackenem Brot höchst willkommen.

Den Kaffeebecher in der Hand, sprach Olf über landwirtschaftliche Themen. Die Unterhaltung schien sich mit beruhigender Berechenbarkeit zu wiederholen. Nie war die Mais-, Sojabohnen- oder Weizenernte so gut, wie sie hätte sein müssen. Das lag entweder an der Trockenheit, zu vielem Regen oder frühzeitigem Frost. Die Preise fielen, und die Regierung scherte sich anscheinend keinen Deut um die kleinen Farmer.

»Aber was soll man machen?« Er zuckte die Achseln. »Alle Subventionen gehen an die großen kalifornischen Farmen. Ich werde auch nicht jünger, und wer weiß, ob einer von meinen Jungs die Farm übernimmt. Es ist ein hartes Leben. Ja. Aber wenn ich die Wahl hätte, würde ich wahrscheinlich alles wieder genauso machen.« Er lachte und schüttelte den Kopf – der Widerspruch zwischen Leidenschaft und gesundem Menschenverstand. Was konnte ich dazu sagen? Ich füllte seinen Kaffeebecher und nickte zustimmend.

»Na ja, ich gehe lieber wieder an die Arbeit. Klagen hat noch keinem geholfen.« Das war das Höchstmaß an philosophischer Betrachtung, das Olf je erreichen würde.

Ich bat ihn, die Abdichtung der Gauben auf dem Dachfirst zu prüfen. Das Haus sollte gegen Wind und Regen geschützt sein. Olf versprach, sich darum zu kümmern.

Am Samstagmorgen erwachte ich mit einem Gefühl der Unruhe. Irgendein Unheil dräute. Dann fiel es mir ein. Ich hatte eine Verabredung mit Bev, ihrem neuen Freund und dem Wunderknaben. Ich stöhnte, wälzte mich auf die andere Seite und versuchte, mich zurück in die Sicherheit des Schlafes zu flüchten. Kein Glück. Einen feigen Augenblick lang spielte ich mit dem Gedanken, eine vierundzwanzigstündige Viruserkrankung vorzutäuschen. Aber ich kannte Bev – sie würde mich durchschauen. Eine spöttische Stimme in mir brummte: »Und gebührt ihr nicht die Ehre der Wahrheit?«

Verdammt! Ich war in meiner eigenen Falle gefangen und wie immer den guten Absichten meiner Freundin ausgeliefert. Also würde ich diesen einen Abend über mich ergehen lassen. Vielleicht hätte ich dann meine Ruhe. Ich hatte nicht nur Männer, sondern auch die sexuelle Begierde aus meinem Leben verbannt. Drei Monate nachdem ich meinen Mann Tom Lockheed verlassen hatte, hatte ich sogar aufgehört zu masturbieren. Ich brauchte keinen Mann.

Mein Unbehagen dehnte die Minuten zu Stunden. Der Tag schleppte sich dahin, während ich versuchte, mich hinter kleinen Aufgaben zu verstecken. Ich erledigte eine Menge, konnte mich aber nicht daran erfreuen. Die verabredete Stunde – sechs Uhr – rückte näher. Mir wurde bewußt, daß meine Garderobe kein Stück enthielt, das sich für eine Verabredung zum Abendessen eignete. Daher beschloß ich, meine Bürokleidung anzuziehen, auch um zu demonstrieren, daß ich keine leichtfertige Person war. Der braune Rock und die braune Bluse waren angemessen konservativ und langweilig und würden weitere Abende zu viert verhindern helfen.

Die drei kamen, als ich gerade einen letzten, halbherzigen Versuch machte, etwas Make-up aufzulegen. Bev klopfte, öffnete die Haustür und kam mit den Herren im Schlepptau herein. Ihr Freund sah gut aus, war mittelgroß und hatte ein gewinnendes Lächeln. Er war mir auf Anhieb sympathisch. Sie stellte ihn als »Coulter« vor; er schüttelte mir warm die Hand.

Der zweite Mann, mein Begleiter, hielt sich im Hintergrund. Nachdem er mich kurz gemustert hatte, glitt sein Blick durch den Flur. Bev in der Rolle der Vermittlerin stellte ihn offiziell vor. »Jackson Jalenko – Meggie O'Connor.« Sie sah mich wegen meiner schlichten Aufmachung etwas komisch an.

Jackson Jalenko war groß, gutaussehend, hatte dunkelbraunes Haar und war athletisch gebaut. Er trug eine rote Krawatte, die perfekt zu seinem tiefblauen Hemd paßte, feingearbeitete Manschettenknöpfe, sorgfältig gebügelte Hosen und geputzte Schuhe. Er lächelte und sagte: »Bitte nennen Sie mich Jack. Das tun alle.«

Bev begann das Restaurant zu schildern, in dem wir essen würden. Inzwischen hatte Jack den Spiegel im Flur entdeckt und bemühte sich, heimlich mit der linken Hand sein Haar zu ordnen. Ich hätte die Zeichen sofort erkennen müssen, aber ich tat es nicht.

Also brachen wir in Coulters Wagen auf, der bestimmt bessere Tage gesehen hatte und nun die Verheißung des Herstellers auf einen rostfreien Unterboden auf die Probe stellte. Bev saß vorne mit Coulter; Jackson und ich besetzten den Rücksitz.

»Hier kann man bestimmt herrlich auf Hirschjagd gehen«, schwärmte er bei einem Blick aus dem Fenster. Vielleicht konnte man im Dunkeln die unzähligen Schilder JAGEN VERBOTEN nicht sehen, die ich überall an der Auffahrt und an der Straße postiert hatte. Er wandte sich mir zu: »Ich liebe es, mit dem Bogen zu jagen, mich an den Hirsch heranzupirschen und auf den exakten Moment zu warten, um den Pfeil abzuschießen, zu sehen, wie er das Tier zu Boden wirft. Ich hasse es, vorbeizuschießen und das Tier nur zu verwunden. Dann rennt es meilenweit, und ich muß ewig seiner Blutspur folgen, bis es zusammenbricht. Häufig muß ich dann den Kadaver meilenweit zu meinem Truck zurückschleppen. Aber immerhin gibt es ein Festmahl!« Er tätschelte sich den straffen Bauch.

Das fing ja gut an. Ich ermahnte mich, Jack eine Chance zu geben, sich zu rehabilitieren, und wechselte abrupt das Thema.

»Haben Sie *Der Bär* von William Faulkner gelesen?«

Er schüttelte den Kopf.

»Die Geschichte handelt von einem Bären und einem Jungen und der archetypischen Beziehung zwischen ihnen.«

Jack sah mich entgeistert an und wandte sich ab, um die vorbeiziehenden, erleuchteten Häuser zu betrachten. Vielleicht kannte er das Wort »archetypisch« nicht.

Schweigen senkte sich wie eine feuchte Decke über uns. Wir lauschten der lebhaften Unterhaltung über Football zwischen Coulter und Bev.

Das Abendessen im Restaurant *Die Fenster* verscheuchte jedoch die Befangenheit, und bald amüsierten wir uns alle prächtig. Wir plauderten, aßen geräucherte Felchen und anschließend Kirschkuchen. Jack hatte ein Handelsdiplom und war momentan Geschäftsführer in einer Eisenwarenhandlung in Traverse City.

»Aber ich habe einen dickeren Fisch an der Angel«, verriet er. »Ich hoffe, bald Geschäftsführer in einem Kaufhaus zu werden. Das Gehalt ist nicht nur besser, man lernt auch wichtige Geschäftspartner kennen. Mein Ziel ist es, nach Chicago zu ziehen, wo wirklich die Post abgeht.« Er beugte sich zu mir, als würde er mir ein Geheimnis anvertrauen.

Es war offenkundig, daß Jack nicht an Minderwertigkeitskomplexen litt. Ich beneidete ihn darum.

»Ich verstehe etwas von meinem Beruf«, gab er zu. »Ich kann Entscheidungen treffen. Wenn der Etat knapp wird, streiche ich das Personal zusammen. Als Geschäftsführer darf man sich nicht darum kümmern, ob man bei den Angestellten beliebt ist oder nicht. Was gut fürs Geschäft ist, ist letztlich auch gut für sie.«

Während Jack ernst und engagiert auf mich einredete, sahen sich Bev und Coulter tief in die Augen und lachten über kleine private Scherze. Ich spitzte meine Ohren in ihre Richtung.

Meine nachlassende Aufmerksamkeit bemerkend, ging Jack dazu über, uns allen pikante Witze zu erzählen. »Kennt ihr die Geschichte von dem Mann, der seine Frau im Bett mit seinem besten Freund erwischt? Also, er erschießt die Frau. Ein anderer Freund fragt ihn, warum er die Frau und nicht den Mann erschossen habe. Der Mann antwortet: ›Na ja, er ist doch mein bester Freund!‹«

Jackson brach in Gelächter aus, Coulter lächelte ihn warnend an. Bevs Gesicht verfinsterte sich, und ich wechselte das Thema.

»Haben Sie je eine Therapie gemacht?«

»War nie nötig«, erwiderte er. »Indem ich meinen Körper fit halte, bleibe ich auch seelisch in Form.« Er lächelte mich kokett an und flüsterte: »Würden Sie mich denn gerne therapieren?«

Ehrlich gestanden wußte ich nicht genau, was er meinte.

Er berührte meine Hand. Ich konnte nicht leugnen, daß Jack ungeachtet seines chauvinistischen Humors ein sehr attraktiver Mann war. Unwillkürlich beugte ich mich zu ihm. Schon lange hatte mich niemand mehr berührt, außer wenn Fritzie sich an mich kuschelte, Olf mir auf die Schulter schlug oder Bev mich morgens umarmte. Mir war nicht bewußt gewesen, wie sehr die Berührung eines Mannes mir fehlte. Ich dachte an meinen Exmann Tom und unsere Anfangszeit.

»Waren Sie mal verheiratet?« fragte ich ihn. Es war an der Zeit, Einzelheiten herauszufinden.

»Nein, aber ich würde gerne heiraten. Die meisten Frauen, mit denen ich ausgegangen bin, wollten anscheinend nur nichts anbrennen lassen. Manchmal ging auch alles ganz gut, bis die Frau plötzlich beschloß, sich von mir zu trennen. Nach diesen Erfahrungen bin ich recht vorsichtig geworden. Das können Sie sicher verstehen.« Er lächelte wieder, seine linke Hand glitt unter den Tisch und berührte ganz kurz meinen Schenkel. Auch diese in Jacks Schilderung seiner früheren Liebesbeziehungen enthaltene, letzte Warnung entging mir. Dafür gab es eigentlich keine Entschuldigung. Höchstens, daß mich meine – auf die Erwartung der nächsten Berührung konzentrierte – Libido ablenkte.

Als wir Kaffee und Brandy tranken, fühlte ich mich richtiggehend erwärmt. Jack hatte eine ausgezeichnete Figur und ein hübsches Gesicht. Sein Lächeln betörte mich – oder war es der Brandy?

Jack wandte sich an Bev und Coulter. »Setzt Meggie und mich doch einfach bei mir ab. Ich fahre sie dann nach Hause.«

Bev wartete auf ein Zeichen von mir. Ich merkte, daß sie nicht sonderlich erbaut von Jack war. Andererseits wußte ich auch, daß sie gerne allein mit Coulter nach Hause fahren würde. Also signalisierte ich Einverständnis. Jack drückte meine Hand unter dem Tisch.

Sein Haus lag innerhalb der Stadtgrenzen in einem Neubaugebiet, das mit Reklametafeln für seine Badewannen, Tennisplätze, Joggingpfade und die Sporthalle warb. Abgesehen von der Farbe, sahen alle Häuser gleich aus.

Nachdem wir uns von unseren Freunden verabschiedet hatten, führte er mich durch das Haus und zeigte mir sein antikes Mobiliar – den Eßzimmertisch aus Mahagoni, den Schreibtisch aus Kirschbaum, die Ohrensessel. Er erzählte mir auch von einer Sammlung antiker Gewehre, die er im Keller aufbewahrte und mir eines Tages zeigen wollte. Er half mir aus dem Mantel, doch während er mich von Zimmer zu Zimmer führte, fiel mir auf, daß die Wände kahl waren. Kein Bild, nichts. Außer ab und zu einem Spiegel.

Und immer noch erkannte ich die Zeichen nicht.

Schließlich gelangten wir zum Schlafzimmer. Die Ablage am Kopfende des Bettes war aus einem hochpolierten, körnigen Holz. Eine handgearbeitete Steppdecke lag auf dem französischen Bett. Das ganze Schlafzimmer war unglaublich ordentlich. Keine schmutzigen Socken lagen auf der Steppdecke, Zeitschriften stapelten sich nicht auf den Nachttischchen, auch Münzen, Batterien oder Sicherheitsnadeln fehlten auf der Ablage. In diesem Augenblick wurde mir bewußt, daß ich diesem Mann *niemals* gestatten konnte, mein chaotisches Schlafzimmer zu betreten.

Als wir neben dem Bett standen, legte er die Hand auf meinen Arm. Ich fühlte mich unbehaglich. »Wollen wir nach unten gehen?« schlug ich vor.

Er nahm die Hand weg. Unten im Wohnzimmer zeigte er mir den Likörschrank und bat mich, uns je ein kleines Glas Irish Cream einzuschenken, während er Feuer im Kamin machte. Bald saßen wir entspannt von der Wärme des Likörs und des Feuers nebeneinander auf der Couch.

Jacks CD-Spieler und seine teuren Stereolautsprecher ließen eine einlullende ozeanische Musik hören. Der sanfte Klang von Wellen und Möwen, eingebettet in wiederholte Dreiklangsätze, schufen eine verträumte Atmosphäre. Jack dämpfte die Wohnzimmerbeleuchtung, so daß die tanzenden Flammen des Feuers uns in ihren Bann zogen. Er hatte den Arm um meine Schultern gelegt, dabei spielte seine Hand mit meinem Haar.

»Ihre Haut ist so schön zart.« Seine Finger glitten meine Wange entlang, hinunter über den Hals bis zu meiner Schulter.

Mir fiel kein Gesprächsthema ein, und ich spürte, wie ich errötete.

»Es war gar nicht so leicht, mit Coulter und Bev am Tisch zu sitzen«, fuhr er fort. »Denn ich wollte nur noch mit Ihnen allein sein, hier in meinem Haus am Feuer.« Seine Stimme klang sanft und hypnotisch.

Er nahm die Hand von meiner Schulter, bewegte die Finger, als wollte er sie lockern, warf einen letzten Blick auf uns (auf sich?) in der verschnörkelten Glastür des Kamins und nahm dann wie ein Künstler mein Gesicht in seine beiden Hände. Ich fühlte mich nicht mehr ganz im Gleichgewicht, daher stellte ich mein Likörglas auf den angrenzenden Seitentisch. Er nahm sein Glas, befeuchtete sich die Lippen und führte es an meinen Mund, so daß auch ich der heiligen Kommunion unserer Seelen teilhaftig werden konnte. Ungeniert trank ich es bis zum letzten Tropfen aus.

Daraufhin stellte er das leere Glas ab und knöpfte, während die Flammen an den Scheiten im Kamin leckten, die beiden obersten Knöpfe meiner langweiligen Bluse auf, nahm mich in die Arme und begann an meinem Hals zu knabbern. Ich atmete wieder ruhiger und ließ den Dingen ihren Lauf.

Jack schien sich genau auszukennen. Knopf für Knopf öffnete er langsam und bedächtig meine Bluse. Sein Mund fand den meinen, und seine Zunge begann meine Zunge zu umkreisen. Es war schon eine Ewigkeit her, daß ein Mann mich geküßt hatte! Unabhängig von seinem Mund, hakten seine Finger als nächstes meinen BH auf. Meine Bewunderung für seine Geschicklichkeit wuchs sprunghaft.

Nur einen kurzen Augenblick lang fragte ich mich, ob ich das alles wirklich schon bei einem ersten Rendezvous wollte? Mein Körper antwortete mit Ja, Ja und nochmals Ja, während mein Verstand nein, nein und nochmals nein rief. Durch eine ungeschickte gemeinsame Bewegung unserer Körper stießen wir das Glas auf den Teppich.

Er stand auf, hob das Glas auf, rubbelte mit seinem Taschentuch den Teppich sauber, entledigte sich seiner goldenen Krawattennadel, der Krawatte, der Manschettenknöpfe, seines Hemdes und seiner Hose. Alles ging sehr schnell. Der Zeitpunkt, ihm Einhalt zu gebieten, war verpaßt.

Gerade als mein Fleisch sich dem Ausbruch meiner seit langem schlafenden Lust ergeben wollte, begann Albernheit an den Säumen meines Bewußtseins zu zupfen. Jack stand in einer lila Bikiniunterhose vor mir, die mit einer Herde rosa Ferkel bedruckt war. Es mußte sich um das Geschenk einer früheren Freundin handeln. Kein Mann, der noch einigermaßen bei Verstand war, würde sich jemals lila-rosa Ferkelunterhosen kaufen. Ich grinste und hoffte, Jack würde es für entfesselte Lust halten.

Aber er ließ sich nicht täuschen. »Warum lachst du?« Seine Stimme klang aggressiv und gekränkt.

»Ich lache nicht«, log ich. Abermals gluckste das Kichern hinten in meinem Hals.

Da klingelte das Telefon.

Jack wandte sich um, Ferkelschwänzchen und -schnäuzchen nach vorn, und ging zum Telefon. Es war ein geschäftlicher Anruf. Er sprach volle fünf Minuten, wobei sich im Vollbesitz beruflicher Kompetenz seine Stimme wieder normalisierte.

Endlich hatte ich Zeit zum Nachdenken. Was machte ich eigentlich hier? Zweimal wandte sich Jack grinsend und winkend zu mir um, wie um mich zu bitten, nicht wegzugehen. Doch genau das tat ich.

Während er mir den Rücken zukehrte, erlangte ich meine

Fassung zurück, knöpfte schnell und lautlos meine Bluse zu und wartete auf das Ende seines Telefonats.

Nachdem er aufgelegt hatte, drehte er sich herum und sah mich zu seiner Überraschung vollständig angezogen aufrecht auf der Couch sitzen. »Hallo, was ist denn los?« fragte er ehrlich enttäuscht.

»Ich gehe nach Hause«, verkündete ich.

»Aber wir haben – äh – unser Geschäft noch nicht abgeschlossen.« Dieses eine Mal schienen Jackson die Worte zu fehlen.

Ich sah ihn an und erkannte im gleichen Augenblick, daß Jackson Jalenko ein echter Narzißt war, der ausschließlich an Luxusartikeln, beruflicher Karriere, Spiegeln und sexuellen Leistungen interessiert war. Doch seine inneren Wände waren leer. Daher bediente ich mich einer Sprache, die er verstehen würde. »Jackson, Sie haben im Moment wichtigere Geschäfte zu erledigen.« Ich verließ das Haus und machte mich auf den Weg zum nächsten Telefon, um ein Taxi zu rufen.

Bis er Hemd und Hose angezogen hatte, war ich schon fast dort. Er mußte rennen, um mich einzuholen. Er packte mich am Arm und zwang mich, ihm ins Gesicht zu sehen. »Für wen halten Sie sich eigentlich?« Er war außer Atem und wütend. »Was gibt Ihnen das Recht, sich wie eine Klugscheißerin aufzuführen? So ein toller Fang sind Sie nun auch wieder nicht für einen Mann.« Er hielt meinen Arm brutal umklammert.

»Nehmen Sie Ihre Hände weg«, zischte ich drohend.

Mein Gesichtsausdruck hielt ihn in Schach. Er ließ los, trat einen Schritt zurück und höhnte: »Die Eiskönigin, was? Ein Besserer als ich kommt nicht mehr. Sie sind eine abgelegte alte Schachtel und, ehrlich gesagt, nicht der Mühe wert. Gehen Sie heim und geben Sie sich lebenslänglich, Meggie. Es gibt eine Menge richtiger Frauen, auf die ich da draußen Jagd machen kann.« Er wirbelte herum und ging die Straße hinunter.

Seine Pfeile hatten jedoch ihr Ziel nicht verfehlt.

11

MONDPHASEN

* * *

Rasch fällt die Nacht in raschem Flockenwehn,
die Blicke gleiten im Vorübergehn
auf öde Felder dicht bedeckt mit Schnee,
paar Gräser nur und Stoppeln sind zu sehn.

Den Wald beherrscht der Schnee, der Schnee allein,
das Wild verbirgt sich in den Wüstenein,
birgt sich wie ich. Unruhig schweift mein Geist.
Die Einsamkeit kreist alle Fährten ein.

Wie tief das Einsamsein, die Einsamkeit
dringt immer mächtiger in Raum und Zeit.
Noch weißer schweigt, noch mächtiger der Schnee,
die ausdruckslose Maske weit und breit.

Mich schreckt des Weltenraumes Leere nicht,
umstarrt von toten Sternen ohne Licht,
mich schreckt die Wüste in der eignen Brust,
die mich durchfriert mit eisigem Gesicht.

Robert Frost
Wüste Stätten

Dunkle, grüblerische Selbstzweifel, großzügig mit Selbstmitleid garniert, stürzten mich in Rastlosigkeit und Leere.
Sogar Fritzie hielt sich am Sonntag von mir fern, als verströmte ich einen für alle Lebewesen abstoßenden Geruch.

Für Montag war Schnee angesagt. Ich wünschte mir die ganze Welt unter einer Schneedecke, weiß und konturenlos, eine Reinigung durch Frost, Eis und wirbelnden Schnee. Durch eine Beruhigung der äußeren Landschaft würde sich vielleicht auch mein innerer Aufruhr legen.

Montag morgen. Bev war schon vor mir im Büro angekommen. »Jetzt will ich aber alles über deinen Abend mit Jack wissen«, drängte sie mich.

Ich warf ihr einen erbosten Blick zu.

»Was ist passiert, Meggie? Hat er versucht, dich zu vergewaltigen?« Von Männern befürchtete Bev stets das Schlimmste.

Ich schüttelte beschämt den Kopf. Stück für Stück entlockte Bev mir die Einzelheiten meines traurigen ersten Rendezvous nach der Scheidung.

»›Alte abgelegte Schachtel, nicht der Mühe wert‹? Mein Gott, Meggie, was für ein widerlicher Kerl! Hätten wir dich nur nach Hause gebracht. Er ist nicht mal ein besonders enger Freund von Coulter. Jetzt hast du so lange gebraucht, um dich zu einem Rendezvous zu entschließen, und ich setze dir so ein Schwein vor. *Mea culpa, mea maxima culpa.*« Bev schlug sich in übertriebener Reue an die Brust.

Das wirkte. Ich mußte lachen. »Hör schon auf, Bev. Du bist nicht mal katholisch, und deine lateinische Aussprache ist grauenhaft!«

Sie grinste. »Aber einige meiner besten Klienten sind Katholiken! Sie haben mir mehr über Schuldgefühle beigebracht, als ich je wissen wollte. Können wir trotzdem Freundinnen bleiben?« Wir umarmten uns.

Obwohl der Tag so freundlich begonnen hatte, war ich immer noch zu bekümmert, um meinen Klienten die Aufmerksamkeit zuteil werden lassen, die sie verdienten. Ich sprach zuviel während meiner Sitzungen, ein sicheres Zeichen, daß ich Stille und damit innere Einkehr zu vermeiden suchte. Außerdem war meine Zeiteinteilung schlecht, aber die Klienten waren zu sehr mit ihren Problemen beschäftigt, um es zu bemerken.

Am Nachmittag fiel die Außentemperatur, der Wind frischte auf, und starker Schneefall setzte ein. Bevs Klienten für den Abend sagten alle ab. Meine auch – außer Winona. Ich rief bei ihr an und hatte Lucy am Apparat. Ihre Mutter sei im Moment draußen und opfere Tabak zum Dank für den ersten Schneefall des Jahres, sagte sie, versprach jedoch, ihr auszurichten, daß sie zu einem früheren Termin kommen könne. Ich hoffte, Lucy würde wegen der verschneiten Straßen vorschlagen, die Sitzung zu verschieben, aber sie tat es nicht.

Ich beendete meine Aufzeichnungen, sagte Bev, die nach Hause fuhr, gute Nacht, öffnete die Vorhänge und schaute den Schneeflocken beim Tanz zu. Eine dreiviertel Stunde später erschien Winonas Truck metallisch glänzend vor dem Hintergrund einer weichen, unbeständigen Wand aus fallendem Schnee. Die Wagentür öffnete sich. Winona trug altmodische Gummistiefel mit Metallschnallen. Ihr roter Skianorak wirkte neu und warm. Mit dem Pfeifenetui und der Handtasche in der Hand – sie trug Fäustlinge – stapfte sie durch den frisch gefallenen Schnee auf die Praxistür zu.

»Hu«, rief sie, schüttelte den Schnee ab und hängte ihre Jacke über einen Holzstuhl im Wartezimmer. »Das wird ein höllischer Sturm! *Wazi*, der Großvater des Nordens, wünscht unsere Aufmerksamkeit! Es ist Zeit für eine Reinigung des Landes und der Menschen. Hier, das ist für Sie.« Aus ihrer schneebestäubten Pfeifentasche zog Winona ein

Räucherstäbchen aus Salbei und Zeder, das mit einer feinen roten Ranke umwickelt war.

»Das brauchen Sie für Ihre Arbeit, Meggie.« Ohne meinen Kommentar abzuwarten, drückte sie es mir in die Hand. »Sie brauchen ein Mittel, um sich zu reinigen, bevor Sie heilen können. Ebenso wie *Wazi* da draußen die Großmutter reinigt.« Winona wies mit dem Kopf in Richtung Fenster und Schneesturm.

»Sie brauchen es außerdem, um Ihr Inneres zu reinigen.« Sie beugte sich zu mir. »Entzünden Sie das Räucherstäbchen jeden Morgen und verteilen Sie den Rauch um sich und in diesem Raum, um all die zurückgebliebenen Schatten zu vertreiben. Räuchern Sie auch abends, bevor Sie nach Hause gehen. So reinigen Sie den Raum von allem Bösen, das sich hier einnisten könnte.« Sie ließ sich mit einem entspannten Seufzer zurückfallen.

Wie beschmutzt ich mich allerdings wirklich fühlte, konnte sie nicht ahnen. Die schleimigen Abdrücke von Jacksons Händen auf meinem Körper ließen mir keine Ruhe. »Danke, Winona.« Mehr sagte ich nicht.

Durch den Sturm waren wir wie von der Welt abgeschnitten, und Stille umfing uns. Der fallende Schnee dämpfte alle Geräusche von außen. Nur das schwache Surren meiner Wanduhr durchdrang die Lautlosigkeit. Man spürte, wie der Tag sich tief in die Winkel der Nacht zurückzog. Es herrschte ein langes Schweigen.

Schließlich sprach Winona. »Es tut gut, ins eigene Dunkel hinabzusteigen. Ich habe lange gebraucht, um das zu lernen.«

Ihre Worte rissen mich aus meinen inneren Selbstvorwürfen. Ich nahm meine Rolle als Therapeutin wieder auf. »Hat Davis Sie das gelehrt?«

Winona sah mich eine Sekunde lang an und rief: »Um Himmels willen! Mein Mondzyklus hat mich das gelehrt.«
Ich war verwirrt.

»Eine Frau ist entweder auf dem Weg zu ihrem vollen Mond oder auf dem Weg in ihr dunkles Selbst. Schauen Sie …« Winona wühlte im Durcheinander ihrer Handtasche und kramte einen kurzen, stumpfen Bleistift und die Rückseite eines Briefumschlags hervor. Sie zeichnete einen Ring aus Kreisen auf dem Umschlag, die sie anschließend unterschiedlich schattierte. Es war das Abnehmen und Zunehmen des Mondzyklus. Sie lachte und sagte: »Wie Sie sehen, bin ich keine Künstlerin. Aber es erfüllt seinen Zweck.«

Winona zeigte auf die beiden Halbmonde auf den gegenüberliegenden Seiten des Kreises. »Meistens stehen die Frauen hier – dazwischen – kommend oder gehend, außer wenn sie in meinem Alter sind. Dann gehören sie zur Hütte der Großmutter. Hören Sie gut zu, Meggie, das ist jetzt wichtig für Sie.«

Ich beugte mich zu ihr und konzentrierte mich auf die Zeichnung, hatte aber keine Ahnung, worauf Winona in dieser Sitzung hinauswollte.

Mit der Bleistiftspitze tippte Winona auf den Scheitelpunkt des Kreises, an dem sie den Vollmond eingezeichnet hatte. »In ihrem vollen Mond gibt die Frau denen, die sie umgeben, am meisten. Sie leuchtet für sie. Sie ist ihnen zu Diensten. Ihr Abglanz wirft sein volles Licht auf ihre Familie, ihre Freunde, ihre Welt.« Winonas Hände beschrieben einen Kreis, um zu unterstreichen, wie eine Frau sich hingab.

»Ihr Weißen nennt es die fruchtbare Zeit. Das ist vielleicht auch ein guter Name. Denn unsere Fruchtbarkeit liegt im Empfangen und im Abglanz. Wir schenken unseren Nächsten Licht. Aber …« – Winona suchte nach einem passenden Ausdruck – »… jeden Monat gibt es eine Zeit, in der die Frau in das Dunkel ihres Mondes hinabsteigt.« Winona zeigte auf den tiefsten Punkt des Kreises, an dem die mondlose Zeit als schwarzer Kreis dargestellt war.

»In dieser Zeit«, fuhr Winona fort, »sollte sich eine Frau in die Stille ihres Inneren zurückziehen, fort von ihren Freunden und ihrer Familie. Die Alten haben das gewußt und kannten einen Ort, an dem sie Ruhe hatten. Sie nannten ihn die Mondhütte. Es ist die Zeit, allein mit sich selbst zu sein. Denn nur in der Einsamkeit kann ein neuer Mond geboren werden.«

»Und wenn eine Frau sich nicht zurückzieht?« fragte ich. »Wenn sie weiter inmitten des Geschehens bleibt?« Winona konnte eigentlich nicht wissen, daß ich ein Workaholic war.

»Dann verharrt sie stets im halben Mond. Sie ist niemals ganz für andere da und niemals ganz für sich selbst. Es entsteht kein neues Leben. Kein Tod. Die Jahreszeiten existieren nicht. Alles bleibt sich gleich.«

»Ein Freund von mir, David Grove, hat einmal über psychologische Probleme gesagt: ›Die Pathologie bleibt sich Tag für Tag gleich. Das Leben ist Tag für Tag etwas *Neues*.‹« Sie lächelte. »Er hat recht, wissen Sie. Eine verdammte Neuheit nach der anderen.«

Ich brachte uns wieder zum Thema zurück. »Ich dachte, Frauen müßten sich von den Männern fernhalten, weil sie während ihrer Menstruation als unrein gelten. Sie selbst haben mir gesagt, eine Frau dürfe die Pfeife nicht rauchen oder berühren, wenn sie in ihrem Mond steht, und daß Ihr Medizinbündel aus diesem Grund eingeschlossen werden müsse.«

Winona fing an zu lachen. »Unrein? Wo haben Sie denn das her?« Sie schüttelte belustigt den Kopf. »Eher mächtig.

Wenn ihr Körper alles losläßt, das er in sich festgehalten hat, und die Blutung beginnt, ist es Herbst. In dieser Zeit sagt der Körper der Frau ›Kein Baby in diesem Monat‹, und das Bett für das Baby fließt davon. Für viele Frauen ist das eine Zeit der Trauer, eine Zeit der Leere. In ihr liegt Tod, und der Tod hat große Macht. Die Hexen kennen diese Macht. Sie wissen sie zu gebrauchen, und die Männer fürchten sich davor. Sie haben auch allen Grund dazu, denn eine Frau im Dunkel ihres Mondes kann die Kräfte des Todes beschwören. Aber unrein – nein, unrein ist sie doch nicht.«

»Haben Sie jemals diese Kräfte des Todes beschworen, Winona?«

Winona schien verblüfft über die Kühnheit der Frage. »Ich sage weder ja noch nein. Es gibt einige Dinge, über die ich mit Ihnen nicht sprechen werde.« Sie hielt inne und sagte dann: »Aber ich erzähle Ihnen, daß diese Kräfte, einmal beschworen, sich gegen die Person, die sie rief, wenden können – und vielleicht nicht ihr selbst Schaden zufügen, aber jemandem aus der Familie. Man läßt diese Wesen besser in Ruhe!«

Ich bedrängte sie. »Hatte Davis' Tod etwas mit diesen Kräften zu tun?«

Wieder wirkte Winona verblüfft. Sie wurde still, griff in ihre Pfeifentasche, holte den Stiel und den Kopf, den Stopfer und das Feuerzeug heraus und begann, die zusammengefügte Pfeife mit ihrer Mischung aus Tabak und Kräutern zu stopfen. Es war offenkundig, daß sie keine unverschämten Fragen mehr beantworten würde. Ich war zu weit gegangen.

Doch später überlegte ich, ob Winona vielleicht beschlossen hatte, daß sie mich weit genug in eine Welt hineingestoßen hatte, die ich nun langsam, ohne viel zu begreifen, wahrzunehmen begann.

Vor dem Ende der Sitzung warnte sie mich. »Im Drängen nach Wissen liegt Gefahr. Es ist gefährlich, die Antwort vor der Frage zu finden. Es ist gefährlich, Meggie, sich auf den bloßen Glauben an eine Bindung zu verlassen, statt eine Beziehung auf Erfahrung aufzubauen.«

Ich hatte nicht nur das Gefühl, keine Fortschritte bei der Therapie zu machen, sondern fühlte mich auch von der alten Frau gemaßregelt. Als Frau (Jalenko zufolge) »nicht der Mühe wert«, als Therapeutin unfähig und nun auch noch eine unbegabte Schülerin. Mein Selbstbewußtsein sank unter dieser schweren Last in sich zusammen. Was war aus der selbstsicheren Meggie geworden, die nach Michigan gekommen war, um ihre Unabhängigkeit unter Beweis zu stellen?

An diesem Abend hielt der Winter Einzug. Durch seine Reise über den Michigansee beschleunigt, raste ein Blizzard über das Land, griff nach dem Haus auf Chrysalis und trieb kristallene Schneeflocken gegen die Fenster. Ich beobachtete fasziniert, wie der Schnee die vertraute Landschaft verschwimmen und die nächtlichen Geräusche verstummen ließ. Ich fühlte mich rastlos und überdreht.

Im Haus entschärften ein warmes Feuer und ein schlafender Hund den Sturm vor der Tür. Außer einem gelegentlichen Knistern im Kamin herrschte tiefe Stille. Ich zwang mich zu lesen. Ein dumpfer Schmerz schlich sich in meinen Rücken und strahlte nach vorne aus. Ich änderte meine Position, aber der Schmerz ließ nicht nach. Müdigkeit ergriff mich, während zwischen meinen Beinen Feuchtigkeit heraussickerte.

»Ach herrje, ich blute ja!« Ich sprang vom Sessel auf, und

Fritzie schreckte aus einem Nickerchen hoch. Ich hüpfte unter die Dusche, nahm eine Tablette gegen die Krämpfe und holte mir ein Heizkissen. Draußen wirbelte der Schnee und löste die Unvollkommenheiten der Natur in Weiß auf; drinnen gab mein Körper nach, reinigte sich im roten Blut des dunklen Mondes. Ich nahm mein Räucherstäbchen, entzündete es und verteilte den Rauch im ganzen Schlafzimmer. Das war genau das richtige. Dann kroch ich in mein warmes Bett. Es tat gut, allein zu sein.

12

TIERISCHES WESEN

* * *

Dann klemmt sich plötzlich mir das Herz
Weil ihr Verwirrung droht,
Ich denk an Wildheit, die dahin
Und dann, entrückt vor Not,
Find ich mich dort im Holze stehn
Bei eines Hasen Tod.

W. B. Yeats
Der Tod des Hasen

Es schneite eine Nacht und einen Tag lang. Durch den heftigen Sturm verlor ich einen ganzen Arbeitstag, da die Straßen nicht befahrbar waren. Fritzie reagierte auf das durch den Schnee veränderte Terrain, indem er die territorialen Grenzen vor dem Haus markierte. Stolz hob er das Bein und signalisierte damit jedem Eindringling aus der Wildnis »das ist mein Revier!« – zog die Grenze zwischen Haustier und der Fauna des Waldes. Kurzbeinig wie er war, verlor Fritzie manchmal im Schnee das Gleichgewicht und verschwand kurzzeitig in einer Wehe. Ungeachtet ihres würdevollen Auftretens, bleiben Terrier die Slapstickkönige unter den Hunden.

Seine gelben Marken an den Büschen wurden bald vom Schnee verweht, und Fritzie kratzte an der Tür, um wieder Einlaß in seine warme Höhle zu finden. Ich kraulte ihn in Anerkennung seiner Taten hinter den Ohren und fragte mich, wie es wohl einst zum Bündnis zwischen Mensch und Hund gekommen war.

Winona fiel mir ein. »Es gibt die Vierbeinigen und die Zweibeinigen, das Volk der Bäume und das der Steine, die Geflügelten und die Geschöpfe, die kriechen«, hatte sie gesagt. »Sie alle sind unsere Verwandten.«

Wir hatten nun schon sieben Sitzungen hinter uns. Nach Winonas Berechnungen lagen noch etwa neun vor uns. Sie hatte beschlossen, mich, ob ich wollte oder nicht, zu ihrer Schülerin zu machen, wenn auch zu ihrer letzten. Entgegen Lucys neuem Optimismus hegte ich keinerlei Zweifel, daß Winona meinte, was sie sagte. Als Therapeutin wußte ich mir keinen anderen Rat, als Winonas Schülerin zu sein und zu hoffen, daß ich irgendwo in ihren Lehren den Schlüssel zu ihrem Lebenswillen entdecken würde.

Vor dem Fenster hoppelte ein Hase in mein Blickfeld und stöberte zwischen den schneebedeckten, weinüberwachsenen Mauern nach Grünzeug. Fritzie riß interessiert den Kopf hoch. Hops, hops, halt. Der Hase bewegte sich mit den wachsamen Schritten eines scheuen Tieres. Vielleicht roch er die schwachen Reste von Fritzies Markierung. Als der Schatten eines Vogels ihn streifte, duckte er sich unter die Weinranken, bis nur noch seine Blume und seine Hinterläufe zu sehen waren,

Fritzie sprang wie wild an der Wohnzimmertür hoch und kläffte, damit ich ihn hinausließ. Der Hase war groß und würde Fritzie im Schnee ganz schön herausfordern. Ich öffnete die Tür, und Fritzie schoß wie der Blitz nach draußen. Der Hase verkroch sich im schneebedeckten Gewirr der Ranken, aber mein Terrier tauchte ihm nach. Das Tier konnte jetzt nur noch über die Kante der Mauer entkommen. Mit einem kraftvollen Satz katapultierte der Hase sich hoch in die Luft und hinaus in das Weiße. Fritzie sprang ebenso furchtlos mit offenem Rachen hinterher. Ich riß die Tür auf und rannte ihnen nach.

Noch ehe ich die Mauer erreicht hatte, hörte ich den Schrei des Hasen wild und hoch – ein durchdringender Schrei, schnell erstickt, als Fritzie ihm den Hals brach. Dann herrschte Stille, der Schrei fand nur noch in meinem Kopf seinen Widerhall. Fritzie stand über dem leblosen Körper seiner Beute, stolz auf seine Tat.

»Pfui, Fritzie! Pfui!« schrie ich. Er wich vor mir zurück. Wütend hob ich die Hand, um ihn zu schlagen, hielt aber in der Luft inne. Die Vernunft setzte wieder ein. Fritzie hatte nur das getan, was sich für einen Terrier gehörte. Ich ließ die Hand sinken.

Ich hob das leblose Tier auf. Es hatte vier kleine Wunden an der Seite, der Hals war seltsam verdreht, zwei lange Hasenohren baumelten, und die Augen waren geöffnet, aber blicklos. Fritzie tat desinteressiert und hielt sich in sicherer Entfernung von mir. Unter größter Anstrengung schleppte ich den Kadaver des Hasen in den Wald. Mir war übel, und Tränen strömten mir über die Wangen, die von der Kälte rauh wurden.

Gemeinsam kehrten der vierbeinige Krieger und ich ins Haus zurück.

Fritzie suchte sich sogleich ein Plätzchen am Feuer, um sich zu wärmen, und ließ die Jagd in seine Erinnerungen und Träume eingehen. Ich saß da und dachte lange über mein Entsetzen nach. War die Jagd auch ein Teil von mir?

13

FÄDEN IM GESPINST

* * *

Schau nach Westen!
Wo der Großvater sitzt und zu uns herüberblickt.
Bete zu ihm! Bete zu ihm! Er sitzt dort und blickt herüber.

Schau nach Norden!
Wo der Großvater sitzt und zu uns herüberblickt.
Bete zu ihm! Bete zu ihm! Er sitzt dort und blickt herüber.

Schau nach Osten!
Wo der Großvater sitzt und zu uns herüberblickt.
Bete zu ihm! Bete zu ihm! Er sitzt dort und blickt herüber.

Schau nach Süden!
Wo der Großvater sitzt und zu uns herüberblickt.
Bete zu ihm! Bete zu ihm! Er sitzt dort und blickt herüber.

Schau hinauf zum Himmel!
Der Große Geist. Er sitzt über uns.
Bete zu ihm! Bete zu ihm! Er sitzt dort und blickt herüber.

Schau zur Erde!
Wo die Großmutter unter dir liegt.
Bete zu ihr! Bete zu ihr! Sie liegt dort und lauscht
*   deinen Worten.*

Traditioneller Inipi-Zeremonialgesang
der Lakota

Nach dem Schneesturm waren die Straßen wieder frei, und die Natur mußte der Welt der Arbeit weichen. Winona grinste, als sie am folgenden Donnerstag in die Praxis kam. Sie sah noch zersauster aus als gewöhnlich, aber ihre Augen funkelten voll Lebensfreude.

»Der Sohn meiner Cousine – Falke – ist gekommen!« verkündete sie. »Er ist ein prachtvoller Mann. Er ist Rodeo geritten, bis er sich das Bein verletzte. Ein gutaussehender Indianer. Die Frauen werfen ihm ständig Blicke zu. Er macht alle möglichen Jobs, denn er kann fast alles. Er ist den ganzen Weg aus Süddakota gekommen, um mich zu besuchen.« Winona geriet unwillkürlich ins Prahlen.

Vielleicht konnte Falke zu einem Grund für Winona werden, am Leben zu bleiben. Ich mußte mehr über ihre Beziehung erfahren. »Sie scheinen sich sehr über seine Ankunft zu freuen. Er hat sicher eine Menge Familiengeschichten zu erzählen.«

Winona schüttelte den Kopf. »Nein, er spricht nicht viel über diese Dinge.« Sie machte ein gespielt enttäuschtes Gesicht. »Die Männer wissen eben nicht, was wichtig ist, nicht wahr?«

Ich mußte lachen. Um das Gespräch anzukurbeln und den Faden weiterzuspinnen, kam ich auf ihre anfängliche Bemerkung zurück. »Also er ist von weit her gekommen, um Sie zu besuchen.«

Winona machte eine übermütiges Gesicht. »Falke ist gekommen, um etwas zu lernen. Davis kann ihn nicht mehr unterrichten, weil er auf der anderen Seite ist. Also muß ich es tun.«

»Was tun, Winona?«

»Ihn unterrichten. Meine Cousine hat den Jungen nach altem Brauch erzogen. Falke ist ein *Inipi*-Mann.« Sie sah mich an und bemerkte meinen fragenden Gesichtsausdruck. »Oh!« Winona erkannte, daß ich nicht die leiseste Vorstellung hatte, was *Inipi* bedeutete.

»Die Schwitzhütte oder *Inipi* ist unsere Kirche. Sie ist die älteste Kirche auf diesem Schildkrötenkontinent. Die Schwitzhütten hatten wir schon lange vor der Pfeife. Alle Stämme haben sie.«

»Warum heißt sie Schwitzhütte?« fragte ich neugierig.

»Weil es im Dunkel der Schwitzhütte heiße Steine gibt, die ein paar Stunden im Feuer erhitzt wurden. Dann wird die Tür geschlossen und Wasser auf die Steine gegossen. Durch den Dampf schwitzt man eimerweise! Es wird so heiß da drin, daß die Gebete richtig in Schwung kommen.«

»Ungefähr wie in einer Sauna?«

»Ich weiß nicht. Ich war noch nie in einer Sauna. Einmal besuchten ein paar Dänen das Reservat, um mit uns zu schwitzen. Sie sagten, ihre Sauna wäre ganz anders. Sie schickten uns aber eine Postkarte und schrieben, daß auf dem Land ein paar alte Leute lebten, die heilige Gesänge kannten, die man in solchen Hütten gesungen hatte. Vielleicht war die Sauna also früher eine Schwitzhütte. Ich weiß es nicht. Jedenfalls haben sie in unserem *Inipi* ganz schön etwas erlebt!«

Winona kam ins Plaudern. »Davis goß das Wasser für die Männer auf. Er setzte die beiden Dänen in den hinteren Teil der Hütte. Wissen Sie, Meggie, ein *Inipi* ist aus jungen Bäumen gefertigt, die mit einer Menge Decken und Planen beschwert werden. Das *Inipi* ist in der Mitte ungefähr so hoch ...« Winona zeigte eine Höhe von ungefähr einem Meter zwanzig. »Und so breit wie das Stück von meinem Stuhl bis zur Wand.« Die Entfernung betrug etwa einen Meter fünfzig.

»Für uns ist die Schwitzhütte der Schoß der Großmutter. Man muß hineinkriechen und sich auf den Boden um die Steingrube herum setzen. Alles ist kreisförmig. Die Tür besteht aus Decken, zuoberst liegt eine Steppdecke mit Sternen. Wenn die Tür zu ist, wird es innen ganz schwarz, bis auf das schöne Glühen des Steinvolkes. Die Zweibeiner sind nicht zu sehen, aber die Ohren werden sehr scharf, und die Nase schnuppert den vertrauten Duft von Süßgras, Salbei, Zeder und Tabak.

Wir haben keine vornehmen Gebetbücher wie die christlichen Kirchen. Es ist auch nicht Sitte, jemandem im Sitzen den Rücken zuzuwenden. Unsere Festtagskleidung besteht aus einem Handtuch. Ansonsten sind wir so nackt, wie wir geboren wurden. Und wenn das Wasser das Steinvolk berührt, zischt Dampf auf und rollt uns den Rücken hinab. Manchmal ist nicht zu unterscheiden, was Dampf ist und was aus der Selbstreinigung des Körpers entsteht. Es ist eine Reinigungszeremonie, und wenn es sehr heiß wird – *richtig* heiß – dann werden die Gebete erst innig!

Die Dänen kamen also herein, und Davis setzte sie in den hinteren Teil. Davis rief die Geister an und goß Wasser auf. Ich war mit den anderen Frauen draußen. Wir hielten an diesem Tag Wache für die schwitzenden Männer. Wir hörten die beiden blonden jungen Männer ›Ahh …‹ sagen, als die erste Hitze sie umfing. Dann wurden ihre ›Ahs‹ zu stöhnenden ›Ohs‹ und schließlich zu jammernden ›Uhs‹, als ob sie fast vor Hitze zugrunde gingen. Sie wußten nicht, daß die erste Runde wie die Kindheit ist, kurz und intensiv. Nicht lange danach zogen wir die Decken beiseite und ließen den Dampf hinausquellen. Davis hatte den jungen Männern geraten, sich auf die Großmutter zu legen, falls es ihnen zu heiß wäre. Die Großmutter würde sie kühlen.

Ich glaube, als wir die Tür öffneten, waren die jungen Dänen schon dabei, sich einen Weg aus der Schwitzhütte zu graben! Es war wirklich sehr heiß gewesen, aber denken Sie, die fünf Indianer in der Hütte hätten das zugegeben? Nein, sie betonten, was für eine schwache Runde es gewesen sei! Natürlich wußten die armen jungen Dänen nicht, wie sie noch eine Runde überstehen sollten. Sie hatten ja keine Ahnung, daß die nächste Runde kühler sein würde. Dennoch hielten sie durch. Das muß man ihnen lassen. Aber es war gar nicht wie in ihrer Sauna.« Winona lachte herzlich.

»Es war also die Intensität der Hitze, die sich so von ihrer Sauna unterschied?« erkundigte ich mich.

»Nein.« Winona sah mich an wie einst mein Lateinlehrer in der Schule, wenn ich einen Übersetzungsfehler gemacht hatte.

»Es geschieht etwas in der Schwitzhütte. Die Geister kommen hinein, gerufen von den Gebeten und heiligen Gesängen, und tanzen als Lichter in der ganzen Schwitzhütte. Das Ganze ist eine religiöse Zeremonie, Meggie.«

Winona nahm den Faden ihrer Geschichte wieder auf. »Nach einigen Minuten Ausruhen und Abkühlen ließen wir die Tür wieder herunter, und die zweite Runde begann. Einer der jungen Männer hatte Schmerzen im Handgelenk. In der Mitte der Runde spürte er die Berührung einer Adlerschwinge auf dem Handgelenk. Dann wanderten die Berührungen den Arm hinauf, den anderen hinunter und weiter über seinen ganzen Körper. Später erzählte er mir, er wußte, daß Davis eine Adlerschwinge hatte, und er habe geglaubt, Davis wende irgendeine Heilkunst an. Wenn man zum erstenmal schwitzt, ist die Neugier stärker als die Ehrfurcht. Also fuhr der junge Mann mit seiner rechten Hand durch die Luft. Er wollte den Arm und die Hand berühren, die die Adlerschwinge führten. Während sein Arm den dunklen Raum vor ihm absuchte, wanderte die Schwinge weiter auf seinem Körper herum. Schließlich dämmerte es dem blonden jungen Mann, daß diese Adlerschwinge von niemandem geführt wurde.«

»Was tat der junge Mann daraufhin, Winona?«

»Er schrie ›Scheiße!‹ und sprach sehr schnell in seiner eigenen Sprache. Natürlich war es nicht gerade ehrerbietig, so etwas in der Schwitzhütte zu sagen, aber ich glaube, alle wußten, daß sich die Geister einen Spaß mit dem jungen Mann erlaubten. Der junge Mann fing an, richtig inbrünstig zu beten! Und Davis goß Wasser auf, um den betenden Jungen zu unterstützen. Je schneller der Däne betete, desto mehr Wasser goß Davis auf die Steine, und der Dampf ließ die Hitze stärker und stärker aufwallen.

Wir Frauen dürfen die Tür nur öffnen, wenn jemand in der Schwitzhütte ›Mitakuye oyas'in‹ ruft, was in Sioux ›Alle meine Verwandten‹ heißt. Keine hätte jemals auf die verzweifelten Gebete des jungen Mannes reagiert. Er betete schneller und schneller, lauter und lauter. Natürlich verstanden wir seine Sprache nicht, aber daß er inbrünstig flehte, war klar. Schließlich schrie der junge Mann auf englisch: ›Macht die gottverdammte Tür auf!‹ Was wir nicht wußten, war, daß er vergessen hatte, wie man ›Mitakuye oyas'in‹ sagt und nun alle möglichen Sätze in seiner eigenen Sprache ausprobiert hatte, um ein Öffnen der Tür zu veranlassen. Nein, ich glaube nicht, daß seine Sauna viel mit dem gemeinsam hatte, was wir tun.«

Winona lehnte sich zurück und grinste. Offenkundig war das eine ihrer Lieblingsgeschichten. Ich konnte mir vorstellen, wie sie mit anderen Sioux-Frauen um den Küchentisch saß und sich über die Torheit junger blonder Männer aus der Fremde lustig machte.

Offen gestanden fehlte mir die Zeit für all ihre Geschichten und Abschweifungen. Ich wollte das Gespräch über die einfältigen Weißen abschließen und mich Falke zuwenden. Seine Ankunft konnte möglicherweise die Zeit erkaufen, die für das Einsetzen der Wirkung der Psychotherapie nötig war. In dem Bemühen, Winona wieder auf diese Schiene zu bringen, sagte ich: »Falke ist also ein Schwitzhüttenmann.«

»Ja.«

»Was möchte er von Ihnen lernen?« Ich wollte wissen, wie lange der Sohn ihrer Cousine vorhatte zu bleiben. Hoffentlich sehr lange.

Winona unterbrach meinen Gedankengang und wich aus. »Räuchern Sie mit Zeder und Salbei, wie ich es Ihnen gesagt habe?« Sie sah an mir vorbei und entdeckte das Räucherstäbchen teilweise abgebrannt im Aschenbecher. Ich nickte.

»Gut, Meggie, Sie lernen. Wenn Ihnen etwas geschieht, sitzen Sie nicht da und analysieren, warum und wie und was. Akzeptieren Sie es für den Moment. Seien Sie empfänglich. Nachdenken können Sie später immer noch. Aber Ihr Kopf drängt sich manchmal so in den Vordergrund, daß Sie Augen, Ohren und Nase vergessen. Oder Sie sagen: ›Das kann nicht sein!‹ Dann schauen Sie nach und sehen tatsächlich nichts. Jetzt möchte ich Ihnen etwas ganz Wichtiges sagen.« Winona beugte sich vor, wie um mir ein Geheimnis ins Ohr zu flüstern. Auch ich beugte mich vor. Ich wollte nichts von dem verpassen, was sie mir anvertrauen würde.

»Meggie«, raunte sie. »Falke ist nur zwei Jahre älter als Sie und sieht sehr gut aus.« Schmunzelnd lehnte sie sich zurück, und ich saß nach vorne gekauert in Erwartung der Verkündung ihrer großen Wahrheit da. Sollte sie das gewesen sein?

Ich vermute, daß ein Insekt, das jäh im klebrigen Netz einer Spinne gefangen ist, einen Moment lang starr vor Staunen verharrt – im Moment des Übergangs, in dem Vergangenheit und Zukunft ineinanderfließen. Winonas Absichten standen mir klar vor Augen. Gelähmt und unentschlossen, welchen Weg ich für mein Leben (oder für die Therapie) einschlagen sollte, spürte ich, wie sich das Netz unter dem Gewicht der Spinne, die sich ihrer Beute näherte, bewegte.

14

DER HANDYMAN

* * *

*Die Spinne hält den Silberball
In unmerklichen Händen –
Um langsam tanzend mit sich selbst
Ihr Perlgarn – zu entwinden –*

*Sie spannt von Nichts zu Nichts –
Ihr unstoffliches Werk –
Ersetzt unsere Tapisserie –
In halber Zeit –*

Emily Dickinson
Die Spinne hält den Silberball

Früh am nächsten Morgen erhielt ich einen Anruf von Olfs Frau Hedda. »Der alte Narr hat versucht, mit der Kettensäge Bäume zu fällen, als wäre er noch ein Junger. Dabei hat er sich einen Rückenmuskel gezerrt. Er darf sich ein paar Wochen lang nicht bewegen. Da kennen die ihn aber schlecht. Immerhin hat er unseren Nachbarn Jacob Hassler nach jemandem gefragt, der Ihr Dach reparieren kann. Jacob hat da einen Mann an der Hand.« Ich brauchte eine Hilfe, denn ich fürchtete, das Dach würde bald lecken, wenn nichts daran gemacht würde.

Ich backte Hafermehlplätzchen für Olf, und bald war das Haus von süßen Düften erfüllt. Ich hatte gerade das letzte

Blech aus dem Ofen geholt und es zum Abkühlen auf den Herd gestellt, als es am Küchenfenster rüttelte. Fritzie bellte alarmiert. Ich beruhigte ihn, wischte mir die mehligen Hände an der Hose ab und öffnete. Vor mir stand ein Mann, Anfang Vierzig mit einem abgewetzten schwarzen Hut, wie man ihn in alten Fernsehwestern sieht. Sein Gesicht war wettergegerbt, aber nicht hart; in seinen Augenwinkeln hatte er Lachfältchen. Er war etwa einsachtzig groß, kräftig gebaut, stark und muskulös.

Er stand schüchtern da und sah aus, als fühle er sich unbehaglich. »Mister Hassler hat gesagt, Sie bräuchten Hilfe, Ma'am«, brachte er unsicher hervor. Er nahm den Hut ab und hielt ihn fast wie einen Schild vor sich.

Ich bat ihn herein und schloß die Küchentür hinter ihm. »Möchten Sie eine Tasse Kaffee und ein paar Kekse? Setzen Sie sich doch.« Ich zeigte auf die Stühle am Küchentisch. Verlegen blieb er stehen. Ich streckte ihm die Hand zur Begrüßung entgegen. »Ich heiße Meggie O'Connor, und Sie?«

»Slade, Ma'am.« Er trat von einem Fuß auf den anderen und deutete mit dem Hut auf den Küchentisch: »Meine Stiefel sind naß, ich gehe besser raus und an die Arbeit.« Während unseres gesamten Gesprächs sah Slade mich kein einziges Mal an, und ich ordnete ihn den Männern zu, die von mir eingeschüchtert waren.

Seine Augen musterten den Raum und blieben kurz an dem Teller mit den Keksen haften.

»Nehmen Sie einen«, beharrte ich und schälte einen Keks vom Backblech. Er war noch so frisch, daß ich mir fast die Finger verbrannte.

»Wenn sie noch warm sind, schmecken sie mir besonders gut.« Unverzüglich verschwand der Keks in seinem Mund.

Ich erklärte ihm, was auf dem Dach zu tun war, wo sich die Leiter und die Werkzeuge in der alten Garage befanden und wieviel ich ihm zahlen würde. Er hörte mir zu, ohne eine Bemerkung zu machen. Ab und zu nickte er, um Verständnis zu signalisieren. Dann machte er kehrt und ging hinaus durch den Schnee auf die alte Garage zu.

Ich kochte frischen Kaffee, füllte ihn in eine Thermoskanne, zog mir alte Sachen an – geflickte Arbeitsjeans, Rollkragenpulli, Sweatshirt, Winterjacke, gefütterte Handschuhe und Schneestiefel – und ging zu ihm hinaus. Er war schon auf dem Dach und begutachtete die Gauben.

»Brauchen Sie Hilfe?« erkundigte ich mich.

Er schüttelte den Kopf und beugte sich über seine Arbeit. Ich schippte die Wege ums Haus frei, streute Futter in die Vogelhäuschen, füllte das Fett für die Spechte auf und spielte mit Fritzie in den Schneewehen. Dann hatte ich draußen nichts mehr zu tun. Zwei Stunden später rief ich zum Dach hinauf. »Slade, Zeit für eine Kaffeepause!« Er nickte und stieg vom Dach. Ich erlaubte ihm, die Stiefel in der Küche anzulassen, denn ich wollte später wischen.

Erst nachdem ich ihn aufgefordert hatte, setzte sich Slade an den Tisch. Ich stellte ihm eine dampfende Tasse Kaffee und einen Teller mit Olfs Keksen hin. Mit dem Kaffeebecher in der Hand gesellte ich mich zu ihm. Fritzie beschnupperte seine Hosenbeine, um den Geruch des Mannes, seine Herkunft und seine Absichten zu erkunden. Auch ich machte meine Beobachtungen.

Sein verwittertes Aussehen und die dunkle Haut ließen auf indianische, spanische oder mexikanische Abstammung, vielleicht eine Mischung aus allen dreien, schließen. Er war von mittlerer Statur, und seine Arme wirkten muskulös. Anscheinend war er an schwere Arbeit gewöhnt. Er hatte große Hände, bewegte sich aber langsam und anmutig. Ein Mann im Einklang mit seinem Körper.

»Woher kommen Sie?« fragte ich.

»Aus dem Westen.« Darauf wäre ich wegen seines Tonfalls auch von allein gekommen. Die Kekse schienen ihm zu schmecken.

»Wie gefällt es Ihnen in Suttons Bay?« Eine Unterhaltung mit dem wortkargen Slade in Gang zu halten erwies sich als einigermaßen mühsam.

Er zuckte die Achseln. »Ganz gut.«

Ich stand auf, um die Kaffeekanne und noch mehr Kekse zu holen. Seine Augen folgten mir, erkundeten mich, wenn er sich unbeobachtet fühlte. Mir schien, ihm entging nicht viel.

»Was machen Sie denn sonst so?« Ich wußte, daß meine Fragen aufdringlich waren, aber ich wollte mich von Slade nicht zum Schweigen verurteilen lassen.

»Dies und das. Beinah alles, was bezahlt wird. Viel mehr als Essen und einen Platz zum Schlafen brauche ich nicht.« Er aß seinen achten Keks, offenkundig ein hungriger Mann. Olf würde sich mit weniger Keksen zufriedengeben müssen.

Ich gab nicht auf. »Was führt Sie zu dieser Jahreszeit in unsere Gegend?«

»Familienangelegenheiten«, erwiderte er und rückte vom Tisch ab. »So, ich gehe lieber wieder rauf und mach das Dach fertig. Haben Sie sonst noch was für mich zu tun? Mister Hassler braucht mich nur etwa zwei Tage in der Woche, also habe ich Zeit.« Fritzie stand auch auf und streckte sich. Dabei gähnte er zufrieden und gab einen kleinen Rülpser von sich.

Rasch überlegte ich. »Ich hätte Holz zu hacken und ein paar

tote Bäume abzusägen. Ich helfe Ihnen bei der Arbeit. Das kann man nicht allein machen. Wie wäre es mit morgen?«

»Können Sie mit einer Kettensäge umgehen?« fragte er.

»Natürlich!« Was für eine lächerliche Frage!

Slade wirkte erstaunt. »Abgemacht, morgen.« Er nickte, schüttelte mir die Hand und ging nach draußen. Zügig beendete er die Arbeit auf dem Dach, räumte das Werkzeug weg und war verschwunden, ehe ich ihn bezahlen konnte. Fritzie kam herüber zum Ofen, um sich zu seinem Freitagnachmittagsnickerchen niederzulassen. Ich kraulte seine Ohren. »Na, Alter, was meinst du? Unser neuer Gehilfe ist zwar nicht sonderlich gesprächig, aber dir scheint er ja ganz gut zu gefallen.« Fritzie sah zu mir hoch und schlug mit dem Schwanz auf den Teppich.

Monate später fand ich heraus, daß Slade die Hälfte der riesigen Menge an Hafermehlplätzchen, die er anscheinend vertilgen konnte, unter dem Tisch heimlich an Fritzie verfüttert hatte. Kein Wunder, daß sie sofort Freundschaft geschlossen hatten.

15

HOLZSCHNITTE

* * *

Nicht nur für den Augenblick ist heute der Frühling verjagt.
Er war in Wurzel und Stamm der Bäume, der großen,
Die ganze wispernde Pracht wird von Männern,
die ›Ho‹ und ›Auf geht's‹ gesagt,
Mitsamt dem Frühling im Karren davongestoßen.

Da geh'n sie hin, und mein Herz schlägt mit ihnen.
Mein halbes Leben hat es mit ihnen geschlagen
In Sonne und Regen
In Märzenwind und Maienbrise
In großen Wogen, die über Dächer von großen Meeren fegen.
Als sie starben, fiel Regen ohne Klagen.
Sie hörten noch die Spatzen fliegen
Und die kleinen Kriechgeschöpfe in der Erde, auf der sie lagen.

Charlotte Mew
The Trees Are Down

Bis zum Samstag hatte der Winter sich für eine kurze Zeit wieder verzogen. Der schmelzende Schnee hatte den Boden durchweicht; es war kühl, aber nicht kalt. Gegen zehn Uhr hörte ich Slades Truck über den Kies der Auffahrt knirschen. Ich zog ein Sweatshirt und dicke Arbeitshandschuhe an. Als ich draußen ankam, war Slade schon in der Garage und sah sich nach den Elektrowerkzeugen um. Ich holte die alten schweren roten Kettensägen hervor, prüfte die Schärfe der Sägeblätter und ob sie nachgezogen werden mußten. Dann schaffte ich das Benzin-Öl-Gemisch und das Öl für die Sägeblätter heran.

Fritzie hatte ich angebunden, und er verlieh seinem Unmut laut kläffend Ausdruck. Doch ich dachte nicht daran, ihn frei herumlaufen zu lassen, während wir die zwei großen Bäume fällten.

Slade bugsierte die beiden Kettensägen und die Sägeböcke auf die Laderampe seines Trucks. Der alte, verbeulte Wagen war offensichtlich an schwere Lasten gewöhnt. Ich kletterte in die Fahrerkabine und schuf mir Platz auf dem Sitz, auf dem sich Pappbecher, Schokoladenpapier, eine schmierige Decke, eine schmutzige Landkarte von Michigan und Wisconsin und drei Stifte häuften. An einem Lederband am Rückspiegel baumelte eine Falkenfeder. Ich hatte beinahe das Gefühl, in seine Privatsphäre einzudringen, eine plumpe Vertraulichkeit zu begehen, obwohl ich ihn kaum kannte.

Slade schwang sich lächelnd auf den Fahrersitz. »Mir gefällt Ihr Hund. Ein bißchen laut, aber er hat Kampfgeist.« Der Motor sprang zögernd an.

Ich grinste und nickte zustimmend. Jeder, der meinen Hund mochte, hatte gute Karten bei mir. Bei Slade ließ ich jedoch besser etwas Zurückhaltung walten. Ich dirigierte ihn die Auffahrt hinunter, an den ersten beiden Kurven vorbei zu einem Flecken, der überwiegend von Sumach bewachsen war. Der Sumach war dabei, die Apfelbäume meiner Großmutter zu überwuchern. Die knorrigen Apfelbäume, die im Sommer und Frühherbst noch Früchte trugen, schienen die Schlacht gegen die Emporkömmlinge zu verlieren. Auf der Suche nach Falläpfeln hatten Hirsche ihre Spuren unter den Bäumen hinterlassen.

Die Sumachbäume waren alles andere als stattlich. Sie streckten ihre langen, dürren Arme gen Himmel, als veranstalteten sie einen Erweckungsgottesdienst. Mit den Kettensägen und den Sägeböcken im Schlepp erreichten wir schließlich eine Lichtung auf einem kleinen Hügel, nachdem wir uns mit gesenkten Köpfen einen Weg durch den dichten Sumach gebahnt hatten. Oben standen eine große tote Kiefer und ein uralter, ebenfalls toter Ahornbaum.

Von diesem Aussichtspunkt überblickte Slade zum erstenmal die gesamten dreihundert Hektar von Chrysalis im Morgenlicht. Direkt unter uns neigten sich die grünen Kiefern ehrfürchtig in einer sanften Brise. Jenseits der Auffahrt schimmerte das braune, abgeerntete Maisfeld mit seinen geknickten Rohren, während rechter Hand ein schwarzes Zedernwäldchen die Sonne aus seinem Dickicht ausschloß. In der Ferne glitzerte das stahlblaue Wasser des Michigansees. Bei diesem überwältigenden Ausblick stieß Slade einen leisen Pfiff aus. »Gehört das alles Ihnen?«

»Das Land gehört nicht mir. Ich gehöre ihm.« Abermals verbeugten sich die Bäume wie in völligem Einverständnis.

»Ja.« Er verstand. Mehrere Minuten betrachteten wir schweigend die Aussicht, bevor wir an die Arbeit gingen. Slade nahm sich den großen Ahorn vor; ich die kleinere Kiefer. Wir setzten unsere Kettensägen in Gang. Beim Ziehen des Anlassers renkte ich mir wie immer fast die Schulter aus. Der Wald hallte wider vom durchdringenden Lärm der sich durch das Holz fräsenden Motorsägen. Meine Aufgabe war etwas leichter, da die Kiefer weicher und von geringerem Umfang als der Ahorn war. Mehrere Male ertappte ich Slade, wie er besorgt zu mir herübersah. Während ich die Säge weiter in den Stamm trieb, erschauerte die Kiefer, ihren Fall vorausahnend. Das Zittern ging in eine große schwankende Bewegung über. Ich trat zurück, schaltete die Säge ab, gab Slade ein Zeichen und stieß den Baum mit dem Fuß an. Er wankte nur, bestrebt, aufrecht stehen zu bleiben, denn er ragte bereits sein ganzes Leben in den Himmel hinauf. Er neigte sich ein bißchen mehr in Richtung Erde und federte dann wieder zurück, unwillig, seinen Stand aufzugeben. Ein weiteres Wanken, dann brach ein laut krachendes Geräusch aus der Einkerbung hervor, und die Kiefer fiel mit einem einzigen hingebungsvollen Schwung zu Boden. Der aufschlagende Stamm verursachte eine Erschütterung, dann kehrte, da die Motorsägen abgeschaltet waren, tiefe Stille ein.

Slade hielt anerkennend einen Daumen hoch, zog am Startkabel seiner Säge und wandte sich wieder dem Ahorn zu. Er hatte eine Kerbe an einer Seite des Stammes angebracht und dann von der anderen Seite weitergesägt. Seine Arme blieben fest, während die Säge sich immer weiter durch das Holz fraß. Mit einer Kopfbewegung bedeutete er mir, aus dem Weg zu gehen. Er riß die Säge ruckartig zurück, schaltete den Motor ab und schrie »Timber!«, als der alte Ahornbaum umkippte und mühelos zu Boden fiel, wo er schwer aufschlug. Der Waldboden erbebte.

»Gute Arbeit!« rief ich. Ein triumphierendes Lächeln breitete sich auf seinem Gesicht aus.

Meine Arme schmerzten von der schweren Arbeit. Slade legte die Motorsäge auf dem Boden ab, zog die Plastikhülle über das Sägeblatt und machte sich daran, unser Werk zu begutachten. Er setzte sich auf den gefällten Ahornbaum, zog ein zerknautschtes Päckchen Zigaretten hervor und bot mir eine an. Vielleicht war es Neugier oder eine Geste der Kameradschaft, jedenfalls nahm ich eine. Er konnte nicht wissen, daß ich Nichtraucherin war. Er kramte ein Streichholzbriefchen aus seiner Jeansjacke hervor und zündete eins an. Er sah zu, wie ich – ohne zu inhalieren – paffte.

»Ich hab schon mehrmals versucht, mit dem verdammten Zeug aufzuhören, aber ...« Er zuckte die Achseln und nahm einen tiefen Zug. Es war das erste Mal, daß er mir gegenüber das Wort »ich« verwendete.

Den Rest des Vormittags arbeiteten wir angestrengt. Nachdem er die Bäume in große Stücke zersägt hatte, stapelte er die Scheite auf die Sägeblöcke, und ich spaltete sie dann auf das richtige Format für den Ofen. Die Arbeit war schweißtreibend, aber wir hörten nicht auf, ehe wir unser Soll erfüllt hatten. Dann schleppten wir die Scheite zu Slades Truck auf die Straße. Inzwischen war es früher Nachmittag. Nachdem wir den Hügel wieder hinaufgefahren waren, stapelten wir das Holz im Schuppen. Ich hatte Fritzie losgebunden. Wie wild tobte er um unsere Beine und schleppte alte, schlammverschmierte Tennisbälle an.

»Möchten Sie etwas zu Mittag essen?« bot ich an.

»Muß weg«, antwortete Slade. »Wir müßten uns bald mal an die alte Birke machen, die da über Ihrer Auffahrt hängt. Ein paar von den oberen Ästen sehen mir reichlich abgestorben aus. Die können jeden Moment runterkrachen.«

Ich fragte ihn, was er für die Arbeit am Morgen verlangte, und er grinste. »Was immer Sie heutzutage zahlen.«

Ich gab ihm das, was ich Olf gegeben hätte, obwohl Slade ungefähr doppelt soviel Arbeit erledigt hatte.

Während er die Kettensägen in die Garage zurückbrachte, sammelte ich die Pappbecher von seinem Sitz und warf sie in den Müll. Er kam von hinten und überraschte mich dabei. Das brachte mich in Verlegenheit. »Ich hoffe, es stört Sie nicht, wenn ich ein bißchen Ordnung mache. So haben Ihre Beifahrer mehr Platz.«

Er grinste über meine Verlegenheit. Das ärgerte mich. Ich riß die schäbige Decke aus dem Wagen, faltete sie ordentlich zusammen und legte sie auf den Sitz. »So ist es schon besser«, erklärte ich.

Erst jetzt sagte er etwas. »Wird manchmal ganz schön unordentlich, aber ich habe auch nicht viele Beifahrer.« Er kletterte auf den Fahrersitz und zupfte die Decke auseinander, um sie über den Sitz zu breiten. »So ist es richtig«, murmelte er.

Ich schloß die Beifahrertür und wollte ihm schon den Rücken zukehren, als Slade lachte (über mich?) und nickte. »Bis bald.«

Es klang wie ein Versprechen.

6

DIE STIMMEN DER STEINE

* * *

Tezi bedeutet »Bauch« oder »Schoß«. Also gilt diese Hütte als
Tezi. In ihr lebt das Volk der Steine. Sie schließen alle Elemente
ein, die den menschlichen Körper bilden. Daher glühen sie in ei-
nem Feuer, denn auch in uns lebt ein Feuer. Darin herrscht ein
Funke. Wir nennen ihn Seele oder Geist.

Wallace Black Elk
The Sacred Ways of a Lakota

Winonas Truck bog um die Ecke, rumpelte die Straße hinauf und hielt auf dem Parkplatz vor dem Bürogebäude.
Winona thronte auf dem Beifahrersitz. Ein Mann mit langem Haar und einem schwarzen Filzhut mit Feder fuhr den
Wagen. Aus dieser Entfernung wirkte er wie Ende Dreißig.
Steifbeinig stieg er aus. Das mußte Falke sein, der Sohn ihrer Cousine. Er sprach kurz mit Winona, wobei er in Richtung der Eisenwarenhandlung deutete. Sie nickte zustimmend. Einen Augenblick lang hatte ich mich gefragt, ob
Winona ihn mit zu ihrer Therapiesitzung bringen wollte.
Ich hätte es ihr zugetraut. Aber Falke ging in die Stadt. In
einem hatte Winona recht: selbst aus der Entfernung wirkten seine Statur und sein Gesicht imposant.
Winona betrat das Wartezimmer. Sie trug ein Hauskleid
und Ohrringe aus erdbraunen, roten, leuchtendorangen
und zartgelben Glasperlen. Sie berührte ihre Ohrläppchen.

»Falke hat mir diese Ohrringe aus dem Reservat mitgebracht. Sie tragen die Farben des Sonnenuntergangs.«

»Sie sind wunderhübsch, Winona.«

Woraufhin sie die Ohrringe abnahm und sie mir überreichte. »Jetzt gehören sie Ihnen.«

Ich protestierte. »Das kann ich nicht annehmen.«

»Meggie«, tadelte sie mich. »Sie sind für die Person bestimmt, die sie am meisten zu schätzen weiß. Auf dem Pfad der Hingabe wird alles von allen Menschen geteilt. Dort können wir zu wahren Menschen werden. Ebenso wie die Vierbeinigen ihr Leben hingeben, damit wir zu essen haben und am Leben bleiben, müssen wir lernen, das zu verschenken, was uns viel bedeutet. Wir alle gehören demselben Kreislauf des Lebens an. Behalten Sie die Ohrringe, bis jemand kommt und sagt: ›Ich wünsche mir Ohrringe wie diese.‹ Dann ist die Zeit gekommen, einen anderen damit zu erfreuen.«

Winona setzte sich und zog ihr Kleid züchtig über die Knie. Dann griff sie in ihre allgegenwärtige Pfeifentasche und zog einen grauen Stein hervor. Es war ein Petoskey-Stein, wie man sie an den Stränden im Nordwesten Michigans findet. Winona spuckte auf seine vom Wasser glattgeschliffene Oberfläche. Eine faszinierende Zellstruktur hob sich von der grauen Farbe des Steins ab – erstarrtes Leben, hart und uralt, aus der Zeit, als der Michigansee noch ein großes Binnenmeer war, ehe Wind, Sand und Gletscher ihn vom Atlantischen Ozean abschnitten.

»Das sind die ältesten Zeugen auf unserem Schildkrötenkontinent«, sprach Winona. »Wir Menschen tun gut daran, den Stimmen der Steine zu lauschen. Sie haben uns etwas zu sagen.« Sie spuckte noch einmal auf den Stein, und seine zellartige Oberfläche glänzte.

»Die Welt um uns herum ist voller Leben, Meggie. Mein Enkel und ich haben gestern abend zusammen ferngesehen. In New York City bricht alles zusammen – die Wasserversorgung, die Brücken, die Straßen. Die Leute jammerten und stöhnten, wie das nur hatte passieren können. Dabei vergessen sie völlig, daß unter diesen vielen hohen Gebäuden, unter ihren Autos, Straßen und Brücken die Großmutter liegt. Haben sie sie jemals gefragt, ob ihr dieses Gewicht etwas ausmacht? Halten sie jemals inne und danken ihr dafür, daß sie ihnen gestattet, unterirdische Adern zu bauen oder Autobahnen in ihren Leib zu schneiden? Irgendwann wird es selbst der Großmutter zuviel und …«

Winona wiegte ihren Kopf hin und her.

»Und was?« fragte ich.

Winona lächelte. »Sie bewegt sich.« Wie zur Verdeutlichung rutschte Winona einen Moment lang auf der Suche nach einer bequemeren Position auf ihrem Stuhl herum.

Ich wartete. Winona spuckte erneut auf den Stein.

»Mein Volk hat immer gewußt, daß die Steine sprechen. Wir Zweibeinigen haben nur Schwierigkeiten, zuzuhören. Die Alten sagen, sie brauchen vielleicht tausend Jahre für einen Atemzug, doch sie leben. Den, der zu hören versteht, können sie in der Schwitzhütte einen Gesang lehren, der ihm hilft, alles zu überleben, was das Leben bringt. Sie wissen, was durchhalten heißt.«

Die Wörter »überleben« und »durchhalten«, Wörter, die einen Todeswunsch kompensieren, ließen mich aufhorchen. Eine Überleitung bot sich an. »Winona, ich möchte Ihnen von meiner Mutter erzählen.«

Obwohl ich sie unterbrochen hatte, lehnte sich Winona in Erwartung meiner Geschichte zurück.

»Seit meine Mutter – sie ist Ärztin – älter geworden ist, sondert sie sich mehr und mehr von denen ab, die ihr nahestehen. Nicht, daß sie sich entzieht oder gleichgültig geworden wäre, aber ihre Aufmerksamkeit scheint sich anderen Dingen zuzuwenden. Steinen, zum Beispiel.« Ich deutete mit dem Kopf auf den Petoskey-Stein in Winonas Hand.

»Im Sommer sammelt sie Steine am Strand von Suttons Bay. Sie sucht Achate und liest über die Felsformationen und die eiszeitliche Geschichte von Michigan. Jeden Tag schleppt sie säckeweise Steine vom Strand herauf, trommelt sie, schneidet sie auf und späht in sie hinein, als erforsche sie die Anatomie der Zeit. Unsere Familie neckt sie wegen der Steinhaufen, die ihre Autopsie erwarten. In Beziehung zu dem, was Sie gerade gesagt haben, frage ich mich …«

Winona unterbrach mich. »Sie fragen sich, ob sie nicht vielmehr an einem Verständnis des Lebens als am Tod interessiert ist.«

»Ja«, erwiderte ich. »Aber ich frage mich auch, wenn sie diese Steine in der Hand hält und sich an ihrer Schönheit freut, ob sie nicht immer mehr an die Zeit ihrer Rückkehr zur Erde denkt.«

Winona stimmte begeistert zu. »Und liegt darin nicht der tiefe Sinn des Gebens?«

Der Kreislauf des Lebens. Die Einsicht über meine Mutter brachte mich wieder zurück auf die Thematik von Winonas Leben und Winonas Tod. »Und ist das auch Ihre Wahrheit? Geht es Ihnen um die Rückkehr zur Großmutter?«

Winonas Lächeln sagte mir, daß sie sich über die Fortschritte freute, die ich in dieser Stunde gemacht hatte. »Heute wird mich Falke zum Notar begleiten, damit ich mein Testament machen kann. Das wird mein letztes Geschenk sein – auf dieser Seite zumindest.«

»Und was ist mit dem Durchhalten und dem Überleben?

Das sind die Qualitäten des Steinvolkes. Warum sind Sie so besessen vom Tod, Winona?« forderte ich sie heraus.

Mein Ausbruch schien sie nicht zu überraschen. »Das sind genau die Fähigkeiten, die Sie von den Steinen lernen müssen. Aber wenn Sie älter werden, wie Ihre Mutter und ich, ist es ganz natürlich, daß die Gedanken um die Heimkehr kreisen. Nehmen Sie das.« Sie gab mir den Petoskey-Stein. »Sie müssen noch so viel lernen, Meggie, und wir haben so wenig Zeit.«

17

FRAGEN OHNE ANTWORT

* * *

... ich möchte Sie, so gut ich es kann, bitten, lieber Herr, Geduld zu haben gegen alles Ungelöste in Ihrem Herzen und zu versuchen, die Fragen selbst liebzuhaben wie verschlossene Stuben und wie Bücher, die in einer sehr fremden Sprache geschrieben sind. Forschen Sie jetzt nicht nach den Antworten, die Ihnen nicht gegeben werden können, weil Sie sie nicht leben könnten. Und es handelt sich darum, alles zu leben. Leben Sie jetzt die Fragen. Vielleicht leben Sie dann allmählich, ohne es zu merken, eines fernen Tages in die Antwort hinein.

Rainer Maria Rilke
Briefe an einen jungen Dichter

Winonas Bemerkung über ihr Testament versetzte mich in Unruhe. Am nächsten Tag paßte ich Bev zwischen zwei Klienten ab und bat sie, den Fall mit mir durchzusprechen. Bei einbrechender Dunkelheit trafen wir uns in ihrem Büro. Bevor wir mit unserer Besprechung begannen, fragte mich Bev neckend: »Wie wär's, soll ich dir noch ein paar Rendezvous verschaffen?«

»Nein, danke!« sagte ich. »Das letzte hat mich zur Männerfeindin gemacht. Wenn es Coulter nicht gäbe, hätte ich schon völlig die Hoffnung aufgegeben.« Wir lachten, und sie bestätigte, daß zwischen ihnen beiden alles gut lief. Ich freute mich für sie.

»Eines verstehe ich nicht«, sagte Bev. »Du hast keinerlei Probleme mit männlichen Klienten, selbst wenn sie versuchen, dich verbal einzuschüchtern oder zu manipulieren. Doch privat willst du nichts mit ihnen zu tun haben. Was ist nur geschehen?«

Vielleicht erwartete Bev, daß ich ihr ein dunkles Geheimnis aus meiner Vergangenheit – wie Vergewaltigung oder Inzest – offenbaren würde. Aber die Sache lag viel einfacher.

»Als ich Tom heiratete, dachte ich, die Liebe würde alle Probleme lösen.«

Bev wartete trotz meines Zögerns, diese alte Geschichte wiederzukäuen, auf meine Ausführungen. Es war mir peinlich, aber sie ließ nicht locker.

Ich begann. »Man hört immer die Geschichten von frischgebackenen Ehemännern, die ihre Frauen jede Nacht mit Sex nerven. Bei uns war das Gegenteil der Fall. Ich glaube, der weibliche Körper ekelte und beängstigte ihn zur gleichen Zeit.«

»O Gott«, rief Bev aus. »Du hast einen Homosexuellen geheiratet!«

Ich schüttelte den Kopf. »Nein, nur einen zutiefst neurotischen Mann. Er mißbilligte mein Selbstbewußtsein, mein Gefühl der Stärke, meine Liebe zur Arbeit – alles, was er gern selbst empfunden hätte. Und als weder meine Liebe noch sein beruflicher Erfolg ihm das vermitteln konnten, wurde er zornig.« Ich wollte nicht weiter über dieses Thema sprechen, denn schon jetzt erwies sich das Gespräch als schmerzlich. Ich schaute in eine andere Richtung.

Bev bohrte weiter. »Was geschah, wenn er zornig wurde?«

Ich seufzte. »Dann schlug er mich.«

Feministisches Feuer blitzte in ihren Augen auf. »Hast du zurückgeschlagen?«

»Ich versuchte, ihm zu entkommen, aber er stellte sich vor die Tür und schrie mich an.«

»Was geschah dann?«

»Ich stand da und zitterte am ganzen Körper.«

Bev traute ihren Ohren nicht. Meggie als Opfer? »Du hast vor Angst gezittert?«

»Nein, verdammt noch mal! Ich zitterte, weil ich ihn umbringen wollte, aber Gewalt ablehne. Ich krümmte mich und rang um die Beherrschung, nicht zurückzuschlagen.«

»Wie lange ist das so gegangen, Meggie?«

Ich zuckte die Achseln. Es war zu schmerzhaft. Ich wollte mein Leben fortführen, die Vergangenheit auslöschen, Tom vergessen – und Bev bestand darauf, alles wieder hervorzukramen.

»Jahre.«

»Jahre?« Bev konnte es nicht fassen.

»Wie ich schon sagte – ich glaubte, die Liebe könnte Wunder wirken. Doch schließlich wurde klar, daß seine Gewalttätigkeit mit den Jahren eskalierte, und ich verließ ihn. Doch inzwischen war die Gewalt auch in mich eingedrungen. Sie sitzt fest wie ein fremder Körper in meiner Psyche.«

»Ein unverarbeiteter Zorn«, bemerkte meine Kollegin.

»Zufrieden?« Ein Anflug von Ärger färbte meine Stimme. »Können wir jetzt über Winona sprechen?«

Bev nickte weise und gab es auf, mich nach Einzelheiten meines Privatlebens auszufragen.

»Winona hat mir erzählt, sie sei in die Stadt gefahren, um ihr Testament zu machen und damit ihre letzte ›Große Geschenkverteilung‹ in die Wege zu leiten.«

Bev setzte sich auf. »O Gott, Meggie, sie meint es wirklich ernst, nicht wahr?«

»Ja«, erwiderte ich. »Das Verrückte dabei ist, daß sie nicht im mindesten deprimiert wirkt. Soweit ich es beurteilen kann, ist sie nicht selbstmordgefährdet. Sie ist auch nicht unheilbar krank, und niemand hat die Absicht, sie aus dem Weg zu räumen.«

Bev beruhigte sich. »Worüber sollte man sich also Sorgen machen? Du hast eine Patientin, die sich mit dem Tod beschäftigt, aber nicht über die Mittel verfügt, ihn herbeizuführen. Vielleicht ist das Ganze auch ein Manöver, um Aufmerksamkeit zu erregen.«

»Das glaube ich eigentlich nicht.« Ich schüttelte den Kopf.

»Wie lautet deine Diagnose?«

Bevs Frage war im Grunde irrelevant, aber eine fachliche Klassifizierung kann für den Psychotherapeuten ein Rettungsring in den Untiefen des Lebens sein.

»Winona ist in keiner Krankenversicherung, also mußte ich keine offizielle Diagnose stellen. ›Anpassungsschwierigkeiten unterschiedlicher emotionaler Ursache‹ käme der Sache wohl am nächsten. Doch das sagt nichts über ihren Entschluß zu sterben aus. Oder über ihre Fähigkeit, in unseren Sitzungen alte Welten in die Hand zu nehmen und so zu drehen, daß sie einen neuen Sinn ausstrahlen.«

Bev schlug einen anderen Kurs ein. »Meggie, du hast eine ältere Klientin, die behauptet, in einigen Wochen zu sterben, obwohl sie keine Veranlassung dazu hat. Dennoch hast *du* ihr Vorhaben akzeptiert. Und jetzt weißt du nicht, was du tun sollst, weil dein beruflicher Anspruch dir sagt, daß es deine Aufgabe ist, sie am Leben zu erhalten, bis sie wieder Hoffnung schöpft.«

Ich unterbrach Bev. »Aber Winona zeigt keine Anzeichen von Verzweiflung. Ihr Hoffnung zu geben kann also nicht die Lösung sein. Und genau darin liegt mein Dilemma.«

Bev war wieder verwirrt. »Aber wenn sie nicht die Mittel

hat zu sterben, wo liegt dann für dich das Problem in der Therapie? Das ist doch wie bei den Leuten, die behaupten, an dem und dem Tag ginge die Welt unter, und wenn der Tag dann kommt und vergeht, ohne daß etwas passiert, müssen sie ihren Alltag eben wiederaufnehmen.«

»Aber wenn man in der indianischen Welt die Kenntnis besitzt, den eigenen Tod zu bestimmen, ohne Selbstmord zu begehen?«

Bev schüttelte ungläubig den Kopf. »Ich weiß nicht, was du meinst. Den eigenen Herzinfarkt herbeiführen vielleicht?«

Ich nickte zustimmend. »Ich bin überzeugt, Winona weiß, was sie tut. Und, verdammt noch mal, ich habe diese Frau sehr gern! Sie hat etwas Solides und Bodenständiges an sich. In ihrer Gegenwart fühle ich mich manchmal wie eine Zweitklässlerin, weil sie ständig neue Ansichten von einer alten Welt vor mir aufblitzen läßt. Sie gehört zu den Klienten, die eine beiderseitige Entwicklung erzwingen. Auch wenn sie manchmal hart zu mir ist, freue ich mich immer auf unsere Begegnungen.« Kummer schnürte mir den Hals zu. »Ich will nicht, daß sie stirbt.«

Ich stieß einen langen, hörbaren Seufzer aus. Regen begann gegen die dunklen Fenster der Praxis zu prasseln. Bev antwortete mit sanfter Stimme. »Du fängst an, diese Frau liebzugewinnen, Meggie. Und du hast Angst, daß deine Zuneigung zu ihr dich blind für deine Aufgaben als Therapeutin macht.«

Ich nickte und kämpfte schweigend mit den Tränen.

Bev verfiel in einen therapeutischen Tonfall. »Ich glaube nicht, daß sie sterben wird, Meggie. Ich war schon immer skeptisch gegenüber diesen Leuten, die behaupten, ihren eigenen Tod bestimmen zu können. Ich glaube einfach nicht an diese Möglichkeit. Aber du glaubst daran und weißt nicht, wie du es verhindern sollst, da sie weder depressiv noch verzweifelt ist. Diese Sache berührt den Nerv deiner Ängste vor Tod und Verlust und ihrer Bedeutung für dich.« Bev hatte es erfaßt. Ihre Stimme wurde wieder sanft, beruhigend und tröstend. »Sollte sie also tatsächlich sterben, mußt du einen Weg finden, damit zurechtzukommen.«

Ich nickte und fühlte mich elend in dem Wissen, daß sie recht hatte. Für mich gab es nichts mehr zu sagen.

Bev fuhr fort. »Alles, was ich für dich tun kann, liebe Freundin, ist, dich meiner Zuneigung zu versichern. Falls Winona stirbt, werde ich für dich dasein. Du kannst dich in meinem Büro ausweinen, zwischen zwei Klienten natürlich!« Bev riß mich aus meiner Verzweiflung. Sie wußte genau, was sie tat.

»Meggie«, fragte sie in interessiertem Ton. »Wir sind nun schon lange Freundinnen und Kolleginnen, und ich weiß, daß du, ganz gleich, wie schwierig und verwirrend ein Fall ist, niemals aufgibst. Wie hast du bist jetzt versucht, Winona zum Leben zu überreden?«

Ich rang um eine Antwort. »Mit zunehmendem Alter hat Winona den Sinn ihres Lebens darin gefunden, anderen eine Lehrerin zu sein und die Leiden ihrer Seelen und Psychen zu heilen. Sie hat mich zu ihrer letzten Schülerin auserkoren, und deshalb ...«, ich schämte mich für den Narzißmus, den meine Erklärung implizierte, aber es war die Wahrheit, »... bemühe ich mich, eine gute Schülerin zu sein.« Schon während ich die Worte sagte, erkannte ich die unvermeidliche Niederlage, die ein Mensch erleiden muß, der sich bemüht, etwas gut zu machen, um einen anderen Menschen nicht zu verlieren – ein Handel, der nicht funktioniert.

Bevs Blick wurde weicher, als sie begriff, in welcher Zwickmühle ich mich mit Winona befand. Sie beugte sich vor und berührte meine Hand. »Ich bin immer für dich da, wenn du mich brauchst, Meggie.«

18

DIE HELDENTAT

* * *

Das Labyrinth ist bestens bekannt. Wir müssen nur dem Faden des Heldenpfades folgen, und wo wir gemeint hatten, einen Greuel zu finden, werden wir einen Gott finden. Und wo wir gemeint hatten, einen anderen zu erschlagen, werden wir uns selbst erschlagen. Wo wir gemeint hatten, nach außen zu fahren, werden wir in das Zentrum unseres eigenen Daseins gelangen. Und wo wir gemeint hatten, allein zu sein, werden wir mit der ganzen Welt sein.

Joseph Campbell
Die Kraft der Mythen

Am nächsten Morgen, auf meinem Weg in die Stadt, sah ich Winonas schwarzhaarigen Besucher, Falke. Er hatte sich ein rotes Stirnband umgebunden, damit ihm das lange Haar nicht ins Gesicht fiel. Als ich meinen Wagen an der Post parkte, beobachtete ich, wie er in die Suttons Bay-kery ging, um Kaffee zu trinken. Ich brachte die Briefe, die ich in meiner Einsamkeit an meine Freunde an der Ostküste geschrieben hatte, zur Post und überlegte, was ich als nächstes tun sollte. Natürlich wußte ich, wozu ich Lust hatte, aber wäre das klug? Eine Tasse Kaffee an einem kühlen Michigan-Morgen wirkte Wunder bei Unentschlossenheit. Mein Magen siegte über die Vorsicht.

Der Bäcker hatte gerade warme braune Kleiebrötchen aus

dem Ofen geholt, und dazu gab es koffeinfreien kolumbianischen Kaffee. Falke hatte sich in eine hintere Ecke gesetzt und las eine Zeitung mit dem Titel *Der Adler*. Er trug ein rotkariertes Holzfällerhemd und abgewetzte Blue Jeans mit ausgefransten Säumen. Das geprägte Leder seiner Cowboystiefel sah aus wie frisch geputzt.

Die Kleiebrötchen waren köstlich. Ich brach sie auf und ließ ein Stückchen Butter auf ihnen schmelzen. Zwischen verstohlenen Blicken und Kaffeeschlucken knabberte ich an ihnen. Falke blätterte in seiner Zeitung und schaute nicht auf. Von meinem Tisch aus konnte ich in aller Ruhe sein Gesicht betrachten. Es war energisch, intelligent und attraktiv, von hohen Wangenknochen, dunklen Augenbrauen und dem langen schwarzen, den Rücken hinabhängenden Haar beherrscht. Kühnheit und Strenge im Ausdruck wiesen auf innere Stärke hin – ein Mann, der sich nicht herumschubsen ließ. Am linken Ohrläppchen trug er zwei silberne Ohrringe. Als er aufstand und an die Theke ging, um seine Kaffeetasse aufzufüllen, fiel mir eine große perlenverzierte Gürtelschnalle mit dem *End-of-the-Trail*-Motiv auf. Sein Bauch war weder zu dick noch zu mager. Trotz seiner langen Beine bewegte er sich nicht mit der Schlaksigkeit der meisten großen Menschen. Er schien im Einklang mit sich und seinem Körper zu sein. Mir ging der Gedanke durch den Kopf, daß er im Vergleich zu Slade, meiner neuen Hilfskraft, der stark und kompakt war, eher flink und geschmeidig wirkte. Wieder einmal mußte ich zugeben, daß Winonas Beschreibung sehr zutreffend gewesen war.

Unglücklicherweise verschwindet ein Kleiebrötchen, ob man nun daran knabbert oder es in winzige Teigkügelchen zerlegt, recht schnell. Ich hatte nun keine Ausrede mehr, sitzen zu bleiben und Winonas Wunderkind zu studieren. Ich nahm meine Jacke und ging zur Tür, ohne daß Falke meine Anwesenheit überhaupt bemerkt hatte. Dachte ich zumindest.

In der Tür drängte sich der stadtbekannte Säufer Clyde Bassett an mir vorbei – unrasiert, mit einer halbgerauchten Zigarette an der Lippe und in einer Jacke, die schon viele Winter erlebt hatte. Mit der Linken hielt er eine seiner halbwüchsigen Töchter am Arm gepackt. Ihr Gesichtsausdruck war angewidert und aufsässig. Er zerrte sie in die Bäckerei, und sie wehrte sich nach Kräften. Alle in Suttons Bay kannten die Familie Bassett – unglückliche Kinder und eine Mutter, die zu verbraucht war, um sich noch einen Deut um sie zu scheren. Alle wußten, daß die Kinder mißhandelt wurden, aber Clyde war zu schlau, um Blutergüsse zu hinterlassen. Statt dessen demütigte er sie, strafte sie durch den Entzug aller Notwendigkeiten und bedrohte sie. Er wurde auch verdächtigt, seine Töchter, nachdem sie in die Pubertät gekommen waren, sexuell zu mißbrauchen, während seine Frau wegschaute oder aus dem Haus ging.

Ob aus Angst oder falsch verstandener Loyalität, keines der Kinder gab irgend etwas preis. Daher hatte das Jugendamt auch keine Veranlassung, einzugreifen. Das Büro des Sheriffs behandelte den Fall von häuslicher Gewalt in der Familie Bassett mit Gleichgültigkeit und bemäntelte seine Hilflosigkeit, indem es Clyde gelegentlich durch eine Übernachtung im Gefängnis abkühlte und ihn nach dem Frühstück wieder freiließ. Außerdem würde Frau Bassett am nächsten Morgen sowieso keine Anzeige erstatten.

Die Tochter war etwa fünfzehn. Doch in ihr Gesicht hatten sich bereits Linien der Härte und des Zorns gegraben. Sie war auf eine ungeschliffene Art hübsch, doch an diesem Morgen verunstaltete Haß ihr Gesicht. Clyde zerrte sie an mir vorbei durch die Tür. Er roch nach dem Alkohol, der in seinem Organismus gärte. Er hatte sich ein paar Tage nicht rasiert und brauchte wahrscheinlich dringend eine Tasse Kaffee, um sich überhaupt orientieren zu können. Etwas an der flüchtigen Berührung mit ihm gab mir ein Gefühl von Unreinheit, als ob ich plötzlich einen verseuchten Raum betreten hätte. Ich hastete hinaus.

Am Kino schaute ich kurz nach, welcher Film am Wochenende lief. Lärm und Geschrei drangen aus der Bäckerei, als einige Gäste die Tür öffneten, um hinauszugehen. Ich hörte das Mädchen kreischen und wußte, daß ihr schließlich der Kragen geplatzt war. Die Tür schlug zu, und der Lärm des Streits war wieder gedämpft. Ich blieb, um den Ausgang des Ganzen abzuwarten. Irgend etwas würde bestimmt passieren. Tatsächlich flog die Tür auf, und Clyde Bassett stolperte ins Freie, nach vorne gebeugt, Kopf zuerst, den Arm von Falkes festem Griff auf den Rücken gedreht. Clydes Gesicht war wutverzerrt, er gierte nach Rache, aber Falkes Griff war stählern. Mit einem letzten Schubs stieß er ihn aus der Bäckerei. Clyde torkelte und starrte Falke haßerfüllt an, besann sich dann aber eines Besseren und kramte unbeholfen in der Jackentasche nach seinen Wagenschlüsseln.

Falke stand da, bereit, der Herausforderung zu begegnen. Die Tochter schoß an Falke vorbei und rannte zu ihrem Vater – die Trösterin. Sie drehte sich herum und sah ihrem Retter und Wohltäter mit jener Kühnheit, die ihrem Vater fehlte, gerade ins Auge und sagte: »Ich hab Sie nicht um Ihre Hilfe gebeten, Arschloch. Ich kann selbst auf mich aufpassen!«

Falke lächelte und entgegnete: »Das können Sie bestimmt.« Augenscheinlich ermüdet von dieser Situation, schaute er die Straße und den Bürgersteig entlang. Sein Blick fiel auf mich. Erkennend tippte er sich an den Kopf.

Inzwischen bemühte sich Clyde, seine Würde wiederzuerlangen, indem er in seinen Truck stieg. Seine Tochter kletterte auf der anderen Seite hinein. Sie waren schließlich zu einem negativen Waffenstillstand gelangt, vereint durch die Einmischung eines Fremden in ihre familiären Streitigkeiten. Ihr Truck fuhr los in Richtung Heimat.

Da nun wieder Ruhe eingekehrt war, wandten sich die Gäste, die sich die Nasen an der Fensterscheibe plattgedrückt hatten, wieder ihrem Kaffee und ihren Brötchen zu. Falke zog eine Zigarette hervor, zündete sie an und begann zu rauchen. Auf dem Weg zu meinem Wagen wollte ich gerade die Straße überqueren, als er mich ansprach. »Es hatte nichts mit dem Mädchen zu tun. Aber dieser Haß verdirbt die Süße eines Morgens.«

Froh, beachtet zu werden, antwortete ich: »Ja.«

19

MÄNNER UND FRAUEN
DER REIGEN DER GANZHEIT

* * *

… Doch fest in der Mitte;
hat sie mein Herz gefunden;
das ihre vollkommen
an meinen Herzschlag gebunden,
wie ein Magnet
geschlossen die Runden.

D. H. Lawrence
Kisses in the Train

Wie finden Sie ihn?« Winonas Augen blickten schelmisch.
»Wen?« Ich stellte mich dumm.
»Falke, den Sohn meiner Cousine. Ein gutaussehender
Mann, was?« Sie strahlte mich breit an und beschloß, meine
Antwort nicht abzuwarten. »Also wenn ich jung wäre und
noch ein Weilchen zu leben hätte, würde ich mir genau so
einen Mann wünschen. Stark und doch sanft. Ruhig und
tief. Er weiß, was wichtig ist. Er sucht keine Frau, vor der
er seine Stärke beweisen muß. Er ist ganz er selbst. Er hat
die Stätten der Alten nicht vergessen; er schätzt den besonderen Blick der Kinder, den er nicht mehr hat. Er ist ein guter Mann, Meggie.«
»Schön, daß er Sie besucht, Winona.« Eine lahme Reaktion.
Eine Reaktion aus Selbstschutz. Dennoch schoß mir das

Bild von Falke, wie er gelassen seine Zigarette rauchte, nachdem er Clyde Bassett aus dem Café geworfen hatte, wie ein elektrischer Stromstoß durch den Kopf.

»Nur eine ganz besondere Frau kann ihn gewinnen. Er war schon zweimal verheiratet. Erst jetzt ist er bereit. Seine erste Frau ist nach sechs Monaten mit einem anderen durchgebrannt. Es war der einzige Weg für sie, dem Reservat zu entkommen. Damals wurde er still und vorsichtig. Seine zweite Frau ritt Rodeos mit ihm. Sie rang den Ärzten sogar die Zustimmung ab, noch im sechsten Monat ihrer Schwangerschaft Rodeo reiten zu dürfen. Er bewunderte ihre Entschlossenheit. Eines Tages scheute ihr Pferd durch eine Unachtsamkeit und warf sie ab. Sie verlor das Baby. Wahrscheinlich fühlte sie sich schuldig, weil sie geritten war. Sie fing an zu trinken und brachte ihn dazu, mitzumachen. Eine Zeitlang tranken sie zusammen, aber der Schnaps spülte ihre Liebe mit sich fort. Ich weiß aus eigener Erfahrung, wie so etwas geht. Falke raffte sich auf und ging. Ohne die Schwitzhütte wäre aus ihm wahrscheinlich ein vertrockneter, verbitterter Backpflaumenmann geworden.« Winona lachte über die Metapher.

»Aber wie Sie sehen, ist das nicht geschehen. Viele Frauen fühlen sich zu ihm hingezogen; sie machen ihm schöne Augen, umgeben ihn mit Liebeszauber, suchen seine Nähe. Aber er sucht, was er bis jetzt nicht gefunden hat. Anscheinend kennt er den Geruch; er hat nur die Spur noch nicht aufgenommen.«

Ich war neugierig. »Was macht er den ganzen Tag, wenn er hier ist?«

»Ich unterrichte ihn in Kräuter- und Heilkunde und bringe ihm alte Gesänge bei, die er noch nicht kennt. Er hat am Wald bei Lucys Haus versteckt ein kleines *Inipi* gebaut. Wir haben viel zu bereden, solange noch Zeit ist. Er hilft Lucys Mann beim Holzhacken und nimmt Gelegenheitsarbeiten an, um Lucy Geld fürs Essen geben zu können. Wir haben ihn gerne bei uns. Und er besitzt das, was für alle Frauen am wichtigsten ist bei einem Mann.«

»Und was ist das, Winona?« Natürlich wollte sie, daß ich diese Frage stellte.

»Sinn für Humor. Er bringt uns derartig zum Lachen, daß uns der Bauch weh tut.«

»Ein Mann ohne Humor ist …« hub ich an.

»Ein Mann ohne Visionen …« vollendete Winona den Satz. Sie hatte recht. Dieser Gedanke führte Winona auf eine andere Spur. »Lucy glaubt, ein Mann ist ein Mensch, der direkt von der Arbeit nach Hause zu kommen hat, ihr sein Gehalt übergibt, seine Pflichten erfüllt, dem zuhört, was sie zu sagen hat, und ihre Welt als seine akzeptiert. Sie ärgert sich, wenn Larry ausgeht und Zeit für sich ohne sie und die Kinder verbringt. Sie erklärt ihm, daß er zu Hause gebraucht wird. Larry hat lange Arbeitszeiten in der Bingohalle, er trinkt nicht und gibt ihr Geld, aber Männer brauchen auch Zeit für sich, Meggie. Und Frauen wollen sie immer beschneiden.«

Ich schüttelte verwirrt den Kopf. »Das verstehe ich nicht, Winona.«

»Hören Sie zu, Meggie. Sie sind eine Frau. Auf wem gehen Sie, wenn Sie Ihren Fuß auf die Erde setzen?« Eine rhetorische Frage.

Winona erwartete auch keine Antwort. »Sie gehen auf der Großmutter. Sie ziehen Kraft aus ihr. Sie sind ihre Tochter, und in Ihrem Körper wohnt das Wissen um die Erde, das der Mann nicht besitzt. Sie werden das jetzt nicht verstehen, aber vielleicht später einmal. Sie tragen den heiligen

Raum in Ihrem Leib. Ein Mann muß sich ein *Inipi*, seine Schwitzhütte, bauen. Sie tragen sie in sich, und Ihr Körper reinigt sich jeden Monat selbst. Ein Mann muß in den Leib der Großmutter eindringen, um sich zu reinigen, um wieder in Berührung mit der Schöpfung zu kommen. Wenn eine Frau das *Inipi* betritt, betritt sie einen heiligen Raum, der sowieso schon in ihr ist.«

Ich verstand, war aber dennoch verwirrt. Es war, als kämpften zwei Teile meines Verstandes um Aufmerksamkeit, und ich beschloß, für den Moment mein angelerntes Wissen beiseite zu lassen.

Winona fuhr fort. »Es ist so, Meggie. In Ihrer Welt bedeutet die Mutter alles. In unserer Welt waren es die Großeltern, die die Kinder aufzogen, also wandten wir uns stets an unsere Großmutter. Ein Junge schaut auf seine Großmutter oder auf seine Mutter. Tief in seinem Inneren weiß er, daß er anders ist als sie. Ein Mädchen dagegen erkennt, daß es aus der gleichen Materie ist. Der Junge wächst im Bewußtsein seiner Andersartigkeit auf. Er lernt, allein zu sein, und sucht nach einer Frau, die seine Welt wieder rund und ganz macht. Ein Mädchen ist niemals wirklich allein. Es gehört der Gemeinschaft der Frauen an. Es ist mit der Großmutter verbunden und fürchtet sich vor dem Alleinsein, denn es ist ihm fremd.«

Winona setzte sich im Sessel zurecht und sammelte ihre Gedanken. »Hören Sie, Meggie. Ein Mann ist sein ganzes Leben lang auf der Suche. Er sucht das, was ihn an den Kreislauf bindet. Er wendet sich an *Wakan Tanka*. Einsam auf dem Berg fleht er um eine Vision. ›Wohin führt mein Leben?‹ lautet seine Frage, und das Große Geheimnis weist ihm seinen Pfad. Dann folgt er für den Rest seines Lebens ewig suchend und rastlos diesem Pfad.«

»Und eine Frau?« Ich war neugierig auf ihren Pfad.

»Eine Frau weiß, wo ihre Füße stehen. Dieses Wissen ist in ihr, dringt von der Erde aufwärts in sie ein. Sie kennt die Verwurzelung der Dinge. Sie sagt zu ihrem Mann: ›Du mußt nicht fortgehen, um den heiligen Dingen an irgendeinem anderen Ort nachzuspüren. Sie sind hier, wie alles andere auch. Und die heilige Zeit ist ebenfalls hier, verborgen hinter dem Nebel der alltäglichen Zeit.‹«

»Aber Sie finden, daß Lucy ihren Mann beschneidet?« Ich versuchte den Sinn von Winonas Worten zu begreifen.

Meine Fragen versetzten sie in Ungeduld. Für sie war alles offensichtlich. »Meggie, sehen Sie nicht, daß die Welt aus zwei Teilen besteht? Dem Mann – er hat Visionen, er weckt die Frau aus ihrem Schlaf. Sie lebt immer unter den Wolken, und er zieht sie hoch, damit sie mit ihm fliegt. Er sagt: ›Das ist nicht alles im Leben.‹ Und wenn der Mann zu sehr zum Vogel wird und von einem Nest zum anderen flattert, von einer Unternehmung zur nächsten und nur noch rastlos umherzieht, erklärt sie ihm, daß seine Heimat dort ist, wo sein Herz ist. Sie zeigt ihm die Spinne, die aus sich heraus ein Gespinst fertigt und damit das Netz unserer Beziehungen knüpft. Sie stampft auf den Boden und zeigt ihm, was Festigkeit ist.

Verstehen Sie nicht, daß ein Mann eine Frau braucht und eine Frau einen Mann? Ein Vogel ist dazu geboren, sich in die Luft zu erheben, aber er braucht einen starken Baum, der mit der Erde verwachsen ist. Die Frau ist mit dem heiligen Raum im Leib geboren, aber sie muß auf Entdeckungsreise gehen, ehe sie ihn in sich findet.«

Mir kam ein aufsässiger Gedanke. »Winona, es gibt eine Schwalbenart, die in der Luft schläft, frißt, sich paart und nur selten auf einem Ast landet, um sich auszuruhen.«

Winona schaute mit einem Grinsen zu mir auf. »Genau wie manche Männer heutzutage, oder?« Wir lachten.

Winona mußte das letzte Wort haben. »Aber ...« betonte sie, »Falke ist ganz anders.«

20

EIN WÜRDIGER GEGNER

* * *

Je mehr Vertreter des Volkes ich zu Gesicht bekomme, desto größere Bewunderung hege ich für meine Hunde.

Alphonse de Lamartine
Brief an John Foster

Lucy Arbre rief mich am nächsten Tag an. Sie hatte herausgefunden, daß ihre Mutter ein Testament aufgesetzt hatte. Lucy klang aufgeregt und verunsichert. Sie wollte ihre Mutter am Montag zur Therapie begleiten. Ich erklärte mich mit einer Familiensitzung einverstanden. Winona machte sich anscheinend daran, ihre Angelegenheiten zu ordnen.

Auch meine Eltern riefen an, um anzukündigen, daß sie trotz des kalten Wetters am Dienstagabend eintreffen würden, um Thanksgiving auf Chrysalis zu feiern. Kein Problem, versicherte ich ihnen, der frühe Schnee habe sich noch einmal zurückgezogen.

»Ist alles in Ordnung?« Mein Vater klang beunruhigt. Meine Unabhängigkeit bereitete ihm Sorgen.

»Natürlich«, log ich.

Mutter griff ein. »Hast du auch genug Gesellschaft?«

»Man hat mich zwar noch nicht zu den örtlichen Bingo-Meisterschaften eingeladen, aber ich habe ein Auge auf einen Spanier namens Manuele geworfen.«

Sie biß an. »Manuele und weiter?«

»Manuelle Arbeit«, kicherte ich. Es war ein alter Familienwitz, der aber noch funktionierte.

»Meggie, du bist zuviel allein«, rügte mich meine Mutter und meinte eigentlich »ohne Mann«.

Ich fabrizierte eine höchst beredte »Ja, aber«-Antwort: »Die Herbstfarben, die frische Luft, die wilden Gänse aus Kanada auf dem Weg nach Süden, die Schönheit eines frühen Wintersturmes, das Dunkel der Bucht machen die Einsamkeit wett.«

Nach diesem Gespräch rief ich Hedda an, um zu hören, wie es Olf ging.

»Er fällt diesen Winter aus, Meggie. Können Sie den neuen Mann gebrauchen? Olf sagt, er würde gerne mal kommen und Ihnen helfen, aber ich erlaube nicht, daß sich der alte Narr noch einmal den Rücken verrenkt. Übrigens haben ihm Ihre Kekse hervorragend geschmeckt.«

»Es klappt gut mit Slade«, beruhigte ich sie.

Mein einziges Problem war, daß ich nicht wußte, wie ich ihn erreichen konnte. Nicht nötig. Am nächsten Morgen um zehn knirschte sein Truck die Auffahrt herauf. Fritzie begrüßte ihn mit der Begeisterung, die für gewöhnlich alten Freunden vorbehalten war, schnappte begeistert nach seinen Füßen und wirbelte vor Freude im Kreis herum. Slade kraulte ihn hinter den Ohren und unterhielt sich spielerisch knurrend in der Hundesprache mit ihm. Dabei warf er hoffnungsvolle Blicke in Richtung Küche.

»Es sind keine Kekse da, aber ich habe Kaffee.«

Am Küchentisch gab ich Slade eine Liste der zu erledigenden Dinge. »Ich muß heute am Computer arbeiten.«

Er wirkte etwas enttäuscht, daß ich nicht draußen mit ihm Holz hacken würde. »Ich habe noch nie mit einer Frau gearbeitet, die wie ein Mann mit Holz umgehen kann.«

Das war als Kompliment gemeint, aber ich war unschlüssig, ob ich mich geschmeichelt oder niedergeschlagen fühlen sollte.

»Können Sie jeden Freitag kommen?« fragte ich.

»Klar.« Er grinste. Nach dem Kaffee ging er an die Arbeit.

An diesem Morgen konnte ich mich beglückwünschen, denn ich hatte einiges an Arbeit erledigt. Es war angenehm, das Splittern der Holzscheite und Fritzies sporadisches Bellen zu hören, mit dem er Slade auf widerrechtlich eingedrungene Eichhörnchen aufmerksam machte. Mein Inneres barst vor schöpferischer Inspiration; meine Finger trommelten stürmisch auf den Tasten des Computers herum. Je stärker ich mich konzentrierte, desto ferner klang Fritzies Gebell.

Das Schicksal dringt stets in solche Momente ein, wie um die idyllische Vorstellung zu zerstreuen, daß das Leben auch glatt dahinfließen könnte. Es fing mit einem fernen Schmerzgeheul am äußersten Rand meines Bewußtseins an. Meine Finger hielten inne, reglos lauschend hinterfragte ich das letzte Geräusch. Noch einmal, diesmal näher, ertönte das Heulen eines verwundeten Tieres auf der Flucht nach Hause. Sofort wurde mir klar, daß Fritzie in Not war. Mein Terrier war dem großen Baumstachelschwein begegnet, das in einer alten Eiche im Wald hauste.

Der Schmerz wies Fritzie schnell in seine Grenzen. Er blutete fürchterlich, und seine Nase sah aus wie ein Nadelkissen. Stacheln steckten in seinem Hals und in seiner Zunge; er konnte das Maul nicht mehr schließen. Speichel tropfte aus seinem gepeinigten Kiefer. In dem vergeblichen Versuch, den Schmerz loszuwerden, schlug er die Zähne aufeinander. Ganze Büschel von Stacheln drangen in seine Pfoten ein, während er fieberhaft seine Schnauze bearbeitete.

Ich warf eine Decke über den sich windenden Hund und murmelte: »Diesmal hast du's wirklich geschafft! Wirst du es denn nie lernen?«

Natürlich kennt jeder Terrierbesitzer die Antwort: »Nie!«

Ich rief nach Slade, und er kam angerannt. Er suchte seine Schlüssel zusammen und führte mich mit dem wimmernden Hundebündel im Arm zu seinem Truck. Ich legte Fritzie auf den Vordersitz und holte, während Slade ihn festhielt, mein Notizbuch. Es waren zu viele Stacheln, wir konnten sie nicht selbst herausziehen. Glücklicherweise gab es in Suttons Bay einen Tierarzt – Sam Waters. Bereits zehn Minuten später betraten wir mit dem Terrier die Tierklinik.

Fritzie sah mich weidwund und vorwurfsvoll an. Wie hatte ich das nur geschehen lassen können? Er schien sich in Slades Armen sicherer zu fühlen. Ich war ärgerlich und aufgeregt, und der Hund spürte das.

Sam spritzte Fritzie ein Beruhigungsmittel. Seine kurzen Beine knickten ein, und Slade legte ihn behutsam auf den Tisch. Der Tierarzt klemmte eine Zwinge zwischen Fritzies Schneidezähne und hielt so seinen Rachen auf. Er brauchte eine Stunde, um alle Stacheln herauszuziehen. Einige waren in die Zunge eingedrungen; andere steckten wie Zahnstocher zwischen den Zähnen. Während Sam die Stacheln aus dem bewußtlosen Hund zog, unterhielten Slade und ich uns über Fritzies heroischen Kampfgeist und seine sture Dummheit.

»Er hat nur getan, was die Aufgabe eines Hundes ist.« Slade sah die Sache philosophisch.

»Er hat nicht einen Funken Verstand.« Ich vertrat die realistische Position. »Sonst würde er den Baumstachler nicht immer wieder angreifen. Man müßte meinen, einmal hätte gereicht, aber ich bin schon zum fünftenmal mit ihm hier, um ihn entstacheln zu lassen!«

Sam schaltete sich ein. »Ein Terrier ist eben ein Terrier.« Die Stimme der Erfahrung.

»Fritzie würde das alte Stachelschwein bestimmt einen würdigen Gegner nennen«, fuhr Slade fort. »Es ist kein gewöhnlicher Feind wie ein Eichhörnchen. Eichhörnchen knabbern nicht am Haus – es sei denn, man schließt sie aus Versehen auf dem Dachboden ein. Dieses Stachelschwein lebt schon lange in Ihrer Nachbarschaft«, beharrte der Philosoph. »Die Nagespuren am Pfosten der rückwärtigen Veranda beweisen es. Es ist in Fritzies Gebiet eingedrungen und hat versucht, das Haus zu zernagen. Wenn jemand dein Haus beschädigt, mußt du aufstehen und kämpfen. Auch auf die Gefahr hin, zu Hackfleisch verarbeitet zu werden. Es geht darum, zu tun, was getan werden muß. Und dieser Hund weiß das.« Er blickte anerkennend auf die träge Gestalt des weißen Terriers. Sam nickte zustimmend.

Ich war überstimmt. »Na gut, ich gebe zu, Fritzie ist ein Terrier, und Terrier kämpfen, um ihren Besitz zu verteidigen, was sehr edel ist. Aber warum hat er dann das Stachelschwein nicht ganz erledigt? Warum ergreift er jedesmal die Flucht, wenn er mit diesen ekligen Stacheln gespickt wird?« Ich deutete auf die Flotille der nicht gerade winzigen Stacheln, die sich im blutigen Wasser der Metallwanne des Tierarztes häuften.

»Na ja«, sagte Slade nachdenklich. »Man will einen würdigen Gegner nicht immer unbedingt töten, denn dann wäre alles vorbei, oder? Manchmal möchte man ihn einfach ein bißchen verprügeln, um ihm Respekt einzuflößen, damit er weiß, daß er nicht einfach in den Hof kommen und tun und lassen kann, was ihm beliebt.«

»Fritzie ist weggerannt, weil er Schmerzen hatte. Und Fritzie hat das Stachelschwein angegriffen, weil er ein kurzes Gedächtnis hat.«

Slade widersprach. »Er hat sich ja auch an mich erinnert.«

»Das beweist gar nichts«, entgegnete ich.

Slade schaute übertrieben gekränkt drein. »Doch, es heißt etwas. Heute morgen schaute mich der Hund an, und ich schaute ihn an, und wir beide erinnerten uns, daß wir eine Beziehung haben, die sich auf etwas sehr Wichtiges gründet.«

»Auf was? Macho-Männer in einer feindlichen Welt voller würdiger Gegner zu sein?« Jetzt war ich aufgebracht.

»Nein«, antwortete Slade. »Etwas viel Tieferes.«

»Was?« Meine Neugier war geweckt.

»Die Erinnerung an einen köstlichen Keks, frisch aus dem Ofen.«

21

GEWEHRE, EHRFURCHT UND EIN TOTES STACHELSCHWEIN

* * *

… Das ist, wie man sieht, der Bolzen. Sein Zweck ist es, den Ver-
schluß zu öffnen. Wir können ihn rasch vor- und zurückgleiten
lassen: Wir nennen das, die Feder lockern … Es ist ganz leicht,
wenn du ein bißchen Kraft im Daumen hast: der Bolzen und der
Verschluß und der Hahn und ein festes Ziel, was in unserem Fall
nicht vorhanden ist …

Henry Reed
I. Naming of Parts, Lessons of the War

An diesem Nachmittag schlief Fritzie den Schlaf der Ver-
letzten. Seine Pfoten zuckten in seinen Träumen von der
Jagd, während Nase, Zunge und Hals zu heilen begannen.
Zur Abendbrotzeit hob er kurz den Kopf, um ihn dann aber
wieder auf den Teppich vor dem Feuer sinken zu lassen. Ich
las einen Roman und wartete darauf, daß mein vierbeiniger
Gefährte aus seinem Betäubungszustand erwachte. Als
die Nacht hereinbrach, versuchte er aufzustehen, denn er
mußte nach draußen. Ich nahm ihn hoch, trug ihn zu einem
Busch vor dem Haus und setzte ihn vorsichtig ab. Da stand
er nun mit voller Blase, nicht in der Lage, das Gleichgewicht auf drei Beinen zu halten. Er ließ die Ohren hängen, und seine Augen blickten stumpf. Was blieb mir anderes übrig, als ihn zu stützen und eines seiner Beine anzuhe-
ben. Schließlich gab er in dieser höchst unwürdigen Hal-

tung einen traurigen Strahl von sich, der den Busch verfehlte.

Nachdem er uns vom Tierarzt nach Hause gebracht hatte, hatte Slade gesagt, die einzige Lösung sei, das Stachelschwein zu erschießen. Nur zögernd willigte ich ein. Ich zog es vor, in Frieden mit den Tieren auf Chrysalis zu leben. Doch der Stachler kostete mich nicht nur Geld, er nagte auch am Fundament des Hauses. Also beschlossen wir, am nächsten Morgen auf die Pirsch zu gehen.

Endlich wurde es Tag. Nach einem herzhaften Frühstück mit Haferflocken, Grapefruitsaft und Kaffee vertraute ich fest darauf, daß die Freundschaft zwischen Mensch und Hund ihre ungleichen Voraussetzungen überstehen würde. Als ich gerade meine zweite Tasse Kaffee trank, hörte ich Slades Truck die Auffahrt heraufkommen.

Ich hatte aus dem Schrank meines Vaters seine zweiundzwanzigkalibrige Flinte hervorgeholt und auch Munition gefunden. Es schien, als würde ich mich auskennen. Auch Slade hatte sein Gewehr mitgebracht, stellte es neben meinem ab, setzte sich und wartete auf seine Tasse Kaffee.

»Brr, es wird kälter.« Slade rieb sich die Hände.

Offen gestanden hatte ich gar nicht darauf geachtet, denn ich war so beschäftigt damit gewesen, mein Herz für die Jagd zu wappnen. Ich reichte Slade einen großen Becher heißen Kaffee zum Aufwärmen.

»Ich glaube, wir finden den Stachler auf seiner Eiche, wahrscheinlich sonnt er sich auf einem hohen Ast.« Meine Stimme klang leb- und emotionslos.

Slade hingegen wirkte fröhlich und aufgeräumt.

»Gehen wir an die Arbeit«, sagte er und trank den Kaffee aus.

Wir banden den verkaterten Fritzie fest, nahmen unsere gesicherten Gewehre unter die Arme, die Läufe nach unten gerichtet, und machten uns auf den Weg in den erwachenden Wald. Schwarzbemützte Meisen flatterten über unseren Köpfen, und ein neugieriges graues Eichhörnchen beobachtete uns von hoher Warte.

Die Eiche war riesig; und die Sonne tauchte ihre Spitze gerade in morgendliches Licht. Der Waldboden war noch schattig und feucht vom nächtlichen Tau. Als ich schweigend die hohen Äste absuchte, rührte sich überhaupt nichts, und ich schloß sogleich, daß es noch zu früh für die Jagd war. Doch Slade hob den rechten Arm und zeigte auf einen hohen Ast, links in der Mitte. Dort machte ein großes Stachelschwein in Erwartung der wärmenden Sonne sein Morgennickerchen.

Slade legte den Finger auf die Lippen und bedeutete mir zu schweigen. Er signalisierte mir, zuerst zu schießen, und entsicherte dann sein Gewehr. Ich legte das Gewehr meines Vaters an, zielte durch die Metallkimme am Laufende und sah zu meinem Entsetzen, daß das Stachelschwein sich räkelte, um es sich auf seinem Ast noch bequemer zu machen. Es wäre leichter, ein regloses Tier zu erschießen, denn dann konnte ich mir einbilden, es wäre schon tot. Slade spürte meine Unentschlossenheit, wartete aber geduldig. In Erkenntnis meiner Rolle als Werkzeug des Todes atmete ich tief ein – das Herz schlug mir bis zum Hals –, nahm das Tier ins Visier, schloß die Augen und drückte ab. Nichts geschah.

»Verdammt!« Ich atmete aus und schaute vorwurfsvoll auf das Gewehr, das ich vergessen hatte zu entsichern. Gewarnt durch meinen Fluch erkannte das Stachelschwein die Gefahr und begann einen schnellen Abstieg in Richtung eines großen Lochs im Baum. Ärgerlicherweise signalisierte mir

Slade, es noch einmal zu versuchen. Nervös entsicherte ich. Mit einem Schwung legte ich wieder in Richtung des fliehenden Stachelschweins an und schoß, ohne mich noch einmal mit Zielen aufzuhalten. *Buumm!* Der Schuß hallte durch den Wald.

Das Stachelschwein hielt mitten in seiner Flucht inne, schwankte auf dem Ast hin und her und purzelte dann aus dem Baum, wobei es während des Falls mehrmals gegen den Stamm prallte. Dumpf schlug es auf dem Boden auf, und der Wald erstarrte in seinem Erwachen. Eine Reihe von Borsten, die sich in den Stamm gebohrt hatten, bezeugten den langen Sturz nach unten. Mir war übel.

Inzwischen hatte sich Slade dem Tier genähert. Er schmunzelte, während ich mein Gewehr sicherte. »Warum lachen Sie?« fragte ich.

Er rollte das Tier auf die andere Seite und sagte: »Ab heute werde ich Sie Annie Oakley nennen. Ein glatter Durchschuß von einem Ohr zum anderen, und Sie haben nicht einmal richtig gezielt.« Immer noch lachend und mit ungläubigem Kopfschütteln zog er ein in Zellophan gewickeltes Päckchen Tabak hervor, nahm eine Prise heraus, vollzog einen Kreis damit und legte sie in das Maul des toten Stachelschweins. »Das ist für den Geist des Stachelschweins«, erklärte er.

Ich erkannte die Bewegungen des Opferns. »Slade, Sie haben indianisches Blut!« rief ich.

»Ja«, erwiderte er. Er wischte sich die Hände an der Hose ab, untersuchte die vertikale Reihe von Stacheln, die im Stamm steckengeblieben waren, und schlenderte auf mich zu. »So, Annie, ich hole jetzt besser Schaufel und Schubkarre.«

Ich verstand nicht, wozu er die Schubkarre brauchte. »Wollen wir das Stachelschwein nicht hier unter dem Baum begraben?«

Er beachtete meine Bemerkung gar nicht. »Ich habe ein gutes Messer zum Häuten, das Sie benutzen können. Außerdem habe ich eine Flachzange in der Garage. Sie brauchen auch noch ein paar dicke Arbeitshandschuhe.«

Das hörte sich gar nicht gut an. »Wozu?« fragte ich.

Er sah mich erstaunt an. »Ja, um das Stachelschwein zu häuten, das Fell einzusalzen, die Stacheln rauszuziehen, das Fleisch abzulösen und die Klauen rauszuschneiden. Was hatten Sie denn mit ihm vor?« Er deutete mit dem Kopf auf das große tote Tier am Boden.

»Ich dachte, wir könnten es einfach begraben. Ein Loch graben, Erde auf das Stachelschwein werfen und von mir aus auch ein kleines Gebet am Grab sprechen. Was soll ich denn mit Stachelschweinfleisch oder -borsten oder ...« Ich verzog das Gesicht. »... Stachelschweinklauen?« Slades Gesicht blieb unbewegt – ich hatte keine Chance.

»Wenn Sie die Klauen, das Fell und das Fleisch möchten, häuten *Sie* es doch.« Ich lächelte. Kompromisse waren schon immer meine Stärke. Einen Schritt zurücktretend, bedeutete ich ihm, daß das Stachelschwein ihm gehöre.

Slade schüttelte den Kopf und beharrte: »Nein, es war Ihre Beute, nicht meine. Sein Tod ist eine Gabe an Sie.«

Ich konnte beinahe Winonas Stimme hören, wie sie in Slades Lied einstimmte.

»Sie müssen diese Gabe ehren, indem Sie annehmen, was das Stachelschwein Ihnen schenkt«, ergänzte er.

Der reglose, stachlige Körper lag in stummem Vorwurf auf dem Waldboden. Ich fühlte mich schuldig.

»Sonst wäre sein Tod eine Verschwendung.« Slade wählte seine Worte absichtsvoll.

Ich hatte dieser Predigt nichts entgegenzusetzen und kapitulierte. »Na gut, aber ich habe keine Ahnung, wie man ein Stachelschwein häutet!«

Slade wußte, er hatte gewonnen. »Oh, ich bleibe dabei und sage Ihnen, was Sie machen müssen. Das wichtigste beim Häuten eines Baumstachelschweins ist, daß Sie ...« Grinsend machte er eine Pause. »... sehr, sehr vorsichtig sind.«

22

TOD DES LICHTS

* * *

Geht nicht gelassen in das sanfte Nichts,
Brennt, Jahre, tobt, doch endet sich der Lauf
Schäumt, schäumt vor Zorn, wenn hinstirbt Tag und Licht.
…
Mein Vater, alt und gram, erhöre mich,
Gib Flucht und Segen mir mit wilden Tränen.
Geht nicht gelassen in das sanfte Nichts.
Schäum, schäum vor Zorn, wenn hinstirbt Tag und Licht.

Dylan Thomas
Geht nicht gelassen in das sanfte Nichts

Meine Finger waren mit Stichen übersät, wo die Stacheln beim Abziehen des Fells in meine Haut eingedrungen waren. Slade hatte gnädig angenommen, als ich ihm das Fleisch, die Klauen und das Fell anbot, nachdem ich es zum Einsalzen und Trocknen auf ein Brett genagelt hatte. Als meinem Lehrer stünde es ihm zu, sagte ich. Dann wollte ich ihn für unser morgendliches Unternehmen bezahlen. Aber er lachte nur. »Ihr Gesicht beim Anblick des Stachelschweins ist nicht mit Gold zu bezahlen. Ich wußte nicht, daß eine Frau so lange die Luft anhalten und ihre Hände so weit von sich weg halten kann, während sie einen Baumstachler abzieht! Das Stachelschwein ist Bezahlung genug.«

»Ehrlich gesagt bin ich froh, es los zu sein.« Ich fühlte mich wie eine Mörderin, an deren Händen Blut klebte.

Am Sonntag putzte ich in einem Anfall von weiblicher Reinlichkeit das Haus. In meinem Schlafzimmer türmten sich noch ungelesene Zeitschriften und Bücher. Schmutzige Böden, staubige Möbel oder unsaubere Waschbecken mißfielen mir, während ich ein geordnetes Durcheinander stets tolerierte. Meine Eltern hingegen waren Anhänger der alten Schule von Ordnung. An diesem Sonntag schrubbte ich also Flecken von den Wänden, wischte die Küche, sortierte Zeitschriften aus und verbarg stapelweise Bücher in dunklen Ecken. Zum Schluß machte ich die Betten für meine Eltern zurecht.

Als die Nacht hereinbrach, war ich sehr müde. Hausarbeit kann zur gleichen Zeit langweilig und befriedigend sein. Schließlich war das Haus sauber genug, um einer Inspektion durch meine Mutter standzuhalten. Ich schlief den Schlaf der braven Tochter. Der Montag versprach ein betriebsamer Tag zu werden.

Winonas Termin war der letzte. Lucy würde auch anwesend sein. Ich rüstete mich für eine emotionale Sitzung und räucherte den Raum mit dem Salbei- und Zedernstab aus. Als Winona eintrat, erkannte ich an einem Beben ihrer Nasenflügel, daß sie den vertrauten Geruch wahrgenommen hatte. Sie schnupperte unauffällig, und ihre Mundwinkel hoben sich im Anflug eines Lächelns. Sie ging zu ihrem gepolsterten Stuhl und ließ sich hineinfallen. Lucy, die hinter ihrer Mutter ins Zimmer getreten war, hielt Ausschau nach einem gegenüberliegenden Platz. Es war offensichtlich, daß Lucy sich in Konfrontationsstimmung befand. Der Kontrast zwischen Mutter und Tochter wurde am deutlichsten in der Art ihrer Aufmachung. Lucy trug eine elegante leuchtendgrüne Satinbluse, einen dunkelgrauen Rock, Pumps und goldene Ohrringe – die Erscheinung einer modebewußten Karrierefrau. Sie schaute sich zuerst nach einer Sitzgelegenheit um und nahm dann selbstsicher Platz. Ihr Rücken war gerade; ihr Gesichtsausdruck ernst – sie würde keinen Unsinn dulden. Ihre Hände hatte sie ordentlich im Schoß gefaltet.

Winonas Erscheinung wirkte dagegen ziemlich zerknittert. Ihre Garderobe bestand wieder aus einem formlosen und bequemen Hauskittel, der ihrem Körper keinerlei modischen Ausdruck aufzwang. Ihre Schuhe waren abgewetzt und heruntergetreten. Einen krassen Gegensatz zu Lucys Nylonstrümpfen bildeten Winonas lange blaue Socken. Mir bot sich ein Bild, auf dem die Glätte der Jugend und die gelassene Weisheit des Alters einander gegenübersaßen. Anders als sonst fehlte Winona heute völlig das Schelmische. Ihr Gesicht war ausdruckslos. Sie sah weder mich noch ihre Tochter an. Winona hatte sich in sich zurückgezogen, da sie offensichtlich an dieser Sitzung keinen Anteil haben wollte. Mir wurde klar, daß ich einen therapeutischen Fehler begangen hatte, als ich Lucy zu dieser Sitzung einlud. Ich hatte damit eine Distanz zwischen Winona und mir geschaffen. Andererseits wurde die Zeit knapp, und ich empfand die Notwendigkeit, die Problematik ihres drohenden Todes offenzulegen. Lucys Entdeckung von Winonas Testament bot eine günstige Gelegenheit. An diesen Punkt wollte ich anknüpfen.

»Wie Sie vielleicht wissen, Winona, hat Lucy mich angerufen. Sie hat sich sehr aufgeregt, als sie entdeckte, daß Falke Sie zu einem Anwalt gebracht hat, um Ihr Testament zu machen.«

Lucy nickte zustimmend.

»Ich habe Lucy zu dieser Sitzung hinzugebeten, da ich es für wichtig halte, daß sie ihre Gefühle in dieser Angelegenheit äußert.«

Lucy forschte nach einer Reaktion im Gesicht ihrer Mutter. Doch Winona hielt sich bedeckt. Es würde eine anstrengende Sitzung werden, da eine der Teilnehmerinnen sich auf jeden Krümel stürzte, wohingegen die andere sich kaum im selben Raum mit uns befand.

»Ich werde Lucy anfangen lassen«, fuhr ich fort. »Ich finde es wichtig, Winona, daß Sie ihr zuhören. Lucy zu ignorieren nützt Ihnen nichts.« Winona starrte weiter auf ihre Füße.

Winonas Unhöflichkeit gegenüber ihrer Tochter zerrte an meinen Nerven. Ich hätte sie gerne bei den Schultern gepackt und geschüttelt. Mein Fuß tappte ungeduldig auf den Boden. Ich beschloß, ganz direkt vorzugehen. »Erklären Sie Lucy, warum Sie sterben wollen.«

Winona sagte kein Wort.

Lucy beugte sich nach vorn. In ihrem Gesicht kämpften Ärger und Vernunft. Ihre Stimme hatte jedoch einen anklagenden Tonfall, als sie sich an ihre Mutter wandte. »Ich habe Falke vor ein paar Tagen gefragt, was ihr beide so lange in der Stadt zu tun hattet. Da hat er mir erzählt, daß du beim Anwalt warst, um dein Testament zu machen. Zuerst glaubte ich, er macht einen Witz, aber das tat er nicht, Mama. Dann fragte ich ihn, warum du das getan hättest, wo du doch gar nicht krank oder sterbend oder so was seist. Er hat mich mitleidig angesehen, Mama, als wäre ich ein kleines Kind, das nichts begreift. Da wußte ich, daß du hinter meinem Rücken mit ihm über deinen Tod gesprochen hast. Ich hatte das Gefühl, als wäre in meinem Haus eine verdammte Verschwörung im Gange!«

Lucy machte eine kurze Pause und preschte dann in eine andere Richtung; Emotionen und Verständnislosigkeit überwältigten sie. »Du hast mir erzählt, daß du gerne hierherkommst.« Mit einer Handbewegung deutete sie auf die Praxis.

»Du hast gesagt, du fühlst dich besser und daß die Gespräche mit Dr. O'Connor dir helfen. Was hast du denn die ganze Zeit gemacht, die ich bezahlt habe? Ich dachte, du hättest die Idee zu sterben aufgegeben. Offensichtlich«, Lucy warf einen anklagenden Blick in meine Richtung, »bin ich die einzige, die im dunkeln tappt. Alle anderen scheinen deine Idee vom baldigen Sterben akzeptiert zu haben.«

Winona rührte sich nicht, schien aber zuzuhören.

Ich fragte Lucy: »Was sagt denn Larry, Ihr Mann, zu alldem? Wie denkt er darüber?«

Lucy begrüßte weder meine Unterbrechung, noch gefiel ihr die Antwort, die sie geben mußte. Sie klang sarkastisch. »Larry ist der Ansicht, meine Mutter müsse ihre eigenen Entscheidungen treffen, aber sie ist ja auch nicht seine Mutter. Er sagt, ich solle mich nicht einmischen. Larry ist manchmal auch nicht mehr ganz bei Trost!«

Lucy tat mir leid. Winona war keine Hilfe; sie beharrte auf ihrem Schweigen. »Und niemand scheint zu begreifen, wie sehr Sie Ihre Mutter lieben und sich wünschen, daß sie am Leben bleibt?«

Diese Einsicht schleuderte Lucy unmittelbar von ihrem Zorn in einen tiefen Brunnen lange verdrängter Trauer, eine Trauer aus der Zeit, in der Winona nicht für sie da war, aus den Jahren, als sie Alkoholikerin war, Trauer um die Kürze der Zeit, die ihr noch verblieb, um ihre Mutter kennenzulernen. Kummer zeigte sich auf Lucys Zügen.

Wie konnte Winona angesichts der Trauer ihrer Tochter

stumm bleiben, so ungerührt? Vielleicht hatte Winona es vor langer Zeit aufgegeben, Lucys Mutter zu sein, als Lucy noch ein kleines Mädchen war. Jetzt fand sie keinen Weg mehr zu ihr.

Ungehörte Trauer kann sich rasch in Zorn verwandeln. Ich wollte, daß Winona die Integrität von Lucys Kummer anerkannte, bevor Lucy ihre Vorwürfe wiederaufnahm, und griff ein. »Lucy meint, daß Sie sie, wenn Sie sterben, im Stich lassen.« Lucy nickte unglücklich.

Winona bewegte die Füße, als würde sie mit den Zehen wackeln, um den Kreislauf anzuregen. In der Bemühung, Zeit zu gewinnen, zuckte sie die Achseln und rutschte auf ihrem Stuhl herum. Weder Lucy noch ich befreiten sie von der Last unseres Schweigens. Alle drei waren wir in die Intimität dieses stummen Augenblicks eingebunden.

Winona wich aus, sagte aber wenigstens etwas. »Ich wollte es ganz richtig machen. Deshalb bin zu dem Anwalt gegangen.«

Aufbrausend antwortete Lucy, ehe ich noch ein Wort sagen konnte. »Das ist nicht der Punkt, Mutter, das weißt du ganz genau! Warum findest du den Tod so anziehend? Liebst du denn deine Enkelkinder nicht? Bin ich dir denn völlig egal?«

Winona schaute wieder auf ihre Schuhe. Ihre Stimme klang leise. Lucy und ich mußten uns anstrengen, um sie zu hören. »Es ist einfach Zeit. Es ist einfach Zeit.«

In diesem Augenblick wurde ich mir meiner eigenen Hoffnung bewußt, Lucy würde Winona solche Schuldgefühle bereiten, daß sie sich entschied, am Leben zu bleiben. Auch ich wollte sie nicht verlieren und bedrängte Winona noch ein wenig härter. »Lucy braucht Sie. Sie möchte Sie noch um sich haben, damit ihre Enkelkinder etwas von Ihnen lernen und Sie Lucy sagen können, wie sehr Sie sie lieben.«

Winona seufzte. Lucy und ich waren zu ihr durchgedrungen. Sie schaute uns beide an. In ihren Augen standen Tränen. Ihre Hände, die immer so ausdrucksvoll und stark gewesen waren, schienen nun in einer Geste der Vergeblichkeit gebunden. Sie räusperte sich und wandte sich an ihre Tochter. »In unserer Sprache gibt es kein Wort für ›Entschuldigung‹. Man kann nur sagen ›Ja, ich habe das getan‹ und ›Ja, ich bin verantwortlich‹. Ich habe dich geliebt, aber du und ich, wir haben nie dem gleichen Kreis angehört. Ich habe dir das Leben geschenkt, meine Tochter. Vielleicht kein Leben, wie du es dir gewünscht hättest. Doch du hast die Wahl, was du mit diesem Leben anfangen möchtest. Ich habe das respektiert. Nun bitte ich dich zu respektieren, daß eine Zeit gekommen ist, in der ich mein eigenes Leben fortführen muß.«

Lucy wollte nichts davon hören. Ihre Stimme erhob sich ärgerlich. »Wir sprechen nicht von meinem oder deinem Leben, Mutter. Es geht um deinen Tod. Wir sollten da nichts durcheinanderbringen!«

»Winona«, unterbrach ich. »Erklären Sie Ihrer Tochter, wie Sie zu der Entscheidung, in zwei Monden zu sterben, kamen. Andernfalls glaubt sie, daß Sie nicht genug für sie empfinden, um zu bleiben.«

Mein Eingreifen brachte Lucy zum Schweigen und damit für den Augenblick auch die Jahre des Zorns und der Vernachlässigung. Winona legte die Fingerspitzen zusammen, so daß ihre Finger einen Kreis bildeten. Sie wurde nachdenklich, als suche sie nach Worten, die ihre moderne Tochter und die weiße Psychologin verstehen konnten. »Ich hatte zwei Leben. Das eine vor Davis, in dem ich mich verlor, trank und dir keine gute Mutter war, Lucy. Mein zweites Leben begann, als ich ihm in dem Gerichtsgebäude begegnete. Ich war so tief gefallen, daß ich kaum noch ein Mensch war, und doch wußten die Großväter, daß ich ein Mensch sein wollte. Sie schauten auf mich und sagten: ›Wir sollten Erbarmen mit diesem Zweibein haben.‹ Sie brachten mich zu Davis. Die Großväter wußten, er brauchte eine Frau, der er die alten Weisheiten beibringen konnte, denn beim Lehren lernt man immer auch selbst. Es war gut, und wir gaben einander Gleichgewicht. Ein Medizinmann braucht eine Frau, die ihm Gleichgewicht verleiht. Eine Frau braucht einen Mann. Es war gut.«

Sie unterbrach sich einen Augenblick, um dann fortzufahren. Ihre Hände formten immer noch den Kreis. »Ich lernte die Pflanzen. Er kannte die Zeremonien. Ich erlangte das Wissen der Frau und fand den Weg der Großväter. Davis führte mich auf den Pfad der Sonne. Ich gab ihm den Spiegel des Mondes. Er lehrte mich den Flug, die Kunst der Geflügelten, die« – Winona machte eine schwungvolle Geste – »durch unsere Welt hindurch in die Welt der Geister schießen. Er lehrte mich die Ruhe, die mich zuhören läßt. Und ich wußte, der Schöpfer hatte diese Welt nicht verlassen, war noch da, mühte sich um uns. Und Davis machte mir das Geschenk, ihn zu lieben, und in dieser Liebe brachte ich ihm die Schöpfung nah. Wir kamen zusammen und …« Winona schaute auf ihre Hände. »… und machten einen Kreis aus unserem Leben.«

Lucy krümmte sich bei dem Gedanken, daß die Worte ihrer Mutter sie aus diesem Kreis ausschlossen. Winonas Gesicht wurde sanft und traurig, während sie mit ihrer Geschichte fortfuhr. »Es war uns so bestimmt. Wir wußten, daß die Großväter uns zusammengebracht hatten. Ich wurde ein

Mensch. Ich wurde eine Heilerin. Ich begriff, daß ich als erstes meinen Stolz aufgeben mußte, mein Gefühl, schlecht zu sein, weil ich nicht gut war, die Scham meines ersten Lebens. Allen Stolz. Als nächstes lernte ich, daß Geben bedeutet, sich nicht an Dinge zu klammern, die andere dringender brauchen. Dinge sind nur Dinge.

Dann lernte ich – und das war schwer! –, daß Geben und von den Geistern erfüllt sein heißt, sich von seinem Selbst zu lösen. Damals mußte ich sterben. Ich hielt nicht länger daran fest, Winona zu sein. Damals gab ich es auf, deine Mutter zu sein. Ich gehörte der Großmutter und den Großvätern. Als ich all dies aufgegeben hatte, weinte ich über den Verlust meines Selbst und verlor eine Zeitlang den Verstand. Du warst damals weit fort auf dem College und wußtest nichts davon. Davis stand nur dabei, denn er wußte, es war der Weg der Alten, wußte, wie sehr ich mich fürchtete, für mich selbst zu sterben. Verstehst du, was ich dir zu erklären versuche?«

Es war eine rhetorische Frage, die keiner Antwort bedurfte. Vermutlich hätten wir beide, Lucy und ich, geantwortet: »Ja und nein.« Statt dessen nickten wir, denn wir wollten, daß Winona weitersprach.

»Doch auf eines konnte ich nicht verzichten …« Winona hielt inne, seufzte und sah aus, als ob sie gleich anfangen würde zu weinen. Sie preßte die Fingerspitzen hart gegeneinander, seufzte noch einmal tief und fuhr mühsam in ihren Ausführungen fort. »Das einzige, das ich nicht aufgeben konnte, war mein Bedürfnis nach Davis. Er war mein Geliebter, mein Lehrer, mein Mann. Er war mein Gefährte beim Gebet. Und vor allem war er mein Freund. Jeden Morgen, wenn ich erwachte und sein schauerliches Gesicht, seine Tränensäcke, seine Eidechsenhaut sah, war ich dankbar, am Leben zu sein. Ich stand auf und sang das Lied vom Sonnenaufgang, in dem es heißt ›Danke für mein Leben‹. Und jeden Abend, wenn die Sonne sank, verabschiedete ich mich von ihr mit den Worten ›Danke für mein Leben‹. Davis pflegte jeden Tag zu sagen: ›Heute ist ein guter Tag zum Sterben.‹« Diese Erinnerung brachte Winona zum Lachen.

Sie wandte sich liebevoll ihrer Tochter zu. »Es klingt, als hätten wir verschiedene Dinge gesagt, aber es war dennoch das gleiche. Kannst du das jetzt verstehen? Davis wußte, daß Hinüberzugehen einfach bedeutet, mit dem nächsten Leben zu beginnen. Als wir bei der heiligen Pfeife heirateten, wußte ich, daß wir für immer Gefährten bleiben würden – in diesem Leben, im nächsten und im übernächsten. Als er Ende letzten Jahres starb, wußte ich, daß es nur eine Frage der Zeit war. Eine Zeit, in der er auf mich warten würde. Beim Aufstehen danke ich immer noch für mein Leben. Niemand ist in meinem Bett, kein schauerliches Gesicht, das ich berühren könnte. Schließlich mußte ich sogar das tun – ich mußte ihn aufgeben.« Die lange unterdrückten Tränen rannen ihr übers Gesicht.

Bewegt von den Tränen, lehnte sich Lucy näher zu ihrer Mutter. Sie streckte die Hand nach ihr aus. »Mama, er fehlt uns allen. Er war der einzige Vater, den ich je gekannt habe.« Tränen stiegen ihr in die Augen. Winona entdeckte die Schachtel Kleenex auf der Couch und wischte sich die Tränen ab, als schäme sie sich, soviel Gefühl gezeigt zu haben.

Sie richtete sich im Stuhl auf und schüttelte sich, wie ein Tier die Nässe eines unerwarteten Regens abschüttelt. Sie war noch nicht fertig. »Seelische Schmerzen verstärken auf gewisse Weise unsere Spiritualität. Sind wir glücklich, sind unsere Worte der Dankbarkeit kurz und süß. Sind wir jedoch traurig, sind unsere Gebete lang. Nach Davis' Tod habe ich viel gebetet. Ich war zornig auf die Großväter, weil sie ihn mir weggenommen hatten. Ich fürchtete mich, weil nun alles nur noch halb war. Ich nahm meine heilige Pfeife und fragte: ›Was wollt ihr jetzt von mir?‹ Meine innere Leere machte mich verrückt, aber ich hatte noch nicht vergessen, wie man zuhört. Und wenn man mit der *Chanunpa*, der Pfeife, betet« – Winona wandte sich an mich –, »vernehmen die Großväter das Gebet und antworten. Ich wurde vollkommen ruhig in dem Wissen, daß ich nichts zu tun brauchte, als auf sie zu warten. Und sie sprachen zu mir. Sie sagten, ich müsse Davis nun aufgeben und dürfe ihn nicht festhalten. Sie schalten mich, denn solange ich mich der Trauer über meinen Verlust hingab, hielt ich Davis davon ab, das zu tun, was er dort drüben zu tun hatte. Ich fesselte ihn an mich, an diese Seite. Ich mußte ihn ziehen lassen.«

Winona schaute kurz Lucy an und dann wieder mich. Ich wußte nicht, warum es so wichtig für mich war, diese besonderen Worte zu verstehen. Selbst in ihrer Traurigkeit vergaß Winona nie, daß sie eine Lehrerin war.

»Immer noch voll Zorn nahm ich meine *Chanunpa*, Meggie. Ich hielt sie so, daß alle Großväter sie sehen konnten. Mit lauter Stimme sagte ich: ›Nun gebe ich Davis auf. Ich gebe ihn an euch zurück. Auch in der Finsternis der Nacht werde ich nicht mehr nach ihm rufen. Ich bitte euch nur noch um eines.‹ Ich muß verrückt gewesen sein, so fordernd zu den Geistern zu sprechen! Doch anscheinend haben sie stets Erbarmen, wenn das Leid echt ist, und so fragten sie mich, was denn das eine sei.«

Winona zögerte, ihre Stimme brach, und sie konnte nicht weitersprechen.

Ich war neugierig und stellte die gleiche Frage. »Und was war das eine?«

Winona schaute auf. »Ich bat sie, ihm zu sagen, daß ich ihn liebe und er auf mich warten solle.«

»Und waren sie einverstanden?« Ich konnte mich nicht zurückhalten. Was, zum Teufel, wußte ich über die Launen von Geistern?

»Das wüßten sie schon, sagten sie mir. Es sei jetzt Zeit, ihn loszulassen.«

Jetzt war es an Lucy, die Fragen zu stellen. »Und hast du es getan, Mama? Hast du losgelassen?«

Winona gewann ihre Haltung zurück und richtete sich auf. »Als ich ihn mit der Pfeife aufgab, war es vollbracht. Die vergangenen Monate habe ich gewartet. Ich bin alt und habe dieser Tage nicht viel geheilt.« Winona sah mich an, als wäre ich die Ausnahme.

»Doch mein Leben gehört mir nicht.« Ihre Stimme klang resigniert. »Ich habe es vor langer Zeit aufgegeben. Ich warte. Ich bin müde. In einer lieblichen, ruhigen Nacht gegen Ende des Sommers betete ich. Da kamen sie zu mir. Sie sagten, ich hätte mich den Menschen geschenkt und dürfe nun wählen. Ich könne noch eine Weile bleiben oder im Dunkel des Winters hinübergehen. Sie sagten, mein Körper würde zur Erdmutter zurückkehren, während mein Geist hinüberginge auf die andere Seite.

Ich hätte schon gewartet, sagte ich ihnen. Ich sei müde und bereit, zu gehen. Sie versprachen, mich bald zu holen.«

Sie hatte nun alles erzählt. Stille senkte sich über den Raum. Es gab keine Zornausbrüche mehr. Alle drei waren wir müde, tief in unsere eigenen Gedanken versunken. Winona hatte ihr Bekenntnis abgelegt. Während ihrer langen Rede hatte sie mir den Blick auf eine Welt eröffnet, von deren Existenz ich nichts geahnt hatte. Ich empfand Ehrfurcht und Staunen.

Lucy hingegen hatte durch die Rede begriffen, daß auch sie den Sinn des Gebens zu lernen hatte. Sie sah ihre Mutter liebevoll an, streckte die Hände aus und nahm die der alten Frau in ihre eigenen. Mit erstickter Stimme flüsterte sie: »Ach Mama, du weißt ja nicht, wie sehr du mir fehlen wirst.«

23

AUGENBLICKE

* * *

Augenblicke formen Tage,
und wert sind sie der Frage
nach dem Augenblick.
Keinen soll man ignorieren,
keinen Augenblick verlieren ...

Stephen Sondheim
Into the Woods

Sogar durch das Telefon waren Bevs Zweifel zu spüren.
»Meggie, das ergibt einfach keinen Sinn für mich. Deine
Klientin ist weder krank oder depressiv noch selbstmordgefährdet. Dennoch hältst du eine Familientrauerfeier angesichts ihres bevorstehenden Todes ab. Ist dir bewußt, wie
verrückt das klingt?«
Natürlich war es mir bewußt.
»Vielleicht bin ich in diesem Fall nicht die richtige Beraterin
für dich«, fuhr Bev fort. »Ich verstehe dich nicht. Für gewöhnlich denkst du so rational, manchmal sogar zu rational, Meggie. Aber deine Indianerin hat dich völlig durch-
einandergebracht. Ich beginne, an deiner Objektivität zu
zweifeln. Du nimmst zu starken Anteil. Das ist ja eine regel-
rechte *folie à deux*.«
Bev spielte auf einen Zustand an, bei dem zwei Personen
ihren Wahnwitz gegenseitig hochschaukeln. Ich konnte

nicht widerstehen und fuhr noch stärkere Geschütze auf. »Es ist eher eine *folie à quatre*. Vergiß nicht, daß Lucy jetzt ebenso von Winonas Kräften überzeugt ist wie Falke und ich.«

Die Erwähnung Falkes bot Bev die Gelegenheit, zu einem Thema überzugehen, das ihr mehr am Herzen lag als meine therapeutischen Nöte. »Was macht dein Liebesleben?«

»Bev, du klingst wie meine Mutter, die in etwa vierundzwanzig Stunden die gleiche Frage an mich richten wird. Dir kann ich es ja ehrlich sagen. Es macht gar nichts. Zero. Null. Gute Männer gibt es nicht wie Sand am Meer!«

Das Glück, das Bev mit Coulter hatte, machte es schwierig für sie, die Dürreperiode, die ich gerade durchlebte, zu analysieren oder zu begreifen. Sie wollte auf keinen Fall vor mir prahlen. Dennoch wußte ich, daß sie sich nichts sehnlicher wünschte, als mir von all den wunderbaren Abenteuern und Gesprächen zu erzählen, die sie mit Coulter erlebte. Nicht daß ich ihr das Glück, auf das sie so lange gewartet hatte, mißgönnte, ich hätte nur auch gerne ein kleines Stück davon in meinem Leben gehabt. Nach unserem Telefonat fühlte ich mich noch einsamer.

Während ich mich in dieser Nacht auf meiner Matratze herumwälzte, hatte ich einen Traum.

Ich segelte mit Walter Cronkite in der Chesapeake-Bucht. Die heiße Sommersonne glitzerte auf dem Wasser. Über uns kreischten die Möwen. Sein Gesicht war großväterlich, voller Kraft, Humor und Weisheit. Seine Haut glänzte wie die von Leuten, die viel segeln. Während er mit der Rechten das Ruder festhielt, wandte er sich mir zu und sagte: »Ich schreibe meine Autobiographie, Meggie.« Ich schaute vertrauensvoll zurück, lachte in die salzige Luft hinaus und erwiderte: »Ich auch! Und weißt du, wie

der Titel meiner Autobiographie lauten wird, Walt?« Er schüttel-
te den Kopf und lächelte in Erwartung meiner Antwort. »Die
wilde Liebe eines Wilden.« *Unser Lachen wehte über die*
schimmernden Wellen der sonnengewärmten See davon.

Es war ein kühler Morgen in Michigan. Mein Bett stand fest
auf dem Boden, während ich mich langsam wieder in Zeit
und Raum orientierte. *Die wilde Liebe eines Wilden* hörte sich
nach einem pikanten Liebesroman an. Ich wußte nicht so
recht, was das mit mir zu tun haben sollte, und stopfte mein
Unbewußtes zurück in die Ritzen des Bewußten, sprang
aus dem Bett und zündete eilends den Ofen an.

Das Haus wirkte so sauber und ordentlich wie schon lange
nicht mehr. Daher vermied ich es, mein Frühstücksgeschirr
im Spülbecken stehenzulassen. Nachdem ich das Zimmer
meiner Eltern gelüftet hatte, ließ ich die Wärme aus dem
übrigen Haus hinein. Die Steppdecken lagen exakt auf den
Betten, das Feuerholz war ordentlich in Körben gestapelt.
Das Feuer in den Kaminen brauchte nur noch angezündet
zu werden. Ich nahm einen Schmortopf zum Auftauen aus
dem Gefrierschrank und überprüfte noch einmal das Ta-
blett mit dem Besteck, um sicherzugehen, daß in der Nacht
keine Maus darübergehuscht war. Das Bad meiner Eltern
war blank gescheuert, und abgesehen von ein paar Kalk-
spuren, blitzte die Emaillewanne nur so. Jetzt konnten sie
kommen.

Im Traverse-Stadtkrankenhaus unterhielten sich die Angestellten über ihre Pläne für Thanksgiving. Viele der jungen
Patienten durften über den Feiertag nach Hause, und auf
der psychiatrischen Station herrschte eine Stimmung freu-
diger Erwartung. Kleine Verstöße gegen die Stationsord-
nung wurden großzügig übersehen. Die Ärzte waren damit

beschäftigt, alle ihre Patienten mit den angemessenen Medikamenten zu versorgen. Die Krankenschwestern achteten darauf, daß die Ärzte die nötigen Vorkehrungen trafen, ehe die Patienten nach Hause entlassen wurden.

Ich war früh fertig, so daß ich am späten Nachmittag zum Flughafen fahren konnte, um meine Eltern abzuholen. Durch die zahlreichen Thanksgiving-Besucher war der sonst ruhige Flughafen ungewöhnlich betriebsam. Der Geschenkshop mit seinen Kaugummis, Souvenirs und kleinen Ahornsirup-Flaschen wetteiferte mit der überfüllten Cafeteria.

Ein etwa vierjähriges Mädchen mit einem wippenden Lockenkopf übte sich vor den Sitzreihen des Wartesaals im Stepptanz. Ihre in einem Sessel sitzende Mutter schaute ihr teilnahmslos zu.

Von der Rolltreppe strömten immer mehr Menschen in die Wartehalle. Als die Maschine landete, breitete sich erwartungsvolle Erregung aus. Die Vierjährige hörte auf herumzuhopsen und starrte wie gebannt auf die Neuankömmlinge. Die Mutter begann, Haar und Kleidung der Kleinen glattzustreichen. Das Kind riß sich los und rannte an die großen Scheibe, von wo es im Dämmerlicht die Landebahn sehen konnte. Auch ich klappte mein Buch zu und ging hinüber, um in das schwindende Licht spähen. »Siehst du etwas?« erkundigte ich mich.

»Mein Papi kommt mit dem Flugzeug. Er war fort.« Sie sprach in der festen Überzeugung, daß ich ihren Papi kannte.

»Da freust du dich aber sicher!« Ich legte meinen ganzen kindlichen Enthusiasmus in diese Bemerkung.

Ein leichte Bewegung ihres Körpers hin zur Scheibe, ein kleiner Tropfen Traurigkeit in ihren Worten. »Aber Mami sagt, er kann nicht bleiben.« Als hätte sie zuviel gesagt, rannte sie, ohne mich anzusehen, zurück zu ihrer Mutter. Ich trug das Stigma ihres Bekenntnisses.

Die Jugendlichen im Krankenhaus, Falke und Slade, das kleine Mädchen und ihre gelangweilte Mutter, die den Vater des Kindes erwarteten, ja, die ganze Menschenmenge, die sich am Flughafen versammelt hatte – sie alle hatten eine Geschichte, die es wert war, erzählt und gehört zu werden. Ich erinnerte mich, wie Winona mir von der Spinne erzählt hatte, die alte Großmutter, die jeden Tag mit der Kenntnis des Netzes, das aus ihr selbst entstand, ein neues Netz spinnt. »Wir Zweibeiner leben nach einem Plan. Wir erkennen ihn aber erst am Ende«, hatte sie gesagt. »Wir stehen am Rand des Geschehens und warten und warten, daß sich uns dieser Plan erschließt, damit wir wissen, was wir zu tun haben. Aber *Iktomi*, die Spinne, weiß, daß das Netz sich entfaltet. Und wenn wir glauben, eine große Entscheidung zu treffen – oho! –, stellt sie sich als winziges Fädchen heraus. *Iktomi* ist es, die den Mut hat, über den Rand der Dinge hinauszugehen.«

Meine Überlegungen wurden unterbrochen, als die Menge zum Flugsteig strömte. Man hatte die Ankunft des Flugzeuges durchgesagt. Die Zeit des Wartens war vorüber; wie ein Luftzug beinahe am Boden zur Ruhe kommt, dann aber wieder emporgewirbelt wird, endet die eine Reise und eine neue beginnt.

24

UNSERE LIEBE FRAU VON ALLEN WILDEN WESEN

* * *

Artemis, die römische Diana, war die Göttin der Jagd und die Göttin des Mondes. Die großgewachsene, liebliche Tochter von Zeus und Leto streifte mit ihrem Gefolge von Nymphen und Jagdhunden durch die Wildnis von Wäldern, Bergen, Wiesen und Auen. Mit einer kurzen Tunika bekleidet, bewaffnet mit einem silbernen Bogen, den Köcher mit Pfeilen auf dem Rücken, war sie die Bogenschützin, die ihr Ziel niemals verfehlte.

Jean Shinoda Bolen
Göttinnen in jeder Frau

Kaum hatten wir den Flughafenparkplatz verlassen, wandte sich meine Mutter auch schon mir zu und fragte: »Was macht dein Liebesleben?« Die Groucho-Marx-Imitation mit hochgezogenen Brauen wollte ihr nicht so recht gelingen. Dabei musterte sie meine Kleidung. Was sollte ich sagen? Also schenkte ich ihr mein schönstes Lächeln.

Mein Vater, der mit der Weisheit seiner Jahre eine selektive Schwerhörigkeit entwickelt hatte, unterbrach. »Wie sieht die Auffahrt um diese Jahreszeit aus? Hältst du sie auch frei, damit eventuell ein Feuerwehrwagen durchkommt?« Er machte sich daran, seine Flucht aus den weiblichen Gefilden der Gespräche in die sichere Welt der Taten und Leistungen vorzubereiten. Er hatte praktische Aufgaben zu meistern. Ich versicherte ihm, daß ich die Straße räumte.

»Ist die neue Hilfskraft zuverlässig?«

»Er scheint sich auszukennen und verlangt auch nicht mehr als Olf. Außerdem arbeitet er doppelt so schnell.«

Mein Vater schüttelte betrübt den Kopf. »Ich glaube, Olf wird einfach zu alt für diese Arbeiten.« Natürlich verzichtete ich darauf, zu bemerken, daß mein Vater fünfzehn Jahre älter war als Olf. Wir sprachen die Liste der Sorgen meines Vaters von oben nach unten durch. Das war ein Ritual zwischen uns, eine Art verwandtschaftliches Beschnüffeln, bei dem mein Vater wieder seine Rolle als Anführer des Rudels einnahm.

War dies einmal geregelt, übernahm meine Mutter die Führung. In den Köpfen von uns Mädchen herrschte niemals ein Zweifel daran, wer in Wahrheit das Sagen hatte. Schon als Kinder hatten wir den Unterschied zwischen augenscheinlicher Autorität und realer Macht kennengelernt. Neben seiner Frau und seinen zwei Töchtern hatte mein Vater nie eine echte Chance in dieser matriarchalischen Familienordnung gehabt.

Mutter ging dazu über, mich über meine ältere Schwester, deren Mann und ihre drei Töchter – ihre Leistungen, ihre Sorgen, die Anekdoten, die die Lebensader einer Familie darstellen – zu informieren. Sie sprach von den neugeborenen Babys meiner Cousinen und Großcousinen und der Herkunft ihrer Namen, die an Onkel und Tanten aus ihrer Kindheit erinnerten. Sie band mich in den Zusammenhang der Familie ein und verknüpfte mich mit ihrem Netz. Diese ständig wiederholte, mündliche Geschichte unserer Familie vermittelte mir eine Zugehörigkeit und das Gefühl, daß mein Leben einen sinnvollen Hintergrund hatte, eine Geschichte, verbunden mit einem ganzen Zyklus anderer Geschichten. Vater war derjenige, der uns beibrachte, was zu tun war. Mutter brachte uns bei, wer wir waren.

»Hast du dich schon in jemanden verliebt?« forschte meine Mutter noch einmal.

Ich schüttelte den Kopf.

»Vielleicht war es keine so gute Idee, nach Chrysalis zu ziehen, Meggie. Du bist hier gesellschaftlich zu isoliert. Das bereitet mir Sorge.«

Mein Leben war nicht gerade eine Enttäuschung für sie. Sie fand es eher unfertig, unvollendet. Ich hatte von keinem Liebhaber zu berichten und würde ihr auch ganz bestimmt nicht von Jalenko erzählen. Ich hatte kein Baby, kein Kind, das einen Beweis für die Kontinuität meiner Absichten geliefert hätte. Es gab wenig, das sie anderen über mich berichten konnte, außer daß ich hart arbeitete und das ganze Jahr im kalten hohen Norden lebte. Danach fror die Unterhaltung buchstäblich ein.

Auf einer anderen Ebene der Mutter-Tochter-Beziehung wußten wir jedoch beide, daß ich eine ihrer alten Phantasien auslebte, in der eine Frau stark genug ist, allein und naturnah zu leben. Als ich noch klein war, las meine Mutter mir oft Geschichten über griechische Göttinnen vor. Meine Bewunderung bewegte sich stets zwischen Artemis, der Mutter aller wilden Wesen, die die Wildnis kannte und sich ohne die Hilfe eines Mannes ernährte, und der kultivierteren Athene, der Göttin der Weisheit. Als Mutter und Tochter einigten wir uns auf die vernünftigen Vorteile einer vermännlichten Athene – die berufstätige Frau. Die jungfräuliche Jägerin lauerte in unseren Schatten.

»Ich habe mit einem Schuß ein Baumstachelschwein erlegt, und Slade hat mir den Spitznamen Annie Oakley gegeben.

Dann habe ich das Tier ausgenommen, sein Fell von den Innereien getrennt, die Stacheln rausgezogen und den Balg getrocknet.«

Ich erwähnte nichts von dem Ekel, den ich verspürt hatte, nicht, wie ich mein Gesicht verzogen hatte, als ob das Tier einen schlechten Geruch verströmte, und nichts von dem Unwillen, mit dem ich der Aufgabe entgegengetreten war. Ich gestand nicht, wie übel ich mich beim Töten des Tieres gefühlt hatte. Ich bastelte ungeniert an meinem Mythos.

Mein Vater schien erfreut. »Mit einem Schuß?« Schon lange war er zu der Einsicht gelangt, daß ich – ungeachtet meines Geschlechts – alles sein konnte, was er sich für mich wünschte.

Die Unterhaltung während unserer Fahrt nach Norden in Richtung Suttons Bay trug zu meiner Wiederaufnahme in das Gespinst ihres Lebens, ihrer Wünsche, der alten verwandtschaftlichen Rituale, Träume und neuen Visionen bei. Als wir schließlich in die vertraute Auffahrt einbogen, versetzte sich Mutter in die Zeit ihrer Jugend zurück. Sie bemerkte den Silberahorn, den ihre Mutter gepflanzt hatte, und wie hoch die Zedern geworden waren. Vater richtete sein Augenmerk auf die nötigen Reparaturen an der Auffahrt, und ich versuchte, ihn zu beruhigen. Ich war ihre Führerin auf dem Rückweg durch die Jahre in die Magie von Chrysalis, die Hüterin, die alles in Ordnung hielt und die wartete – immer auf die Rückkehr der Familie wartete. Bei der Ankunft begrüßte meine Mutter Fritzie mit dem Überschwang, der im allgemeinen einem Enkelkind vorbehalten ist. Fritzie seinerseits umsprang sie mit grenzenloser Freude. Vater lud die Koffer aus. Mutter hängte sich bei mir ein und wollte ums Haus geführt werden. Einen Augenblick lang fürchtete ich, daß sie mich wieder über mein Liebesleben ausfragen wollte. Doch nein, ihre Augen blickten weit zurück in die Vergangenheit, auf all die Jahre, in denen sie das Haus mit ihrer Anwesenheit verschönt hatte. Sie drückte meine Hand und flüsterte dankbar in die Nacht: »Wie schön, wieder zu Hause zu sein!«

25

SICH DER VERNUNFT BEUGEN

* * *

... Ach, war für des Menschen Herz
Zu gehn mit der Dinge Getriebe
Es nicht soviel wie Verrat,
Nachzugeben Vernunft und ihm bliebe
Nur anzunehmen das End
Eines Jahres? Einer Liebe?

Robert Frost
Widerstreben

Am nächsten Morgen heulte ein starker Wind ums Haus, der die Kälte des Winters mit sich brachte. Ich heizte den Ofen an und entzündete den Kamin im Eßzimmer. Mein Vater war schon mehrere Stunden auf und las in seinen medizinischen Fachzeitschriften. Er schlief wenig, da er es nicht einsah, kostbare Zeit zu verschwenden. Wie gewohnt bereitete meine Mutter den Kaffee und das Frühstück. Ich war entschlossen, keine übertriebene Rücksicht auf ihre Vorherrschaft zu nehmen. Obwohl ich von mir behaupten konnte, das ganze Jahr auf Chrysalis gelebt zu haben, hatte es lange vor mir schon ihr gehört.

Ich rührte den Brötchenteig an, während sie die Eier kochte. Bald lockte der Duft frischen Kaffees und frischer Brötchen meinen Vater in die Küche. Als wir um den Frühstückstisch saßen, unsere kleinen Löffel vorsichtig in die Eierbecher tauchten und Brötchenkrümel auf unsere Teller fallen ließen, fragte mein Vater: »Mußt du heute morgen zur Arbeit?«

Ich schüttelte den Kopf, denn ich hatte mir freigegeben, um mit ihnen zusammenzusein.

Er schien sich zu freuen. »Ich möchte mir heute morgen die Arbeiten des neuen Mannes ansehen.« Ich wußte, er hatte außerdem eine Inventur seiner Werkzeuge im Sinn, um ihre Vollständigkeit zu überprüfen und sich zu vergewissern, daß Slade kein Dieb war.

Mutter und ich fuhren in die Stadt, um Vorräte für Thanksgiving einzukaufen. Bev und Coulter waren auch zu unserem Festessen eingeladen. Als ich wieder in meinen vor dem Supermarkt geparkten Wagen stieg, kletterte Winona gerade aus ihrem alten roten Truck. Ihr Blick streifte mich nur kurz und blieb dann an meiner Mutter haften, die gerade unsere Einkäufe in den Wagen packte. Ich lächelte und wedelte eine Kreisform beschreibend mit den Händen hinter meiner Mutter herum, was »meine Verwandte« bedeuten sollte. Winona nickte und ging grinsend in den Supermarkt.

Während der kurzen Heimfahrt schwieg ich, bis wir am Haus waren und die Einkäufe ausgeladen hatten. »Darf ich dir eine persönliche Frage stellen, Mama?«

Sie packte die Gemüse aus und verstaute sie im Gemüsefach des Kühlschranks. »Natürlich. Was möchtest du denn wissen?«

»Vater und du, ihr seid jetzt fast achtzig und wißt, daß der Tod nicht mehr weit ist. Wie fühlt ihr euch dabei? Habt ihr Angst vor dem, was kommt?«

Mutter legte den Kopfsalat ab, den sie gerade in der Hand hielt. »Hat Woody Allen nicht einmal gesagt, daß ihm die

Vorstellung, zu sterben, nichts ausmache. Er wolle nur nicht dabeisein, wenn es passierte?«

Ich ließ nicht locker. »Nein, im Ernst. Ihr habt immer Vertrauen zur Wissenschaft, zur Medizin gehabt. Was haben sie euch jetzt zu bieten, wo der Tod an Realität gewinnt?«

Ihre Stimme bekam einen pragmatischen Ton. »Dein Vater und ich sind für jeden Tag dankbar, den wir noch zusammen erleben dürfen. Wir wissen, daß es nicht ewig so weitergehen wird.«

Sie setzte sich an den Küchentisch und stützte das Kinn in die linke Hand. »Wir beide haben ein langes Leben gelebt und sind mit zwei wohlgeratenen Töchtern und drei Enkeltöchtern gesegnet. Ich kann nicht für deinen Vater sprechen, aber ich persönlich, nein, ich habe eigentlich keine Angst vor dem Tod. Es wird einsam, wenn man alle Freunde überlebt und in den Todesanzeigen nach ihnen Ausschau halten muß. Dein Vater glaubt, der Tod löscht uns einfach aus. Ich weiß es nicht. Aber ich weiß, daß für deinen Vater, müßte er sich jemals von seiner Arbeit zurückziehen, das Leben zu Ende wäre. Also sage ich ihm immer, wenn er davon spricht, aufzuhören und sich zur Ruhe zu setzen, daß er doch zu Hause gar nicht wüßte, was er mit sich anfangen sollte. Ganz zu schweigen davon, was ich die ganze Zeit mit ihm anfangen sollte.«

Ihr ging die Luft aus, sie verlor den Faden, schwieg und nahm ihn dann wieder auf. »Ich bin noch nicht soweit. Es gibt noch einige Orte, die ich gerne sehen würde – Neuseeland, Alaska, Thailand. Ich habe noch nicht mit dem Leben abgeschlossen!«

Ich pirschte mich weiter vor. »Ich habe eine Klientin, die sich auf ihren Tod vorbereitet.«

Mutter stellte die nächstliegende Frage. »Ist sie krank?«

»Nein, sie ist einfach bereit, loszulassen und zu sterben.«

Ich erwartete, daß Mutter diese Vorstellung abtun würde wie Bev. Aber meine Mutter hatte die Familie schon immer mit ihren Gedanken überrascht. Nachdenklich schaute sie sich in der Küche um. »Meine Mutter hat diesen Raum sehr geliebt. Er ist so gemütlich. Siehst du, Meggie, auch sie wußte, wann sie sterben würde. Sie kam aus Chicago zu mir in den Osten, um sich zu verabschieden, dessen bin ich mir heute sicher. Du hättest sie sehr gemocht. Sie hatte etwas von einer Visionärin – die Fähigkeit, Dinge zu sehen, noch ehe sie geschahen. In der Nacht, in der sie den schweren Herzanfall hatte, kroch sie die Treppe hinunter, um meinem Bruder die Haustür zu öffnen. Sie hat immer an uns gedacht. Aber sie wußte es, sie wußte es.«

»Würdest du den Zeitpunkt deines Todes gerne im voraus wissen?« fragte ich.

Mutter schüttelte den Kopf. »Ich glaube nicht. Ich würde zuviel Zeit mit Selbstmitleid verschwenden, anstatt mich zu amüsieren und die Welt zu entdecken. Aus diesem Grund ziehe ich die Gesellschaft jüngerer Menschen um die Sechzig vor. Alte Leute sind manchmal innerlich bereits tot, lange bevor ihr Körper aufgibt. Mir graust vor diesen Altenanlagen in Florida.« Sie sprach mit Widerwillen. »Die alten Menschen dort lassen häufig ihren Verstand auf unwürdige Weise zurück. Bei dem ganzen albernen Bridge-Gespiele und Getue werden sie infantil. Das Gehirn ist ein wundervolles Ding, Meggie, aber es muß in Bewegung gehalten werden.«

»Also würdest du das Nichtwissen vorziehen?«

Mutter betrachtete eine Sache jedoch immer von zwei Seiten. »Wenn ich wüßte, ich hätte nur noch sechs Monate zu leben, würde mir dieses Wissen die Gelegenheit geben, Dinge zu tun, die ich sonst vielleicht nicht tun würde.«

Das interessierte mich. »Was zum Beispiel?« fragte ich.

»Ich würde essen, was mir schmeckt. Vielleicht würde ich jeden Tag einen Becher Eis essen. Ich würde mitten am Tag ins Kino gehen und mir keine Sorgen machen, ob das nun einen Sinn hat oder nicht. Ich würde alle meine Zahnarzttermine absagen und alle meine BHs wegwerfen, außer denen, die ich beim Tennis tragen würde!«

»Eine ganz schön lange Liste, Mama.« Ihre Augen leuchteten bei dem Gedanken an diese Ausschweifungen. Aber sie war noch nicht fertig.

»Oh, und noch eins!« fügte sie hinzu.

»Was denn?«

»Ich würde hier heraufkommen, um neben meiner Mutter und meiner Großmutter begraben zu werden. Ich würde einen großartigen altmodischen Gedächtnisgottesdienst verfügen, bei dem meine Freunde nacheinander vortreten und bezeugen müßten, was für eine wunderbare Rolle ich in ihrem Leben gespielt hätte. Natürlich müßte die Feier vor meinem Tod stattfinden, so daß ich jeden köstlichen Augenblick genießen könnte!« Sie klatschte vor Begeisterung in die Hände.

Ich reagierte mit einem langen, selbstmitleidigen Gesicht auf ihre Ausgelassenheit. »Wenn ihr sterbt, werde ich Waise, ohne Anhang, ohne eine eigene Familie und die nächste in der Reihe der Generationen, die ins Grab marschiert.«

»Also wirklich, Meggie, du machst dir ja selber angst mit deinen Vorstellungen. Die Bedeutung des Todes liegt darin, dich daran zu erinnern, keine einzige kostbare Minute deines Lebens zu verschwenden. Ohne den Tod hätte das Leben keine Intensität und keinen Wert. Es hilft natürlich, einen Gefährten zu haben, mit dem man die rauhen Strecken des Weges meistern kann.« Sie warf mir einen vielsagenden, mütterlich besorgten Blick zu.

26

DAS THANKSGIVING-DINNER

* * *

Ich erwache zum Schlaf, ein langsames Erwachen,
ich spüre mein Schicksal, wo ich nichts fürchten kann.
Ich lerne, indem ich gehe, wohin ich gehen muß.

Theodore Roethke
The Waking

Der Duft des gebratenen Truthahns lag noch in der Luft, als mein Vater uns noch ein Glas Weißwein einschenkte. Unsere Teller wirkten wie kleine Friedhöfe mit Truthahnknochen, Süßkartoffelschalen, ein oder zwei vergessenen Erbsen und dem niedergelegten Besteck. Die Unterhaltung war jedoch nicht beendet. Coulter tauschte Börsentips mit meinem Vater aus, während Bev meine Mutter und mich mit der Schilderung eines sechsstündigen Ausritts amüsierte, den sie unternommen hatte, nachdem sie drei Jahre auf keinem Pferd gesessen hatte. Als Bev endlich wieder festen Boden unter den Füßen hatte, machte die Führerin sich über Bevs steifen Gang lustig. »Um ehrlich zu sein – sie hat vor der ganzen Gruppe verkündet, ich sähe aus, als hätte ich die Nacht mit einem guten Mann verbracht!« Bev warf einen Blick auf meine Mutter, um sich zu versichern, daß diese nicht pikiert war, doch Mutter und ich brachen in brüllendes Gelächter aus.

Alle waren dafür, unseren Mägen eine Pause zu gönnen, bevor wir uns an die drei Thanksgiving-Torten machten. Mit einer großzügigen Geste, die darauf zielte, Bev und meine Mutter zu beeindrucken, bot Coulter an, das Geschirr zu waschen. »Warum kannst du nicht so einen Mann finden?« flüsterte Mutter mir ins Ohr.

Bev schlug vor, daß wir beide uns bei einem Spaziergang etwas Bewegung verschaffen sollten. Wir zogen uns warm an, riefen Fritzie und gingen durch die Hintertür hinaus. Coulter winkte uns zum Abschied zu. Er hatte eine Schürze umgebunden und schwenkte seinen Schwamm wie einen Taktstock. »Macht's euch schön, Mädels. Ich habe Wichtigeres zu tun«, parodierte er Jalenko.

Lachend gingen wir hinaus.

»Ein selbstbewußter Mann kann es sich leisten, den Clown zu spielen, Bev.«

Bev nickte und hüllte sich in ihre Jacke, so daß ihr Kinn bedeckt war. Die Kälte kondensierte unseren Atem zu Dampf. Wir gingen rasch, um uns Bewegung zu verschaffen. Schließlich war das Haus außer Sichtweite. Bis dahin hatte Bev geschwiegen. »Coulter möchte mit dir über etwas reden, weil du meine beste Freundin bist.«

»Über was denn?« fragte ich.

»Ich weiß nicht. Er will es mir nicht sagen. Aber es scheint wichtig zu sein. Meggie, ich glaube, er möchte mich heiraten.«

»Aber ihr habt euch doch gerade erst kennengelernt«, warnte ich.

»Das stimmt, dennoch habe ich überhaupt keine Bedenken. Ich würde sofort ja sagen. Ich habe lange auf einen Mann wie ihn gewartet. Er fühlt sich von meinen Stärken nicht bedroht. Er kann kochen. Er hat ein wunderbares Lachen und Freude am Leben. Er ist stark, aber was mich angeht, ist er

auch verletzlich. Als Liebhaber ist er gelassen und geduldig. Er ist wunderbar und ...«

»Und ich glaube, du hast vor, meine liebe Bev, ihn zu deinem Mann zu machen.«

Sie lächelte und errötete. Ich hatte sie nie zuvor rot werden
sehen. Boshaft fragte ich: »Und was ist mit dem Fisch ohne
Fahrrad?«

»Ach, das!« Wir sprachen von dem Aufkleber auf ihrer
Stoßstange. »Na ja, vielleicht sollte auch ein Fisch mal den
Versuch wagen«, fügte Bev nachdenklich hinzu.

Wir gingen weiter. Ich fühlte mich wohl im Abglanz ihres
Glücks. »Was mir am besten an Coulter gefällt, ist, daß er
dich so offensichtlich liebt. Man sieht das an den kleinen
Aufmerksamkeiten, die er dir erweist. Daß er dir beispielsweise jetzt die Zeit zu diesem Spaziergang gönnt. Er bean-
sprucht das, was du bist, nicht für sich. Die Gleichberechtigung hat ihn nicht in seiner Männlichkeit verunsichert, wie
so viele Männer, die ...«

Bev ergänzte die fehlenden Worte. »... glauben, sie hätten
keine Wahl. Entweder Macho oder Waschlappen. Wie öde!
Coulter ist ganz anders. Er hat Freude daran, ein Mann zu
sein, und dadurch läßt er mir genügend Raum, eine starke Frau zu sein, aber ich entdecke, daß mir auch seine Be-
schützerrolle gefällt. Wahrscheinlich habe ich hinter meinem starken, unabhängigen Äußeren auch eine schwache
Seite.«

»Jedes Extrem findet seinen Ausgleich.« Schweigend gingen wir weiter, voll Hochachtung vor der Entwicklung, die
wir in uns als Frauen sahen. In Ablehnung einer stereoty-
pen Frauenrolle hatten wir uns mit unseren Vätern und ihren Leistungen identifiziert. So waren wir stark geworden
und hatten die männliche Energie in uns entdeckt. Doch als

Feministinnen zahlten wir auch einen Preis. Wir hatten eine Generation von Männern abgeschreckt, sie mit unserem Zorn und unseren Forderungen nach Verständnis vertrieben. Wir hatten uns mit unseren Schwestern zusammengeschlossen, doch in den einzelnen Herzen herrschte tiefe Einsamkeit.

Coulter war der Prinz, der hoch zu Roß und ohne Umstände die in meiner Freundin schlummernde Schönheit mit einem Kuß zum Leben erweckt hatte.

Bev unterbrach meinen Gedankengang. »Über was er wohl mit dir reden möchte?«

»Vielleicht will er mich fragen, wie er dir auf möglichst romantische Weise einen Heiratsantrag machen kann? Um die Meinung einer Frau zu hören?«

Sie schüttelte den Kopf. »Glaube ich nicht. Es muß irgend etwas sein, das ihn beunruhigt. Versprich mir, daß du mir alles erzählst, was er sagt.« Sie warf mir einen beschwörenden Blick zu.

Inzwischen waren wir wieder am Haus. Nach dem Dessert wandten sich Mutter und Bev einem altmodischen Holzpuzzle zu, während Coulter und ich uns zu einem Gespräch unter vier Augen in die Küche zurückzogen. Zum erstenmal schienen Coulter die Worte zu fehlen. Er wußte nicht, wie er anfangen sollte.

Ich versuchte, ihm zu helfen. »Bev sagte, du würdest gerne mal mit mir sprechen.«

Er nahm ein Geschirrhandtuch und begann, geistesabwesend damit zu spielen. Er schien verlegen und wich meinem Blick aus. »Ich werde sie bitten, mich zu heiraten. Das habe ich noch nie gemacht. Aber ich muß ihr zuerst etwas sagen und weiß nicht, wie. Du bist ihre beste Freundin und kannst mir vielleicht einen Rat geben.«

Ich merkte, daß ihm das Gespräch schwerfiel.

»Du findest das vielleicht lächerlich, Meggie, aber ich habe die meisten Frauen, die ich kennengelernt habe, nicht besonders gemocht. Ich fand sie unkonzentriert, herrschsüchtig und unfähig, mit Macht umzugehen, ohne hysterisch zu werden. Oder sie wirkten wie Miniatur-Männer auf mich – aggressiv, laut und ohne Mitgefühl. Offen gesagt habe ich mich in der Gesellschaft von Männern immer viel wohler gefühlt. Das tue ich immer noch, aber ...«

»Aber was?« Es war meine Aufgabe, das Gespräch in Gang zu halten.

»Aber Bev ist anders. Du bist anders. Deine Mutter ist anders. Vielleicht liegt es auch daran, daß ich mich verändert habe. Wenn ich mir alte Fotos von mir betrachte, gefällt mir das, was ich sehe, gar nicht mehr.«

»Was siehst du denn?«

»Ich sehe einen Mann, für den seine Sinnlichkeit die Hauptsache ist. Rastlos. Ohne Bezugspunkt. Wenn ich hingegen die Fotografien betrachte, die Bev und ich zusammen aufgenommen haben ...«

»Ja?«

Coulter rutschte auf seinem Küchenstuhl herum. »Es ist, als wäre ich endlich zu Hause angekommen. Bev ist wie ein Anker für mich. Aber ich muß ihr doch meine Vergangenheit erklären.«

Ich setzte mich zu ihm. Coulter näherte sich einem heiklen Thema.

»Meggie, den größten Teil meines Lebens habe ich meine Zeit am liebsten in Gesellschaft von Männern verbracht. Ich wollte herausfinden, wer ich als Mann unter Männern war, und experimentierte eine Weile herum. In dieser Zeit hatte ich auch sexuelle Beziehungen zu Männern. Es machte mir auch Spaß, mit Frauen zu schlafen, aber ich nahm sie nie so ernst, daß ich ein Leben mit ihnen hätte aufbauen können. Wegen des homosexuellen Aspekts in meinem Leben fühlte ich mich äußerst schuldig und hielt ihn, wie die meisten meiner Freunde, geheim. Wenige von meiner Hetero-Freunden ahnten etwas, denn ich schlief ja auch mit Frauen. Jetzt habe ich den ganzen Kram satt.«

»Die Homosexualität?« Ich war verwirrt.

»Nein, die Promiskuität. Ich fand nicht, was ich suchte.«

»Hast du es jetzt gefunden?« Als Romantikerin erwartete ich, daß Coulter die Veränderungen in seinem Leben auf Bev zurückführte. Das tat er aber nicht.

»Ja und nein. Vor vier Jahren hatte ich einen schweren Autounfall, den ich beinahe nicht überlebt hätte. Man könnte sagen, ich hatte eine Nah-Tod-Erfahrung. Doch zum Glück führte mir der Unfall vor Augen, daß mein Dasein mehr als nur eine Nah-Lebenserfahrung war.

Mein ganzes Leben lang hatte ich nach äußerer Bestätigung gesucht. Ich glaubte, vielleicht würde mir ein Lehrer, ein mir überlegener Mann, den Weg weisen oder daß ich mich durch beruflichen Erfolg verwirklichen könnte. Doch ich wurde ständig enttäuscht. Der Lehrer erwies sich als untüchtig; der Überlegene als unzulänglich, und die Arbeit dauerte nur von neun bis fünf.

Als ich mit dem Kopf gegen die Windschutzscheibe des Wagens prallte und das Glas in alle Richtungen stob, zerbrach auch etwas in mir. Wenn ich dem Tod so nahekommen konnte, dann konnte ich doch gewiß auch den Mut aufbringen, dem Leben genauso nahezukommen. Niemand würde je in der Lage sein, mein Leben an meiner Stelle zu leben.

So wurde ich mein eigener Lehrer, führte ein Leben ohne

Garantien. Ich fühlte mich völlig allein, ohne Netz und doppelten Boden. Ich hätte Einsiedler werden können.«

»Aber?« Ich hatte keine Ahnung, wohin Coulters Geschichte führte.

»Aber ich habe einen angeborenen Sinn für Humor, Meggie, der mir diese Art von Rückzug nicht gestattete. Meine eigene Ernsthaftigkeit brachte mich zum Lachen. Das Leben ist zu amüsant, um sich daraus zurückzuziehen. Wie Popeye so schön sagt: ›Ich bin, wat ich bin.‹ Und damit habe ich meinen Frieden geschlossen.«

»Und du hast in diesem Frieden auch der Liebe einen Platz eingeräumt, Coulter. Aber steht das nicht im Widerspruch zu deiner Vorstellung von Einsamkeit?«

Coulter kam auf seine Bedenken wegen Bev zurück. »Ihre mögliche Reaktion auf die Tatsache, daß ich mit Männern geschlafen habe, beunruhigt mich. Vielleicht wird sie mich als pervers oder einen potentiellen Aidsträger ansehen? Ich will sie nicht belügen. Außerdem schäme ich mich nicht oder fühle mich besonders schuldig. Aber ich liebe diese Frau, Meggie, und möchte sie heiraten. Sie soll mich jedoch nicht mitleidig und mit den Augen einer Psychologin betrachten. Sie muß wissen, daß ich nicht schwul bin. Ich bin auch nicht heterosexuell. Ich bin ich.«

Eine Frage lag in der Luft. »Wirst du ihr treu sein, Coulter, ohne nach links oder rechts zu schauen?«

Er sah mich scharf an. »Also, Meggie, eines kann ich garantieren – ich werde nach links, nach rechts, nach oben und nach unten sehen, aber« – er grinste breit – »ich gebe dir mein großes Pfadfinderehrenwort, daß ich keinen Mann, keine Frau und kein Tier berühren, streicheln oder begatten werde, deren Namen nicht Bev Paterson lauten. Bist du nun zufrieden?«

Natürlich war ich das. Allerdings wußte ich auch, daß sein Geständnis sie belasten würde. Coulter war ihr so vollkommen erschienen, doch immerhin erlangt ein Mensch einen solchen Grad an Reife nicht ohne ein gewisses Ausmaß an schmerzlicher Erfahrung. Mit der Zeit würde sie das begreifen.

Kurz bevor die beiden mit vollen Bäuchen zu ihrer Aussprache nach Hause gingen, erzählte ich ihnen eine persische Geschichte über den großen Lehrer Nasrudin.

Nasrudin kriecht, offensichtlich auf der Suche nach etwas Wichtigem, im Schmutz vor seinem Haus herum. Einer seiner Schüler kommt des Wegs und sieht seinen Lehrer im Staub knien. »Meister Nasrudin, habt Ihr etwas verloren?« erkundigt er sich.

»Ja, meinen Schlüssel«, erwidert Nasrudin.

Daraufhin fragt der Schüler: »Also, habt Ihr ihn hier, vor dem Haus, verloren?«

Doch Nasrudin deutet auf sein Haus und sagt: »Nein, ich habe ihn dort drinnen verloren.«

Der Schüler ist völlig entgeistert. »Aber, Nasrudin, warum sucht Ihr den Schlüssel dann hier im Staub und nicht im Haus?« fragt er.

»Weil es dort drinnen dunkel und hier draußen hell ist«, antwortet Nasrudin.

Bev schaute verdutzt drein, sah ratlos zu Coulter hinüber und schloß aus seinem Gesichtsausdruck, daß die Geschichte mit unserer Unterhaltung in der Küche zu tun hatte. Bald würde auch sie Bescheid wissen. »Ich ruf dich nachher an und erzähl dir alles«, flüsterte sie mir zu.

Coulter umarmte mich wie ein Bär. »Zuerst beichte ich ihr alles, und dann mache ich ihr heute abend noch einen Heiratsantrag. Danke für deine Geschichte und dafür, daß du mir dein Ohr geliehen hast, und für dein Verständnis. Ich wünschte, ich hätte einen Zwillingsbruder«, flüsterte er. Er umarmte mich noch einmal liebevoll.

Lachend stieß ich ihn zurück: »Anschauen erlaubt, berühren verboten!«

27

BLINDHEIT

* * *

Blind
in seinem hohlen Gang
sucht der Maulwurf mit vier Krallen
Würmer anzufallen.

Blind
am Abendhimmel
schweben Fledermäuse sacht
im taumelnden Gewimmel.

Blind
am hellen Tag
verpaßt die Eule
wo die Beute lag.

So blind
wie diese drei für mich
so blind
erscheine manchem ich.

Walter de la Mare
All but blind

Bev rief mich am Donnerstagabend nicht mehr an. Auch am Freitag hörte ich nichts von ihr. Ich verbrachte meine Zeit damit, an die Beziehung zu meinen Eltern anzuknüpfen. Vater und ich schlugen einen kurzen Weg frei, der durch den Wald zu einem Aussichtspunkt mit Blick auf die bewegte Bucht führte. Der Wind wurde stärker, und meine Eltern fürchteten, daß noch während ihres Besuches ein Sturmtief aufziehen könnte. Mit zunehmendem Alter traten ihre Besorgnisse deutlicher hervor. Sie fühlten sich den Gefahren des Alltags physisch immer weniger gewachsen und überlegten, ob sie nicht schon einen Tag früher abreisen sollten. Ich war eigentlich noch nicht bereit, sie ziehen zu lassen. Wir beschlossen, die endgültige Entscheidung dem Fernsehwetterbericht am Samstagmorgen zu überlassen.

Schnee, Schnee und nochmals Schnee, über die Plains nach Nordosten getrieben, hieß es. Nach dieser düsteren Voraussage reservierten meine Eltern Tickets für den nächsten Flug, ließen sich von mir zum Flughafen fahren und verabschiedeten sich. Ihre Abreise betrübte mich, denn ich wußte, es konnte ihr letzter gemeinsamer Besuch gewesen sein. Sie winkten mir zum Abschied aus dem Flugzeug zu, bevor es abhob und gen Süden davonflog.

Traverse City verbarrikadierte sich, um dem drohenden Sturm zu trotzen. In den Lebensmittelgeschäften wimmelte es vor Kunden, die Vorräte kaufen wollten. Auch ich belud meinen Wagen mit Lebensmitteln, Hundefutter und Taschenlampenbatterien und machte mich dann auf den Weg nach Suttons Bay. Unglücklicherweise waren Katya und Paul Tubbs, meine Nachbarn, in Urlaub, und ich mußte jemand anderen mit einem Schneepflug finden, der meine Auffahrt freischaufeln konnte, falls der Schneesturm wirklich das angekündigte Ausmaß annehmen sollte. Ich hatte es eilig, nach Hause zu kommen.

Der Wind an der Traverse-Bucht nahm ständig zu, während

ich in Richtung Heimat fuhr. Möwen segelten und schossen in kühner Akrobatik auf den wechselnden Auf- und Abwinden dahin, rauhe Böen rüttelten an meinem Wagen. Ich mußte mich anstrengen, das Auto unter Kontrolle zu halten und nicht über die Mittellinie zu geraten.

Sicher zu Hause angelangt, lud ich die Lebensmittel aus, machte Fritzie los und ging den neuen Weg zum Aussichtspunkt hinauf, um den aufgewühlten Michigansee zu betrachten. Vom Wind gerüttelt, verneigten sich die Bäume wie chinesische Kurtisanen vor dem Kaiser. Ich zog mich ins leere Haus zurück. Eine Tasse Tee und ein Anruf bei Bev standen auf dem Programm.

Dachte ich. Erst nach dem vierten Klingeln, als ich schon auflegen wollte, meldete sich Bev.

»Nun?« fragte ich, ohne meinen Namen zu nennen. Sie wußte, daß ich es war und warum ich anrief.

»Ich habe mir gedacht, daß du es bist, Meggie.« Sie versuchte, Zeit zu schinden.

»Nun?« Ich würde sie nicht so einfach davonkommen lassen.

Bev schien genervt von meinem Anruf. Sie wirkte aber auch unzufrieden mit sich selbst. Ihre Stimme klang desillusioniert. Sie seufzte. »Also, er hat zugegeben, daß er dir alles gesagt hat. Jetzt möchtest du wahrscheinlich wissen, was ich zu ihm gesagt habe.«

Ich schwieg, um ihr Zeit zu lassen.

»Ich habe ihm gesagt, daß sich nun vieles verändert hat. Daß ich lange nachdenken müsse, bevor ich in eine Ehe einwilligen könne, und ihn eine Weile nicht sehen wolle.«

Sie wartete auf eine Antwort. Ich traute mich nicht, sie zu geben.

»Findest du mich feige, Meggie?« drängte mich Bev.

Ihre Frage ignorierend, erkundigte ich mich: »Wie hat Coulter reagiert?«

»Er wirkte gekränkt und war sehr still. Er habe eine solche Reaktion von mir befürchtet. Er liebe mich, aber wenn die physische Liebe ein Problem darstelle, könne er mich auch ohne das lieben. Er wolle mir Zeit für eine Entscheidung lassen. Er sei auch bereit, unserer Beziehung Zeit zu geben, aber …« Bev begann zu schluchzen und konnte ihren Satz nicht zu Ende führen.

»Aber was, Bev?«

Sie konnte kaum sprechen. »Aber er könne es nicht ertragen, aus meinem Leben verbannt zu werden. Er hat wörtlich ›verbannt‹ gesagt. Ich kam mir wie eine Königin vor, die einen Untertan bestraft.«

»Was hast du dazu gesagt?« Ich hatte kein besonderes Zutrauen zum gesunden Menschenverstand meiner Freundin.

»Ich habe ihm gesagt, ich bräuchte diese Distanz, um meine Gedanken zu sammeln. Bis zu diesem Punkt hatte er sich unheimlich verständnisvoll verhalten, Meggie! Ich glaubte, er verstünde meine Gefühle, aber auf einmal wurde er wütend. Während dieses Gesprächs hatten wir die ganze Zeit händchenhaltend auf der Couch gesessen, doch plötzlich sprang er auf und stieß meine Hand beiseite. Ich könne ihn anrufen, wenn ich bereit sei, eine ernsthafte Beziehung zu ihm einzugehen. Er nannte mich grausam und gefühllos, nur weil ich ihn eine Weile nicht sehen wollte. Dann schlug er die Tür hinter sich zu. Seitdem habe ich nichts von ihm gehört.« Sie klang enttäuscht.

In diesem Moment empfand ich so viele Dinge, von denen nur wenige hilfreich oder tröstlich für meine Freundin gewesen wären. Mich ärgerten ihre spröde Eingeschnapptheit und ihre Unsensibilität für Coulters Schmerz. Wo war die starke Feministin von einst, die nie und nimmer in einen solchen Zustand der Hilflosigkeit geraten wäre? Sie tat mir überhaupt nicht leid – nicht gerade die Unterstützung, die Bev von mir gebraucht hätte. Es schien ungefährlicher, Fragen zu stellen, als Meinungen abzugeben. »Was wirst du nun tun?« fragte ich.

»Warten.«

»Auf was, Bev?« Ich bemühte mich, meine Stimme neutral klingen zu lassen.

»Darauf, daß er mich anruft und sich für seinen Ausbruch entschuldigt. Das hatte ich wirklich nicht verdient!« Sie klang aggressiv. Wahrscheinlich spürte sie meine stumme Verärgerung.

»Ich glaube, da kannst du lange warten, Bev. Vielleicht für immer. Er hat seinen Stolz und ist bereit, zu warten, solange du bereit bist, eine Beziehung mit ihm zu versuchen. Wenn du dich in dich selbst und deine verkopfte Analyse zurückziehst, bedeutet das für ihn, daß du ihn nicht mehr liebst. Du liebst nur das Bild, das du von ihm hast. Das weißt du ganz genau; ich weiß es, und er weiß es auch. Er ist ein lebendiger Mensch, Bev, und er hat eine lebendige Reaktion von dir verdient. Ich sage dir das in aller Freundschaft.«

Es knackte zweimal im Telefon. »Ich muß aufhören. Jemand versucht anzurufen. Vielleicht ist es Coulter.« Bevs Stimme war voller Hoffnung.

Ich behielt meine Zweifel für mich. »Also, wir sprechen später weiter«, sagte ich und legte auf.

Vor der Hintertür kläffte Fritzie und begehrte Einlaß. Es hatte bereits begonnen zu schneien, und zarte weiße Kristalle zierten seine schwarze Schnauze. Ich ließ ihn in die Küche. Er trabte genau in die Mitte, schüttelte sich, bis sich jeder nur mögliche Tropfen aus seinem Fell auf dem Küchenboden befand, und danach harrte er erwartungsvoll der kaiserlichen Massage mit einem alten Handtuch. Er hatte mich gut erzogen und streckte in schierer Wollust alle viere von sich, während ich ihn mit dem Handtuch abrieb. Nach der Massage holte ich den Schrubber und rückte dem verschmierten Linoleum zu Leibe. Fritzie stürzte sich knurrend und drohend auf den Schrubber. Jedesmal wenn ich ihn in seine Richtung schob, schlitterte er rückwärts, da seine Pfoten keinen Halt auf dem glatten Boden fanden. Schließlich erklärte ich ihn zum Sieger der Schlacht und stellte seinen Feind wieder in den Besenschrank. Fritzie schien enttäuscht vom schnellen Ende der Schlacht.

Vor den Fenstern auf der Südseite war außer dem treibenden Schnee nichts mehr zu sehen. Ein schwerer Sturm zog heran. Das Haus war in gutem Zustand und konnte einem Blizzard trotzen, aber die Auffahrt war lang und kurvig. Die Nachbarn mit dem Schneepflug waren nicht zu Hause. Wenn ich keinen Ersatz finden konnte, war ich aufgeschmissen. Ich rief Olf an, sprach mit einem seiner Enkel und hinterließ eine Nachricht.

Den ganzen Nachmittag schneite es heftig weiter. Gegen Abend riefen meine Eltern an, um mir zu sagen, daß sie gut angekommen waren, und um sich nach der Stärke des Sturms zu erkundigen. Ich erzählte ihnen, daß sie den ersten richtigen Blizzard in diesem Jahr verpaßt hatten und ich auf dem Rückweg vom Flughafen einen Vorrat an Lebensmitteln und Taschenlampenbatterien eingekauft hatte.

Fritzie und ich gingen früh zu Bett. Der Blizzard tobte die ganze Nacht. Der Wind und das Gewicht des Schnees rissen Strom- und Telefonleitungen zu Boden. Am nächsten Morgen schlief ich lange, ohne zu bemerken, daß mein elektrischer Wecker tot war, verstummt in einer zu Eis erstarrten Welt. Die Heizung wurde rasch kalt, aber der Ofen verströmte getreulich seine Wärme. Von der Auffahrt war nichts mehr zu sehen.

Draußen schneite es weiter.

28

DER SCHNEESTURM

* * *

*Helden gehen auf Reisen, ringen mit Drachen und entdecken den
Schatz ihres eigenen Ich. Auch wenn sie sich auf ihrer Suche sehr
einsam fühlen, steht am Ende als Belohnung ein Gefühl der Ein-
heit mit sich, mit anderen Menschen und mit der Erde. Immer
wenn wir dem Tod-im-Leben begegnen, begegnen wir einem
Drachen, und jedesmal wenn wir uns für das Leben vor dem
Nicht-Leben entscheiden ... besiegen wir den Drachen; wir
schenken uns und unserer Kultur ein neues Leben.*

Carol Pearson
Die Geburt des Helden in uns

Ich schlief bis etwa neun Uhr, und auch Fritzie schlief
lange. Die Welt war elektrisch tot. Die üblichen Geräusche
draußen waren im fallenden Schnee erstickt. Fritzie verschwand erst einmal, als er sich in den Hof katapultierte,
um die Begrenzung zu finden; er kam nur langsam und
durch abrupte Sprünge von einer Stelle zur nächsten.
Schneewehen bedeckten den Holzstapel auf der Veranda.
Es dauerte eine Weile, bis ich ein paar Scheite für den Ofen
herausgezerrt hatte.

Das Frühstück fiel trocken und kalt aus: der Toaster, der
Herd, die Kaffeemaschine – tot. Ich hob den Telefonhörer
ab, um meine Nachbarn anzurufen. Nicht einmal das Frei-
zeichen ertönte. Ich mußte jemanden finden, der die Auf-

fahrt freischaufelte. Das nächste Telefon unterhalb vom Haus der Tubbs' lag mindestens drei Kilometer entfernt. Auf dem Dachboden hing ein Paar Schneeschuhe, das älter war als ich. Es wäre eine gute Gelegenheit, sie auszuprobieren.

Fritzie bellte an der Hintertür. Von oben bis unten mit Schnee bedeckt, ähnelte er eher einem weißen Pudel als einem Foxterrier.

Warm angezogen mit Pullover und Anorak schnallte ich mir die Schneeschuhe an, schnappte mir eine flache Schaufel von der Veranda und stürzte mich ins Schneetreiben. Es war ein vergebliches Unterfangen, den Schnee um die Türen herum wegschaufeln zu wollen, besonders dort, wo die Schneeverwehungen fast anderthalb Meter hoch waren. Ich schippte den Schnee in den Hof, aber der Wind trieb ihn sofort wieder zurück. Die Schneeböen vom See rissen einen Fensterladen im zweiten Stock los, der unaufhörlich gegen das Haus schlug.

Das Schlagen des Fensterladens, Fritzies Gebell, das schnelle Verschwinden der freigeschaufelten Pfade und die Abgeschlossenheit von der äußeren Welt beunruhigten mich und zerrten an meinen Nerven. Ungeachtet der Tatsache, daß man in dieser weißen Wüste kaum einen Meter weit sehen konnte, beschloß ich, mich zu den Nachbarn durchzuschlagen. »Das wird ein Abenteuer!« erklärte ich Fritzie. Wahrscheinlich hielt er mich für verrückt.

Auf der dünnen Kruste des Schnees fanden die schlecht passenden Schneeschuhe kaum Halt. Ich bereute es bald, Fritzie mitgenommen zu haben. Unser Weg die Auffahrt hinunter war beschwerlich und langsam. Fritzie versank dauernd in den Schneeverwehungen, wenn er in meine Spuren stolperte. Die Äste der Bäume hingen schwer von

Schnee herab. Ich hielt den Kopf zwar gesenkt, dennoch peitschten die Böen eisige Nadeln in mein Gesicht. Wir stapften und wankten den ersten Hügel und drei Biegungen der Zufahrt hinunter. Ein Riemen meiner Schneeschuhe riß ab. Mit Fritzie dicht hinter mir kniete ich nieder, um ihn zu befestigen. Außer dem Heulen des Windes war nichts zu hören. Ich sah die Gefahr nicht einmal kommen.

Hoch oben, beladen mit Eis und Schnee, brach ein großer Birkenzweig ab und schoß wie eine Rakete auf die Stelle hinunter, an der ich arglos an meiner Bindung herumhantierte. Es krachte, und ich spürte einen Schlag auf den Kopf, der mich zu Boden streckte und Fritzie um Haaresbreite verfehlte. Der schwere Ast hätte ihn töten können.

Rot explodierte es in meinem Kopf, die Welt und die weißen Wehen um mich herum schwankten, dann herrschte Dunkelheit. Ich weiß nicht, wie lange ich dort ausgestreckt am Boden lag. Lange genug jedenfalls, um den Schnee mit dem Blut aus meiner Wunde am Kopf zu tränken. Fritzie leckte wie verrückt mein Gesicht. Bis zum heutigen Tage bin ich überzeugt, daß es der Gestank seines Atems war, der mich wieder ins Bewußtsein holte. Ich wünschte mir, im Schnee zu ruhen, zu schlafen, wenn sein Atem nur nicht so widerlich und faulig gerochen hätte. Unerträglich. Ich stemmte mich auf alle viere hoch.

Eine Welle von Schmerz überwältigte mich. Mein Magen rebellierte, und ich würgte. Mir war bewußt, daß ich in Gefahr war. Um ein Zeichen bettelnd, sprang Fritzie mich an. Mein Kopf pochte wild, und mein Anorak wurde immer blutiger. Ich mußte versuchen, die Blutung zu stillen. Nachdem ich die Schneeschuhe abgestreift hatte, kroch ich unter dem Ast hervor. Mir schwindelte. Ich taumelte etwa fünf Schritte zur anderen Seite der Zufahrt und sank wieder in den Schnee. Ich riß mir den Wollschal vom Hals, legte ein Stück Schnee in seine Mitte und wickelte ihn um die Wunde an meinem Kopf. Diese Handlung erschöpfte mich. Ich erbrach mein Frühstück, wodurch die Wunde noch stärker blutete. Mit letzter Kraft nahm ich den panischen Fritzie in die Arme, um mich zu trösten, rollte mich in der Schneewehe um ihn und wartete auf ein Nachlassen der Schmerzen. Fritzie seufzte und wurde eigentümlich still.

Genau das, vor dem meine Freunde aus der Stadt mich immer gewarnt hatten, war eingetreten. Ich lag hilflos und verletzt im Schneesturm, und niemand wußte, daß ich ganz allein war. Doch der Schmerz war so groß, daß ich mich weder fürchtete noch die Gefahr erkannte, in der ich mich befand. Wahrscheinlich war ich bereit zu sterben, denn mein Kopf tat so schrecklich weh. Bald war der Schal um meinen Kopf blutgetränkt. Ich weiß nicht, ob es am Blutverlust, an der Wärme von Fritzies Körper oder dem Schmerz in meinem Kopf lag, aber ich schlief ein, während der Schneesturm um mich wirbelte und mich in eine weiße Decke einhüllte. Es wäre eine friedliche Art gewesen, das Leben zu beenden, ganz sanft in die Bewußtlosigkeit hinübergleitend. Ich hörte nicht einmal den Motor des Trucks, der die Zufahrt hinauffuhr.

Aus weiter Ferne vernahm ich Fritzies hohes, kleines Bellen. Ich hatte nur bemerkt, daß er aus meinen Armen geschlüpft war. Die äußere Welt wurde immer verschwommener, während sich Bewußtlosigkeit wie eine weiche Decke über mich senkte. An meinem Bett sitzend, erzählte mir Slade später, was geschehen war.

»Ich hatte mir von Olf den Schneepflugaufsatz geliehen, um seine Kunden während des Sturms auszugraben. Ich wollte Sie am Nachmittag anrufen, um zu fragen, ob ich bei

Ihnen räumen soll. Um die Mittagszeit hatte ich das seltsame Gefühl im Bauch, daß irgend etwas nicht in Ordnung war. Daher versuchte ich, Sie anzurufen, aber Ihr Telefon ging nicht. Ich wußte, etwas Schreckliches war geschehen, und fuhr zu Ihnen hinüber. Donnerwetter! Ihre Zufahrt zu räumen ist ein ganz schönes Theater! Ich dachte, ich komme den ersten Hügel nie rauf. Aber mein Truck hat mich bis jetzt noch nie im Stich gelassen. Ich machte mir schon Sorgen, wie ich den letzten Hang raufkommen sollte, als ich einen weißen Punkt herumspringen sah. Zuerst glaubte ich, meine Augen spielten mir im Schneetreiben einen Streich, aber der weiße Klecks schien sich auf mich und den Pflug zuzugraben. Für ein Kaninchen war er zu groß. Also schaltete ich den Motor ab, und – verdammt – der weiße Klecks bellte genau wie Fritzie! Ein Glück, daß ich angehalten habe, sonst hätte ich den Hund bestimmt überfahren.

Er benahm sich äußerst seltsam, rannte vor und zurück, als sollte ich ihm folgen. Ich konnte mir nicht vorstellen, daß Sie ihn in diesem Blizzard rausgelassen hatten. Irgend etwas stimmte nicht. Also stieg ich aus und lief ihm zu Fuß hinterher. Lieber Himmel, Meggie, Sie waren so mit Schnee bedeckt, daß ich auch Sie hätte überfahren können. Sie lagen in Ihrem Blut, und Fritzie sprang wie verrückt um Sie herum.

Ich riß mir das Hemd herunter und band es ganz fest um ihren Kopf. Ihr Schal war blutdurchtränkt. Sie haben zum Gotterbarmen gestöhnt, wie nicht von dieser Welt. Ich habe die ganze Zeit mit Ihnen geredet, Ihnen gesagt, Sie müßten bis zum Krankenhaus durchhalten. Dann habe ich Sie ganz eng in die alte Decke vom Vordersitz gewickelt, Sie in die Fahrerkabine verfrachtet, bin rückwärts bis zur Einfahrt gefahren und dann wie ein Verrückter mit Höchstgeschwindigkeit ins Krankenhaus gezischt.

Fritzie befahl ich, sich auf den Boden zu legen. Aber denken Sie, er hat auf mich gehört? Nein. Jedesmal wenn ich ihn runterdrückte, schnellte er wieder hoch, stellte sich auf die Hinterbeine und leckte Ihr Gesicht. Die ganze Zeit über habe ich mit Ihnen gesprochen. Ich hatte Sie aufrecht in den Sitz gelehnt, aber Sie rutschten zur Seite und legten Ihren Kopf in meinen Schoß. Ich mußte aufpassen, daß Ihr Kopf nicht gegen das Lenkrad stieß, wenn ich schaltete. Donnerwetter! Hab ich Vollgas gegeben!

In der Notaufnahme haben die Ärzte Sie zusammengeflickt und Ihnen ein bißchen Blut in die Adern gepumpt. Es war ganz schön knapp, sagten sie, da Sie schon sehr schwach waren. Sie hätten eine Gehirnerschütterung abgekriegt und viel Blut verloren, wären aber jetzt außer Gefahr. Die Ärzte sagten, Sie müßten eine Weile zur Beobachtung im Krankenhaus bleiben. Sie waren inzwischen so voller Medikamente, daß Sie außer Ihren dauernden Fragen nach Fritzie nur noch wirres Zeug von sich gaben. Als ich wieder auf den Parkplatz kam, hatte er alle meine Fenster verschmiert, und die Windschutzscheibe war völlig beschlagen.

Ich erklärte ihm, daß Sie am Leben bleiben würden. Im Krankenhaus gab es nichts mehr für mich zu tun, also fuhr ich Fritzie nach Hause. Ich fütterte ihn mit ein paar Hundekuchen und schippte den Weg ums Haus frei. Dann ging ich die Zufahrt hinunter und zerhackte den Ast, der an der Straße lag. Das war wahrscheinlich der, der Sie am Kopf getroffen hat, oder? Dort fand ich auch Blutspuren. Ich war wütend auf mich, weil ich mich nicht um die Birke gekümmert habe. Sie hat über der Zufahrt gehangen. Darauf hätte ich achten müssen. Es tut mir sehr leid, Meggie.

Dann fuhr ich zurück ins Krankenhaus. Sie sagten mir, es sei alles in Ordnung mit Ihnen, aber ich dürfe Sie noch nicht sehen. Sie schliefen fest. Nichtsdestotrotz wollten sie alles über Ihre Krankenversicherung wissen.« Slade grinste. »Ich hatte Ihre Handtasche mitgebracht und diese Informationen aus Ihrer Brieftasche entnommen. Hoffentlich stört es Sie nicht, daß ich Ihre Brieftasche geöffnet habe.«

Langsam schüttelte ich meinen bandagierten Kopf, denn er tat noch sehr weh.

»Dann habe ich bei Ihnen im Haus übernachtet, damit Fritzie nicht allein war. Hoffentlich macht es Ihnen nichts aus. Im Eisschrank habe ich ein nicht ganz frisches Steak gefunden, das ich ihm gegeben habe. Ich fand, er hatte es sich verdient.« Slade schien verlegen und wich meinem Blick aus.

Ich fragte mich, warum.

Er fuhr fort. »Als ich heute ins Krankenhaus gekommen bin, hat man mir gesagt, ich soll Sie nach Hause bringen und Ihnen heiße Suppe geben. Aufstehen dürften Sie nicht. Und jetzt sind Sie hier!« Slade lächelte. Für seine Verhältnisse hatte er eine lange Rede gehalten.

»Ich danke Ihnen.« Aus meinem Bett streckte ich ihm die Hand entgegen. Ich nahm seine große Hand und sah ihn an. »Sie haben mir das Leben gerettet.« Trotz meiner Kopfschmerzen wunderte ich mich über die Röte in seinen Wangen. Ich mußte ihn einfach nach etwas fragen, das nur eine Frau bemerken würde. »Slade, Sie haben sogar die Bettwäsche gewechselt.«

Er machte ein einfältiges Gesicht und schluckte. Ich war wirklich auf einer heißen Spur.

»Ich habe mir gestern nacht große Sorgen um Sie gemacht und konnte nicht schlafen, bis ich hier raufkam und in Ihr

Bett gekrochen bin. Dann habe ich richtig gut geschlafen. Ich dachte, es macht Ihnen sicher nichts aus, weil Sie doch sowieso im Krankenhaus waren. Deshalb habe ich heute morgen das Bett neu bezogen, bevor ich Sie abgeholt habe«, gestand er.

Wir schauten uns an. Ich wußte, und er wußte es auch – von nun an würde es zwischen uns nie mehr wie zuvor sein.

29

MÄNNERGEBET – FRAUENGEBET

* * *

Gott erhöret scharf und plötzlich manch Gebet
und schleudert das, was wir erfleht,
uns mitten ins Gesicht –
den Fehdehandschuh einer Gottesgabe.

Elizabeth Barrett Browning
Aurora Leigh

Slade blieb während meiner Genesung »uneingeladen«, wie er es formulierte, in meinem Haus. Ich brauchte seine Hilfe. Wir sprachen nicht über den Unterschied, den sanften Wandel, der in unserer Beziehung eingetreten war. Er war da in unseren Blicken, Vermutungen und in der Fürsorge. Vom Handyman zur Krankenschwester. Es ging ihm nicht um die Bezahlung, auch um nichts anderes Greifbares wie eine Berührung etwa, denn wir hielten uns immer noch in respektvoller Entfernung voneinander. Ich schlief in meinem Zimmer im ersten Stock, und er schlief unten. Doch die Atmosphäre in seiner Nähe lud sich immer mehr mit einer gewissen Möglichkeit auf. Als ich mich wohl genug fühlte, am Donnerstag wieder zur Arbeit zu gehen, kehrte er am Mittwoch zu sich nach Hause zurück. Was immer sich zwischen uns entwickeln würde, würde seine Zeit brauchen.

Da wir in einer kleinen Gemeinde lebten, hatten die meisten meiner Klienten von dem Unfall gehört. Sie erkundigten sich nach meinem Befinden, ehe sie sich auf ihre eigenen Probleme stürzten. Der physische Schaden schien minimal – ein paar große Beulen am Kopf und ein schwerer Schlag für mein Gefühl der Unabhängigkeit. Ich beschloß, dieses Erlebnis meinen Freunden im Osten und sogar meinen Eltern vorzuenthalten. Es war noch zu frisch und zu real. Die berufliche Routine half mir dabei, die schmale Grenze zwischen Leben und Sterblichkeit zu puffern. Die Probleme meiner Klienten bildeten eine Sicherheitszone zwischen dem vergangenen Wochenende und mir.

Und dann war da noch Winona.

Sie kam voll Anteilnahme in meine Praxis und begutachtete das Ausmaß meiner Verletzungen. In ihrer Stimme schwang jedoch weniger Mitleid als Neugier mit. »Na, hat Ihnen das wenigstens Vernunft eingebleut?« Noch ehe ich zu einer Antwort kam, folgte die nächste Bemerkung: »Es wird Ihnen bald wieder gutgehen. Dafür habe ich gesorgt!« Sie beendete die Untersuchung meines Kopfes und nahm ihren Stammplatz ein.

»Aha? Woher wissen Sie denn das?« fragte ich.

»Ich habe gestern nacht eine Heilzeremonie für Sie durchgeführt.« Winona lachte. »Ich habe das schon länger nicht gemacht! Ich bin zu alt für die Schwitzhütte, aber Falke hat darauf bestanden, und ich fand, daß Sie es verdient haben.«

Sie nahm mich doch wohl auf den Arm, oder?

Winona erzählte weiter. »Vor Sonnenuntergang machten wir die Steine fertig. Mit unseren heiligen Pfeifen beteten wir für Sie. Dann kam das Heilschwitzen. Es wirkt natürlich besser, wenn die Person anwesend ist. Trotzdem war es gut; wir ließen die weibliche und die männliche Energie auf

Sie wirken. Danach wußten wir, daß Sie außer Gefahr waren.«

Winona hatte meine Neugier geweckt. »Sie haben gesagt, Falke wollte das Heilschwitzen machen. Warum? Er kennt mich doch kaum.«

Winona wischte diese Bemerkung vom Tisch. »Ach, er weiß genug über Sie. Ich habe ihm eine Menge erzählt. Was glauben Sie, was ich die ganze Zeit hier gemacht habe? Ich habe Sie studiert. Außerdem muß Falke lernen, wie man jemanden heilt, der nicht genug Verstand hat, selbst darum zu bitten. Wir haben Sie ja nicht verhext, Meggie. Die Geister sagen, daß Sie beinahe rübermarschiert wären, aber ...« Winona kicherte.

»Aber was?« forschte ich.

»Sie wollten Sie noch nicht haben. Sie hätten noch eine Menge zu lernen, bevor die Geister Sie in ihr Gebiet lassen könnten!« Sie lächelte mich an.

»Das hört sich an, als sei ich sozial unverträglich«, gab ich vergnügt zurück.

Winona änderte ihre Position im Stuhl und spann ihren Gedanken weiter. »Die Geister sagten Falke, er müsse Sie besser kennenlernen und daß es bei Ihnen etwas für ihn zu lernen gibt. Das gleiche habe ich ihm schon seit ein paar Wochen gesagt. Aber ich bin ja nur eine alte Indianerin.« Winona senkte mit gespielter Bescheidenheit den Kopf. Die Geste paßte nicht zu ihr.

»Und?« fragte ich.

Winona stellte sich dumm. »Und was?« gab sie die Frage zurück.

»Was hat Falke gesagt?« Vielleicht fing mein Leben an, interessant zu werden.

Winona zuckte die Achseln. »Falke sagt mir gar nichts, trotz meiner Ratschläge. Warten Sie es nur ab, Meggie. Irgend etwas Gutes kommt schon dabei heraus.«

Meine Gedanken huschten zu dem gutaussehenden großen Indianer im Café, der Clyde Bassett rausgeschmissen hatte. Die Verkörperung eines Mannes in seinen besten Jahren und das Geheimnis einer anderen Rasse – ich wäre unehrlich mir selbst gegenüber gewesen, wenn ich mir nicht ein gewisses Interesse an einer Begegnung mit ihm unter anderen Umständen eingestanden hätte. Winona betätigte sich als Heiratsvermittlerin, aber es würde ihr nicht gelingen, mich von unserer Therapie abzulenken. Es war an der Zeit, wieder die Führung zu übernehmen.

»Winona, was sagen die Geister über Sie? Wollen die sich wirklich dort drüben mit Ihnen abmühen? Sie könnten denen ganze schöne Schwierigkeiten bereiten!« Ich versuchte, sie mit Humor auf unser ursprüngliches Thema zurückbringen.

»Vielleicht ist es doch noch nicht Zeit, zu gehen. Hier fängt vieles jetzt gerade an. Ich würde den Sohn meiner Cousine gerne mit einer guten Frau sehen. Sogar meine kleine Enkelin entwickelt nun ein Interesse an unseren alten Bräuchen. Ich habe hier noch so viel zu tun.« Sie sah nachdenklich aus.

Ihre Worte ließen einen Funken Hoffnung aufblitzen. Vielleicht würde man sie doch zum Bleiben überreden können. Ich folgte der Spur ihrer Worte. »Es wäre eine Schande, wenn Sie gingen, ehe Sie herausgefunden haben, was geschehen wird. Ihre Enkelin ist nicht die einzige, der Sie fehlen werden.« Ich sah bedeutungsvoll in Winonas Richtung. »Aber wenn ich bleibe, weiß ich nicht, ob mir die Geister noch mal die Wahl lassen«, erwiderte sie. »Ich muß darüber nachdenken …«

Winona zog ihre Pfeife hervor, fügte sie zusammen und ließ sie einmal durch die Luft kreisen. Sie hielt die Pfeife in der linken Hand und stopfte sie mit Hilfe des perlenverzierten Hirschhornstopfers mit einer Prise Tabak. Sie war völlig konzentriert. Nachdem sie die Pfeife gestopft hatte, ließ sie sie wieder im Uhrzeigersinn kreisen. Sie sah mich an und fragte mich, ob ich in meinem Mond stünde. Ich verneinte. »Gut«, sagte sie. »Dann rauchen Sie mit mir.« Sie entzündete die Pfeife, nahm vier Züge und hob und senkte sie in zeremonieller Weise. »Ich opfere Großvater Himmel und Großmutter Erde«, erklärte sie. »Wenn Sie die Pfeife an mich zurückgeben, tun Sie das gleiche. Halten Sie die Schale in der Hand des Herzens.« Als sie mir die Pfeife gab, fügte sie hinzu: »*Mitakuye oyas'in.*«

Auf meinen verwunderten Blick hin erklärte sie: »Das heißt ›all meine Verwandten‹.« Ich nahm die Pfeife vorsichtig entgegen und umschloß den Kopf mit der linken Hand. Er fühlte sich warm an. Im Raum duftete es süß nach Pfeifenrauch. Ich nahm einen kräftigen Zug und fing sofort an zu husten.

Winona ermahnte mich. »Inhalieren Sie den Rauch nicht, Kind! Sie sind keine Raucherin, das sehe ich. Lassen Sie ihn im Mund und blasen Sie ihn dann aus. Ziehen Sie mindestens viermal, ehe Sie mir die Pfeife zurückgeben.«

Der zweite Zug ging besser, und ich gewann Selbstvertrauen. Nach dem vierten Zug reichte ich ihr die Pfeife wieder, vergaß aber, dem Himmel und der Erde zu opfern und »all meine Verwandten« zu sagen. Winona schalt mich nicht. Statt dessen brachte sie selbst das Opfer dar und sagte »*Mitakuye oyas'in*« für mich. Als sie mir die Pfeife zum zweitenmal gab, vergaß ich es nicht mehr.

Mit Winona zu rauchen wirkte beruhigend und besinnlich

auf mich. Ich fühlte mich geehrt, daß sie dieses Ritual mit mir teilte. Wir saßen in der Stille, der Rauch schwebte zwischen uns, und unsere einzigen Worte waren ›all meine Verwandten‹. Ab und zu nickte Winona kaum merklich wie zustimmend. Ich wußte nicht, ob sie ihren eigenen Gedanken antwortete oder den Geistern, wie sie ihre »Stimmen« nannte, lauschte. Mir fiel eine alte Geschichte ein, die Jeanne d'Arc zugeschrieben wird. Als die Priester sie fragten, ob die Stimmen, die sie hörte, nicht vielleicht ihrer Einbildung entstammten, soll Jeanne d'Arc geantwortet haben: »Aber wie anders soll Gott zu uns Menschen sprechen, als durch unsere Einbildungskraft?«

Die Pfeife kam wieder zu mir. Der Pfeifenkopf wurde nun ziemlich heiß. Der Rauch machte mich beinahe schwindlig, obwohl das auch noch eine Nachwirkung meines Wochenendabenteuers sein konnte. Als ich auf die Perlenstickerei und die Fransen am Pfeifenstiel blickte, vibrierte der Blitz ganz leicht. Ich faßte das Bild noch einmal scharf ins Auge. Da war es wieder! Der Blitz hatte sich bewegt.

Erstaunt sah ich Winona an und entdeckte, daß sie mich beobachtet hatte. Sie nickte und lächelte. Rasch sagte ich »*Mitakuye oyas'in*«, opferte dem Himmel und der Erde und reichte sie an Winona zurück.

Sie umschloß den Pfeifenkopf mit beiden Händen, nahm mehrere starke Züge und rauchte dann zu Ende. Dann wuchtete sie sich aus dem Stuhl, besann sich anders, setzte sich wieder und befahl mir, die Pfeife auseinanderzunehmen und zu reinigen. Ich ging hinaus, öffnete die Vordertür zur Praxis, blies die Pfeife aus und kehrte ins Büro zurück. Sie reichte mir die perlenbestickte Pfeifentasche. Als erstes solle ich den Kopf hineinstecken, dann den Tabaksbeutel und den Stopfer, zum Schluß den Stiel. »Auf diese Weise haben Sie die Pfeife immer gleich griffbereit, sollte es mal eilig sein.« Ich gab ihr die Pfeifentasche zurück und fragte mich, was sie als nächstes sagen oder tun würde.

Sie sah mich an, als hätte ich ihr eine Frage gestellt. »Vielleicht bleibe ich ein bißchen länger, aber nicht viel. Die Geister sind ungeduldig. Ich möchte gehen, aber aus Neugier auch bleiben. Es gibt auf dieser Erde noch einiges für mich zu lernen. Außerdem werden unsere Gebete erhört.«

»Und um was haben Sie gebetet?« Eine heikle Frage, denn es ging ja nicht nur um Gehen oder Bleiben, sondern um Leben und Tod.

Winona nahm ihre Lehrerinnenrolle wieder auf. »Meggie, Sie müssen lernen zu beten.«

Woher wußte sie, daß ich nicht beten konnte?

»Wenn Sie nicht wissen, wie man betet, mein Kind, wie wollen Sie dann jemals Ihre Erdenwanderung im Gleichgewicht vollenden? Wenn Sie nicht lernen, wie man betet, wie wollen Sie jemals die Worte Ihres Lehrers verstehen?«

»Welchen Lehrers?«

Entgeistert über meine Dummheit sah mich Winona eine Sekunde lang an. »Jeder von uns hat einen Lehrer, ein leitendes Geistwesen oder, wie die Katholiken es nennen, einen Schutzengel. Sie haben einen Lehrer, Meggie, und wissen es noch nicht einmal. Sie können nicht hören, sich nicht öffnen. Wenn man seinen Lehrer nicht hören kann, bleibt man stumm, blind, ohne Ausweg im Wald. Man findet kein Gleichgewicht im Leben.«

Ich hatte mich immer für eine gute Zuhörerin gehalten, besonders im Therapieverlauf. Nun kritisierte Winona mich. Als Therapeutin wußte ich, daß ich mich nicht angegriffen fühlen durfte. Sie wollte mir ja etwas vermitteln.

»Also gut, lehren Sie mich zu beten«, erwiderte ich.

Darauf hatte Winona gewartet. »Als erstes müssen Sie daran denken, wenn Sie die Pfeife in die Hand nehmen, daß Sie das ganze Universum halten. Denken Sie daran, der Kopf – die Schale – ist die Frau, der Stiel der Mann. Zusammen bilden sie die ganze Schöpfung. Wenn Sie beten, halten Sie diese mit dem Tabak Ihrer Gebete gefüllte Schale an Ihr Herz. Sie richten den Stiel nach Westen und rufen: ›Großvater, höre mich. Ich habe Schmerzen. Ich brauche Dinge zum Leben. Sag mir, was ich tun soll, damit ich leben und ein Mensch sein kann.‹ Der Ruf muß aus dem Herzen, nicht aus dem Kopf oder aus schönen Worten kommen. Der Ausruf ist das Gebet des Mannes, denn ohne ihn kann keine Öffnung für die Antwort des Schöpfers entstehen.

Beten Sie stets im Geiste ›all meine Verwandten‹. Jedes Gebet endet damit. Sie sind nur ein Zweibein in einer Welt von geflügelten, schwimmenden, kriechenden und vierbeinigen Wesen. In diesem Geiste, Meggie, erhebt sich das Gebet aus dem Stiel der Pfeife und wird vom gefleckten Adler zu den Großvätern getragen.

Vergessen Sie nicht, daß in jeder Himmelsrichtung ein Großvater und eine Großmutter weilen. Doch wenn Sie nur das Gebet des Mannes beten, bleiben Sie immer noch im Ungleichgewicht. Daher muß jetzt das Frauengebet folgen, die Stille, das Schweigen in Ihnen, die Vision, die Sie mit einem vollkommenen Kreis umgibt. Mit klarem Verstand beobachten Sie, halten die Pfeife und lauschen. Sonst können Sie nicht aufnehmen, was die Geistwesen Ihnen zu sagen haben. Denn auch ein Gebet besteht aus Geben und Nehmen.«

Winona holte den Stiel aus der Pfeifentasche. »Schauen Sie sich diesen Blitz an.« Sie zeigte auf die nun unbewegliche Perlenstickerei. »Das Muster sagt gar nichts, wenn es nicht

Teil des Opfers ist. Der männliche und weibliche Teil müssen zusammenkommen, damit Energie entsteht. Gehen Sie mal in eine der prächtigen Kirchen da oben an der Straße ...« Sie deutete in Richtung der lutherischen und katholischen Gemeinden. »Eine Menge Männergebete sind dort zu hören, aber halten die Leute auch nur einmal den Mund und lauschen? Man hört unentwegt ›Vater, ich brauche dieses und jenes‹, aber niemand bleibt, um zu hören, was die Großväter dazu zu sagen haben! Manchmal verstehe ich die Weißen nicht! Was hat es für einen Sinn, zu beten, wenn man an der Antwort nicht interessiert ist?«

Ehe ich etwas erwidern konnte, fuhr Winona fort. »Deshalb muß man nach dem Männergebet das Frauengebet vollziehen und innerlich ganz still werden. Das kann man nicht so schnell lernen. Doch wenn man lange genug wartet, sagen die Geistwesen, was zu tun ist. Vielleicht gewähren sie nicht das, was man sich wünscht, aber sie gewähren das, was man braucht. Manchmal bringt ein geflügeltes Wesen die Botschaft, manchmal der Blitz. Zuweilen geht auch die Sonne im eigenen Inneren auf. Wenn man zu lauschen gelernt hat, kommt dann und wann auch der eigene Schutzgeist und spricht zu dir.«

Dann warnte sie mich. »Doch achten Sie darauf, Meggie, was Sie sagen. Gebete gehen in Erfüllung.«

Ich ließ mich von einem Gedanken hinreißen. »Und wenn ich um ein sehr hohes Alter für Sie beten würde? Was würde dann geschehen?«

Sie ließ ihren Blick rasch über mein Gesicht gleiten, um sich zu vergewissern, daß ich es ernst meinte. »Oh, dann würde ich vielleicht länger hier verweilen, aber wäre das richtig mir gegenüber? Ist das nicht eine Entscheidung, die ich selbst treffen sollte?«

Beschämt schwieg ich. Sie hatte natürlich recht. Welches Recht hatte ich als ihre Therapeutin, als Mitmensch, den Zeitpunkt ihres Abschieds von diesem Leben zu ändern? Dennoch wünschte ich mir unwillkürlich, als ich mich nach dieser Stunde verabschiedete, daß sie noch eine Weile bleiben würde.

30

PARADIES OHNE BÄREN

* * *

Dann sah er den Bären. Er trat nicht heraus, in Erscheinung: er war einfach da, unbeweglich, gebannt unter der grünen und sonnenfleckigen heißen Windstille des Mittags, nicht so groß, wie er ihn erwartet hatte, größer noch, unabschätzbar vor dem fleckigen Schattendunkel, und sah ihn an. Dann regte er sich. Er kreuzte ohne Eile die Lichtung, schritt für einen Augenblick ins grelle Sonnenlicht und wieder hinaus, und hielt noch einmal an und blickte über die Schulter zurück nach ihm. Dann war er verschwunden.

William Faulkner
Der Bär

Am Freitag nach dem Schneesturm war Slade verhindert. Da mein Kopf immer noch Beulen hatte, beschloß ich, mir einen Tag freizugeben und nach Omena zu fahren, um dort im Weinkeller Leelanau Ltd. ein paar Flaschen einzukaufen. Peshawbestown, ein kleines Indianerreservat, lag nicht weit entfernt, südlich der Kellerei. Also bot es sich an, den Souvenirladen des Reservats aufzusuchen. Wozu brauchte ich einen Vorwand? Frauen gehen zuweilen auch auf die Pirsch.

Der Souvenirladen war fast leer. Eine dunkelhaarige junge Frau saß hinter der Theke und lauschte kaugummikauend den leisen Klängen eines Radios. Sie nahm meine Anwesenheit kaum wahr. Ich schlenderte durch den Raum und bewunderte die Schachteln aus Stachelschweinborsten, die Schilfkörbe und die perlenbestickten Schlüsselanhänger. Dramatische Gemälde mit Kriegern und Traumvisionen hielten Wacht an den Wänden. Ich betrachtete gerade die Bilder der Tiergeister, als die Tür aufging und ein kühler winterlicher Hauch hereinwehte. Falke betrat den Laden.

Die junge Frau hinter der Theke begrüßte ihn mit einem breiten Lächeln. Sie sprachen über die zahlreichen Besucher, die wegen des Kasinos zum Wochenende im Reservat erwartet wurden. Die Verkäuferin lehnte sich über die Theke zu Falke, ihre Stimme klang kokett, und sie flirtete lebhaft mit ihm. Selbst bei dieser alltäglichen Konversation verströmte Falke sein Charisma an sexueller Energie und Persönlichkeit. Als mir mein Interesse an ihm bewußt wurde, fühlte ich mich unwohl und drehte den beiden wie ein verklemmter Teenager den Rücken zu. Ich kämpfte gegen meinen Fluchtimpuls an.

Er machte einen Witz, und die beiden lachten. Dann wandte er sich mir zu und fragte mit mitfühlender Stimme: »Was macht Ihr Kopf?«

»Oh, schon viel besser, danke!« stammelte ich. Ich hätte mich gern für die Heilzeremonie, die mir Winona geschildert hatte, und für seine Anteilnahme bedankt. Doch als Therapeutin durfte ich die Gesprächsinhalte einer Sitzung Außenstehenden gegenüber nicht erwähnen. Also schwieg ich. Meine Augen wichen seinem Gesicht aus, weniger aus Takt, als um mein eigenes inneres Sehen zu verbergen.

Er kam zu mir herüber und nahm einen aus rotem Speckstein geschnitzten Totem-Bären in die Hand. Er begutachtete die Kerben, die in die Seite des Bären eingraviert waren. »Ich muß mit Ihnen sprechen«, sagte er sanft. Lauter fügte er hinzu: »Einige der Arbeiten hier sind sehr gut.« Er legte den Bären in meine Hand.

Mein Herz raste. Ich bemühte mich um eine feste Stimme und einen unbeteiligten Gesichtsausdruck. »Jederzeit«, entgegnete ich. Meine Stimme klang verdächtig nach Mae West. »Idiotin!« flüsterte meine innere Kritikerin.

Falke mißdeutete meine äußere Gelassenheit wahrscheinlich als Mangel an Interesse, denn er ging wieder zu der Verkäuferin zurück, um sich zu verabschieden. Er streifte mich im Vorübergehen und raunte mir zu: »Bald.«

Verschlossen nickte ich, fragte mich aber, wie bald »bald« sein würde, und wußte, daß »bald« wahrscheinlich nicht bald genug sein würde. Daß gleich zwei Männer ein romantisches Interesse an mir zeigten, gab mir Auftrieb.

Kaum war ich wieder zu Hause, klingelte das Telefon. Bev war am Boden zerstört. Coulter hatte nicht angerufen. Sie begann über das Ende ihrer Beziehung nachzudenken, und für mich rückte ein erfülltes Liebesleben in greifbare Nähe.

»Laß uns ins Paradies aufsteigen«, schlug ich vor.

»Was?« Sie klang schlechtgelaunt, nicht in Stimmung für mein Wortspiel.

»Komm, wir fahren nach Paradise und schauen uns die Tahquamenon-Fälle an.« Es war mein völliger Ernst.

Bevs Tonfall wechselte von übellaunig zu ungläubig. »Meggie, du willst doch nicht etwa nach Norden zur Upper Peninsula fahren, wo im Winter der Schnee zehn Meter hoch liegt. Dort oben gibt es Bären, die nur darauf warten, daß sich irgendwelche Trottel aus dem Süden im Wald verirren, die sie dann bei lebendigem Leib verschlingen können! Man müßte meinen, du hättest die Nase voll von Schneestürmen.«

Bev spielte unfairerweise auf mein jüngstes Mißgeschick

an, aber ich ließ es ihr durchgehen. Ein Ausflug nach Paradise schien mir genau das richtige zu sein. Ich schmierte ihr
etwas Honig um den Mund. »Genau aus diesem Grunde
möchte ich, daß jemand mit mir fährt, Bev. Du bist meine
beste Freundin und du könntest ein bißchen Gesellschaft
vertragen, niedergeschlagen wie du bist. Laß uns kurz entschlossen losfahren!«

Bev hatte nicht die emotionale Energie, sich zu weigern. Sie
wußte nicht, was sie wegen Coulter unternehmen sollte.
Also wußte sie auch nicht, was sie an diesem Wochenende
machen sollte.

Wir verabredeten uns für kurz nach dem Mittagessen. Ich
rief ein Motel in Paradise an und reservierte einen Bungalow mit Kamin am Lake Superior. Zuerst hatte ich vor, Fritzie bei Hedda und Olf zu lassen, aber beim Gedanken an
die Bären änderte ich meine Meinung. Er wurde im Paradies gebraucht.

Wir fuhren in meinem Wagen, Wochenendgepäck im Kofferraum. Fritzie machte es sich auf der Rückbank bequem
und verschmierte die Fenster mit seiner Schnauze. Vorne
saßen die schmollende, mürrische Bev und ich, verstrickt in
meine neuen Träume. Bei voll aufgedrehter Heizung fuhren
wir entlang der Grand Traverse Bay nach Norden. Wir
machten in Petoskey Station, um zu schauen, ob die Indian
Hills-Handelsgesellschaft geöffnet war, aber sie hatte geschlossen. Warum ich mich plötzlich so für indianisches
Kunsthandwerk interessiere, fragte mich Bev. Doch meine
Träume waren noch nicht reif, erzählt zu werden.

»Es hat mit Winona zu tun, nicht wahr?« fragte sie.

Ich nickte. Während wir weiter nach Norden fuhren, sprachen wir über unsere Klienten und das Klima. Und als wir
uns der langen Mackinac-Brücke näherten, die die Lower

und Upper Peninsula verbindet, sprachen wir schließlich auch über Coulter. Am Anfang fühlte sie sich noch angegriffen, aber dann brachen ihre Gefühle durch. Sie kramte in meinem Handschuhfach nach Papiertaschentüchern, um sich die Augen zu trocknen. Allein schon das Reden besänftigte die inneren Stürme, die ihre Psyche heimsuchten. Ich wußte, daß ich ihr nicht helfen mußte; sie brauchte nur jemanden, der ihr aktiv zuhörte.

Als wir schließlich nach Westen abbogen, hatte sich Bevs Stimmung gebessert. Ihre Gefühle und Gedanken waren nicht weniger wirr als vorher, aber die Knoten hatten sich etwas gelockert. Ob sie Coulter zurück in ihr Leben rufen oder ihn abschreiben sollte, war unklar. Ich erinnerte sie daran, daß sie die Entscheidung nicht dieses Wochenende treffen mußte und der Ausflug nach Paradise ihr völlig neue Möglichkeiten eröffnen konnte.

Wir machten einen letzten Schlenker nach Norden und hatten Paradise endlich erreicht. Statt goldener Wege gab es nur eine von zwei Meter hohen Schneeverwehungen gesäumte Hauptstraße, die durch die Stadt führte. Diese wiederum bestand aus einem Restaurant mit Bar, einem Motel, zwei Tankstellen, einem geschlossenen Souvenirladen, einem geschlossenen »Art Studio« und einem geschlossenen Eissalon. Auch das Paradies hat nicht immer Saison.

Wir sahen keinen einzigen Bären in der Stadt. »Das kommt daher«, erklärte uns abends ein Oldtimer in der Bar, »daß die Jäger von der Lower Peninsula mit ihren Jagdhunden hier heraufkommen. Nicht gerade sportlich. Sie lassen die Hunde die Witterung der Bären aufnehmen, und die Hunde treiben die jungen Bären auf die Bäume. Es ist keine große Kunst, einen jungen Bären vom Baum zu schießen. Die alten Bären greifen die Hunde an, also werden nur die jungen geschossen. Wir haben den Politikern im Süden schon mehrfach erklärt, daß es bald keine Bären mehr geben wird, wenn sie die Bärenjagd mit Hunden nicht per Gesetz verbieten. Aber wer hört schon auf uns?« Er spie in einen Spucknapf. Offenkundig gehörte es zum bevorzugten Zeitvertreib während der langen Winter in Paradise, gegen die Regierung zu wettern.

»Die verdammten Armeeingenieure stauen den Lake Superior im Sommer, unterspülen so die Häuser an der Tahquamenon Bay und überfluten unsere Angelstege«, beschwerte sich ein anderer älterer Mann. »Dabei gab's im Südwesten eine Dürre, und die hätten dort das Wasser gut gebrauchen können. Habgier und Dummheit – darum geht's.«

»Jawohl.« Hierin waren sich alle einig.

»Außerdem«, fing der erste wieder an, »wird Paradise immer voller. Es wird zuviel gebaut. Früher war alles ganz anders.«

Das war zuviel. Bev mußte das Lachen unterdrücken. »Ich kann Sie gut verstehen. Vielleicht kommt es eines Tages sogar so weit, daß sie hier ein Lebensmittelgeschäft eröffnen!« Wieder nickten alle und starrten finster in ihr Bier.

Als wir in unserem Cottage waren, brachen wir vor Lachen fast zusammen. »Ich konnte mich einfach nicht beherrschen, Meggie«, gestand Bev. »Soweit ich es beurteilen kann, geht es Paradise gut, und es gibt noch viel Platz für diejenigen, die hier frostigen Frieden suchen.«

31

LEBENSGESCHICHTEN
AUS DEM PARADIES

* * *

*Wir steigen in denselben Fluß und doch nicht in denselben;
wir sind es, und wir sind es nicht.*

Heraklit

Am nächsten Morgen wurde ich nicht vom beruhigenden
Knistern eines neuentfachten Kaminfeuers geweckt, sondern von Bevs Keuchen und Schnaufen bei ihren Aufwärm-
übungen vor dem Jogging. »Meine Güte, Bev, es herrscht
Frost draußen. Hier im Bungalow ist es auch kalt. Komm,
wir machen die Heizung an oder wenigstens ein Feuer.«
Beine dehnen, keine Antwort.
Bev trainierte mit hinter dem Kopf verschränkten Armen
ihre Bauchmuskulatur. Ich rollte mich aus dem Bett und sah
auf den Thermostat an der Wand. Sofort sprang ich wieder
unter die Decke. Fritzie rührte sich nicht. Er wußte, daß es
an einem kalten Morgen das vernünftigste war, zu schlafen,
bis die Sonne höher stand.
Bev beendete ihre Übungen, zog sich einen Anorak an,
Fäustlinge und eine Wollmütze, die nur die Augen freiließ.
Sie sah aus wie das Monster der Schwarzen Lagune. Sie
kniff mich liebevoll in die Wangen und rannte aus der Tür.
Ich brummelte etwas über »Verrückte« zu Fritzie und überließ mich wieder meinem Schlaf. Ich hatte folgenden
Traum:

Ich ging früh am Morgen spazieren. Glitzernd brach sich das Licht am Rand der grünen Blätter. Vor mir lag ein dunkler, lichtgefleckter Wald, aber ich fürchtete mich nicht. Ich schien zu wissen, wohin ich ging. Ich schlug den Weg nach links zu einer kleinen Höhle im Berghang ein und vernahm ein raschelndes Geräusch. Aus der Höhle kam ein roter Bär.

Ich wunderte mich nicht, daß der Bär rot war, aber die vier Ringe oder Kratzspuren, die sich über seinen Bauch den Rücken hinaufzogen, erstaunten mich. Der Bär drehte den Kopf, sah mich an und trottete – an den Blättern schnüffelnd – davon. Aus dem Inneren der Höhle ertönte Babygeschrei.

Neugierig ging ich näher. Ich streckte meine Arme in die Dunkelheit der kleinen Öffnung. Ein Baby in einer kleinen Decke wurde in meine Arme gelegt. Das Gesicht des Babys war von mir abgewandt, und ich wußte nicht, ob es am Leben war. Ganz still lag es in meinen Armen.

Das winzige Geschöpf wandte mir langsam sein Gesicht zu, und zu meiner Überraschung war es das Gesicht einer alten Indianerin. Zweifellos wußte ich, daß es meine Aufgabe war, mich um dieses »Baby« mit dem Gesicht einer alten Frau zu kümmern. Ich drückte das Baby an meine Brust.

Ich erwachte, als die Tür aufging.

Bev stampfte den Schnee und Schmutz von ihren Joggingschuhen und berichtete, daß sie aus Angst vor den Bären zwanzigmal die einzige Straße von Paradise auf und ab gerannt sei. »Ich habe jetzt für mein ganzes Leben genug von Paradise gesehen!«

Später im Restaurant verschlang Bev ein riesiges Frühstück mit gebutterten Eierpfannkuchen mit Ahornsirup, trank drei Tassen Bohnenkaffee und aß nebenbei noch zwei Eier. Ich bestellte Müsli mit entrahmter Milch und trank zwei

Tassen koffeinfreien Kaffee. Bev war voller Energie. Ihr Kummer bedrückte sie nicht mehr. »Bewegung ist lebensbejahend!« verkündete sie.

Nach dem Frühstück fuhren wir zum Whitefish Point, das heißt zu der Stelle, an der sich die tückischen Wasser den Namen »Friedhof von Lake Superior« verdient hatten. Der vollautomatisierte Leuchtturm stand am Ufer und warnte die Eisenerztransporter und Tankschiffe vor Untiefen und Schiffswracks. Fritzie jagte die spöttischen Möwen. Ein kleiner Schwarm kanadischer Gänse zog vorüber. Wie wir mußten auch sie sich nicht durchs Gedränge schieben, denn die meisten ihrer Verwandten waren bereits abgereist. Der frühe Dezemberwind war eisig und pfiff durch Mark und Bein. Wir fingen Fritzie wieder ein und machten uns auf den Weg zum Tahquamenon-Wasserfall. Der Schnee an der Straße war unberührt von menschlichen Schritten, trug aber die wie hingekritzelten Spuren von Vögeln, Hirschen, Waschbären und Eichhörnchen. Der Nationalpark hatte geöffnet, aber die Häuschen, in denen man die Zutrittsgenehmigung bekam, waren geschlossen. Ein Pfad führte zum Wasserfall. Man konnte über eine stabile Treppe zu einer Stelle gelangen, von der das Wasser zweihundert Meter in die Tiefe stürzte.

Der Wasserfall war im Gegensatz zur Lower Peninsula, wo flächendeckend gerodet worden war, von Primärwald umgeben. Im Wald herrschte Stille, alles schien verstummt, und außer unserem Keuchen und dem Knirschen unserer Stiefel im Schnee war nichts zu hören.

Stundenlang wanderten wir am Wasserfall entlang. Die Dauerhaftigkeit der Naturschönheiten – unberührt von der Geschichte menschlichen Leidens – tröstete Bev. Das Leben ging weiter, mit oder ohne Coulter.

Ich schwankte auf der Plattform über dem Wasserfall, lauschte, wie das eisige Wasser unter mächtigem Gebrüll über die Felsen rauschte, und konnte mich kaum dem Sog der schneegesäumten Kante entziehen. Es war beängstigend – und erregend. Die Äste, die stromabwärts bis an den Rand des Wasserfalls getrieben worden waren, um dann im letzten Augenblick an einem Fels hängenzubleiben, faszinierten mich. Das Wasser strömte über sie hinweg und drängte sie, loszulassen. Es war so, wie sich dem Strom des Lebens zu überantworten und in einen Abgrund zu stürzen, ohne zu wissen, ob man zerschellen würde oder ob es sich nur um eine weitere Erfahrung auf der Reise flußabwärts handelte – das war auch meine Frage. Ich trat von der Kante zurück und überlegte, wie es wohl wäre, Teil des Stromes zu werden, selbst zum Strom zu werden. Zuweilen hält die Natur uns auf diese Weise einen Spiegel vor und sagt: »Schau, das bist du!« Doch die meisten von uns schenken dem keine Beachtung.

Später am Nachmittag kehrten wir mit einer Flasche Scotch, einer Flasche Sodawasser, einer Tüte Salzstangen und einem Dip aus saurer Sahne und Zwiebeln in unseren Bungalow zurück. Wir hatten vor, uns von innen aufzuwärmen und den Winter zu vertreiben. Fritzie rollte sich auf seiner Schlafdecke zusammen. Wir machten Feuer, rückten die Sessel vor den Kamin und fingen an, uns gegenseitig unsere Lebensgeschichten zu erzählen. Während die Flammen der brennenden Scheite uns wärmten und draußen die dunkle Kälte des Winters regierte, rangen wir unserem Dasein einen Sinn ab.

Ich begann mit Chrysalis und meiner schwierigen Jugend, kam noch einmal auf meine Kindheit zurück und die Gespräche, die ich bei den Apfelbäumen mit einer noch vor meiner Zeugung verstorbenen Großmutter führte. Dann verwob ich die von mir erdachten Träume meiner Urgroßeltern, die in ihrer eigenen Zeit gefangen waren, mit meiner eigenen Geschichte. Ich hatte nur verschmierte und rissige alte Fotografien dieser Ahnen, auf die sie in steifen Posen gebannt waren, die ich aber nun mittels meiner Einbildungskraft zu warmem Leben erweckte.

Ich sprach kurz mit Liebe und Humor über meine Eltern, ihre lebendige Gegenwart und ihr jüngster Besuch entzogen sich einer Beschreibung. Ich sprach über Tom und unsere Ehe. Erstaunt bemerkte ich, an wie wenig aus unserer gemeinsamen Zeit ich mich erinnerte – die Leidenschaft der Liebe, dann die Bitterkeit, alles aufgelöst und zusammengefaßt in einer anämischen Schilderung aus meinem Gedächtnis. Immer wenn ich ein weiteres Kapitel meines Lebens aufschlug, war Chrysalis wieder mein Anknüpfungspunkt.

Das Feuer fiel in sich zusammen und zischte. Die Sodaflasche war leer und wurde weggeworfen. Die nächtlichen Schatten krochen durch die Fenster herein, während unsere Lebensgeschichten für uns Gestalt annahmen.

Bevs Leben war nach einem anderen Muster verlaufen, und ihre jüngste Verfassung war ein Spiegel ihrer frühen Leiden. Ihr Vater war sehr sanft, ein Alkoholiker und ein Versager gewesen. Die Mutter entschlossen, arbeitsam und streng. Bev hatte ihre Mutter gehaßt, während sie sie tief in ihrem Inneren reproduzierte. Nach ihrer eigenen Auffassung bestand ihr ganzes Leben in dem Versuch, die Widersprüche weich und hart, Zuneigung und Nützlichkeit, männlich und weiblich zu versöhnen. In Wahrheit war ihre Mutter der Mann im Haus gewesen und hatte mißmutig das Geld für den Unterhalt der Familie verdient, während der liebevolle, melancholische Vater sich im Rausch seine Träume erfüllte.

Besonders als ihre Beziehung zu Coulter enger geworden war, glaubte Bev, erkannt zu haben, daß ihre weibliche Seele irgendwo auf der Strecke geblieben war. Alles an ihr kündete von einem männlichen Geist. Ihrer Denkweise entsprach es, stets die Spreu vom Weizen zu trennen, Daten zu analysieren, Zeit einzuteilen, ihre eigenen Entwürfe in die Tat umzusetzen. Sie wünschte sich ihr Leben und ihre Ziele klar und vernünftig, ihre Gefühle gemessen und besonnen. Sie glaubte, wenn sie nur hart genug arbeitete, würde sich alles regeln. Vor allem widmete Bev ihr Leben der Bemühung, das Chaos fernzuhalten und alles, was sie selbst betraf, unter Kontrolle zu haben. Dennoch hatte stets eine schreckliche Sehnsucht nach dem, was sie nun als ein bisher ungelebtes Leben zu erkennen begann, im Hintergrund gelauert.

Das Gewebe ihres geordneten Daseins – die verschlungenen Muster – war voll dunkler und blauer Farben, viel Stolz und wenig Freude, mit Spuren von Rot und Gelb, die als ein dezentes Aufblitzen hervorbrechender Kräfte unauffällig hineingewoben waren. Ich bewunderte die harte Ehrlichkeit von Bevs ungeschminkter Erzählung; sie gab sich kein Pardon bei ihrem Porträt.

Meine Linien waren einfacher, die Muster weniger bestimmt, dafür instinktiver. Vergangenheit und Gegenwart traten in großen runden Spiralen und verwirrenden Farben hervor, einige ausgeblichen, wieder andere leuchtend. Bevs Leben schien sich unter großer Bewußtheit zu vollziehen, während meines umwölkt, unbestimmt und voller loser Enden war, die noch an kein Muster gebunden schienen.

Mit unseren Geschichten und Deutungen lagen wir beide

nur punktuell richtig. Als Therapeutinnen wußten wir, daß die Zukunft sowohl an uns zieht, als auch erschafft. Vergangenheit und Gegenwart bildeten den lebendigen Hintergrund unserer Entwicklung. Die Muster lösten sich auf und veränderten sich fließend, gestalteten sich im Augenblick der Erzählung neu und glitten dann zurück in den Strom, der alle Zeit in einer einzigen Bewegung zusammenfaßt.

Müde und erschöpft, jedoch zufrieden mit unseren Spekulationen, fielen wir beide in tiefen Schlaf. Am Sonntag fuhren wir nach Hause, fort von dem fremden Paradies der Einsamkeit. Die Spuren von Fritzies feuchter Schnauze an den Scheiben bezeugten die kapriziösen Wanderungen seines Interesses. Bev und ich sprachen kaum, denn wir wollten die Vollkommenheit unserer Lebensgeschichten nicht zerstören. Die Augenblicke, in denen man alles zusammenfassen und sagen kann: »Das ist mein Leben«, sind zu selten. Tief in unserem Inneren wußten wir beide, daß unsere Lebensströme seit unserem Gespräch bereits ihre Richtung geändert hatten.

32

BRÜCHE IN DER GESCHICHTE

* * *

*Denn also hat Gott die Welt geliebt, daß er seinen eingeborenen
Sohn gab, damit alle, die an ihn glauben, nicht verloren werden,
sondern das ewige Leben haben.*

Johannes 3, 16
Die Bibel

Unser Ausflug nach Paradise hatte mich auf den Dezember
vorbereitet. Im Städtchen Suttons Bay waren alle Geschäfte
weihnachtlich geschmückt. Abziehbilder von Rudolph und
seiner roten Nase hießen die hungrigen Gäste des örtlichen
Pubs willkommen. Ein dickbäuchiger Weihnachtsmann in
einem roten Pullover stand im Schaufenster des Beklei-
dungsgeschäftes Bahle. Sogar die mit anmutigen Immer-
grüngirlanden geschmückte Backsteinfassade des Bestat-
tungsunternehmens Martinson vermittelte pietätvolle Hei-
terkeit.

Meine Eltern würden an die Westküste fliegen, um Weihnachten bei meiner Schwester und ihrer Familie zu verbringen. Bev und ich hatten vor, gemeinsam ein ruhiges Weihnachten auf Chrysalis zu feiern, ein opulentes Mahl zu kochen und alte Filme anzuschauen.

Am Montagmorgen heizte ich die Praxis und das Wartezimmer und ging, mit meinem Räucherstäbchen zarte Duft-
wölkchen verbreitend, auf und ab. Ob der Rauch von india-
nischem Salbei die Praxis nun von den Rückständen ver-

gangener Sitzungen säuberte oder nicht, das Ritual der Reinigung half mir, mich zu sammeln und meine Wahrnehmung für einen neuen Therapietag zu schärfen. Durch diese Gelassenheit vermochte ich mich ganz und gar auf die persönliche Problematik der einzelnen Klienten einzulassen.

Wie gewöhnlich hatte Winona den letzten Termin des Tages, und ich war schon ziemlich erschöpft. Vielleicht lag es auch daran, daß meine Kopfverletzung immer noch nicht völlig verheilt war. Winona dagegen sprühte vor Energie. Sie berichtete mir ausführlich von den Weihnachtsgeschenken, die sie für ihre Enkel vorbereitet hatte. Ihre Enkelin sollte perlenbestickte Haarspangen, Ohrringe und selbstgefertigte Mokassins aus Wapitileder bekommen. Aus einem Fuchsfell hatte sie ein Tanzkostüm für ihren Enkel genäht, bei dem Augen und Nase des Fuchses genau auf seinen Kopf paßten. »Er wird der bestaussehende Tänzer beim Powwow im nächsten Sommer sein«, sagte Winona. Außerdem hatte sie einen Stab aus Truthahnfedern und einem roten Stück Stoff gebastelt, den der Junge beim Tanzen tragen sollte. Sie hatte Stunden damit verbracht, den Kopf eines Falken mit dem Gesicht nach vorn auf den Stab zu montieren, der dem Jungen helfen würde, die richtige Richtung einzuhalten. Offensichtlich freute sie sich auf Weihnachten. Ich sprach sie darauf an.

»Natürlich freue ich mich. Es ist der einzige Feiertag im Jahr, den wir Indianer verstehen können. Weihnachten ist eine Zeit des Schenkens.« Winonas Gesicht leuchtete vor Vorfreude.

Ich war neugierig. »Was denken Sie über die Geburt von Jesus und die Weihnachtsgeschichte?«

»Ich finde sie wunderbar!« rief sie. »Ich liebe diese Geschichte. Kleine Babys und weise Männer, Sterne und Tiere und Jesus im Mittelpunkt. Deshalb verstehe ich auch nicht, warum die Menschen – auch gute Christen – nicht mehr an die Sterne glauben. Sie vergessen die Tiere und tun so, als seien wir Zweibeiner die einzigen, die diese Geburt etwas anginge. Jesus wurde in einer Krippe geboren; seine Brüder und Schwestern teilten ihre Nahrung mit ihm. Es ist eine wundervolle Geschichte.«

Ihre Begeisterung verblüffte mich. »Glauben Sie, daß die Geschichte wahr ist, Winona?«

»Natürlich ist sie wahr«, antwortete sie mit einem einfachen Lächeln – auch wenn nichts, was ich von Winona lernte, tatsächlich einfach war.

»Das heißt, Sie sehen sich selbst als Christin?«

Sie schien diese Frage erwartet zu haben. »Ich trage die Pfeife für mein Volk. Unser Weg ist der des weiten Landes. Die Heimat von Jesus war trocken und steinig, ein Wüstenland, und seine Geschichte stammt aus diesem Land. Unsere Geschichte ist die des Büffelvolkes. Die Schwarzröcke kamen zu meinem Volk und berichteten von Jesus. Ihre Geschichten gefielen uns sehr, und wir wollten ihnen zum Dank unsere Geschichten erzählen. Wir wollten ihnen erzählen, wie dieser Schildkrötenkontinent entstanden ist, wie das Feuer zum Büffelvolk kam und was uns der Koyote gelehrt hat. Wir wollten ihnen die Pfeife und die sieben Zeremonien erklären, die uns die Weiße Büffelkalbfrau gegeben hat. Aber die Schwarzröcke waren unhöflich und nur an ihren eigenen Geschichten interessiert. Also befahlen sie uns, unsere Geschichten zu vergessen und auch nur noch ihre zu erzählen. Sie sagten, ihre Geschichten seien die einzig wahren Geschichten. Daran erkannten die Alten, wie dumm diese Schwarzröcke waren, denn keine Geschichte allein kann alles erzählen, und alle Geschichten sind wahr.«

Sie schwieg einen Moment, um dann fortzufahren. »In den Geschichten von Jesus gibt es Wunder. Die Menschen in der Bibel glaubten, die Welt sei heilig. Sie sahen die Welt, wie Kinder sie sehen, frisch und wie gerade erschaffen. Sie wußten, die Großväter schenkten ihren Rufen um Hilfe Gehör und antworteten auf ihre Gebete. Und ihre Lehre war die Lehre eines Kindes, denn wissen Sie, Meggie, Kinder, Säuglinge können die Geister unmittelbar sehen. Beobachten Sie mal ein Baby. Seine Augen sehen etwas, was Sie nicht sehen! Ein Baby wird wissend geboren und verbringt die meiste Zeit seines Lebens damit, zu vergessen oder zu versuchen, sich zu erinnern. Die weisen Männer, die Alten, sie kamen, weil sie wußten, daß das Baby Dinge sah, die sie selbst nicht sehen konnten.«

Sie seufzte und verlagerte ihr Gewicht. »Schade nur, daß soviel von der Geschichte verlorengegangen ist.«

»Was meinen Sie mit ›verlorengegangen‹?« fragte ich.

Winona begann mit ihrer Pfeifentasche zu spielen, als überlege sie, ob sie rauchen solle oder nicht. Mir fiel auf, daß sie, immer wenn unser Gespräch spirituelle Themen berührte, nach ihrer Pfeife griff. Und schon holte sie die Pfeife mit dem Blitz heraus. Gemächlich und sorgfältig stopfte Winona sie, drehte sie im Uhrzeigersinn und bot sie zuerst dem Himmel dar und dann der Erde. Sie zündete sie an und rauchte, bis der Tabak rot glühte.

Ich wußte, sie brauchte diese Zeit zum Nachdenken. Sie hatte meine Frage nicht vergessen.

»Ist Ihnen noch nicht aufgefallen, daß Jesus in der Geschichte beinahe direkt vom Säugling zu einem Dreißigjährigen heranwächst und über die Zeit dazwischen fast nichts berichtet wird? Nichts darüber, wie er als Kind war. Haben die Alten ihn beobachtet und ihn irgendwie auserkoren? Wer waren seine Medizinlehrer? Wie fühlte er sich, als in ihm wie in allen jungen Männer die Frage erwachte, was die Großväter von ihm erwarteten? Was geschah, als er zum erstenmal Verlangen nach einer Frau verspürte? So viel Interessantes wurde einfach vergessen. Die Geschichte setzt erst wieder mit seiner visionären Suche in der Wüste ein. Wir wissen nichts über seine ersten Visionen und darüber, wie er langsam lernte, den Großvätern zu lauschen. In der Geschichte fehlt sehr viel, und das schadet den Menschen. Das weiß ich jetzt.«

»Wie schadet es den Menschen?«

Verärgert über meine Begriffsstutzigkeit sah sie mich an. »Weil wir ein auserwähltes Baby vor uns haben und dann plötzlich einen erwachsenen Mann, der über eine bestimmte Weisheit verfügt. Irgendwann hatte er gelernt, den Antworten auf seine Gebete zu lauschen. Die meisten von uns bleiben auf der Strecke, und es gibt keine Geschichte, die uns weiterhilft. Die Leute gehen in die Kirche und bekommen Antworten auf Fragen, die sie nie gestellt haben. Vielleicht stellen sie ihre Fragen auch zu sehr mit dem Verstand.« Winona tippte sich spöttisch an die Stirn. »Und nicht mit dem Herzen oder im Sinne des Martyriums auf dem Berg. Außerdem ist die Frage eines Menschen nicht immer auch die eines anderen. Die Antworten eures Gottes haben kein Ziel. Sie können nur in den Verstand zurückkehren.«

Ich protestierte. »Ich bin überzeugt, viele Christen sehnen sich danach, dem Schöpfer zu begegnen.« Meine heftige Reaktion überraschte mich, zumal Diskussionen in der Therapie bekanntermaßen wenig hilfreich sind. Winona hatte jedoch mein eigenes spirituelles Schicksal in Worte gefaßt. Schon seit Jahren berührten mich die alten Gebete, die Geschichten und die Predigten im Gottesdienst nicht mehr. Sie schienen nur sehr selten eine Relevanz für meine Fragen zu haben. Ich schwieg, als ich mich selbst erkannte.

Winona schien unbeeindruckt von dieser kurzen Unterbrechung. Sie zog an der Pfeife und fuhr fort. »Passen Sie auf, Meggie. Die Schwarzröcke erklären, wir werden in Sünde geboren. Davon verstehe ich nichts. In meinen Augen sind wir in eine Welt hineingeboren, die für uns sorgt, solange wir sie achten. Mir gefällt die Geschichte von der Sintflut. Wenn die Menschen achtlos werden und nicht mehr in Gleichgewicht und Schönheit wandeln, verliert die Großmutter schließlich die Geduld und reinigt sich selbst. Vielleicht tilgt sie uns Zweibeiner eines Tages von ihrem Angesicht, während sie unsere Bruder- und Schwesterstämme – die Geflügelten, die Vierbeiner und die kriechenden Wesen, all diejenigen, die unter der Erde und im Wasser leben – überleben läßt. Wir müssen ihr Achtung erweisen.«

Ihre Pfeife war nun leer. Steifbeinig erhob sie sich und blies die Asche in den leeren Papierkorb. Schweigend wartete ich auf mehr. Nachdem sie Stopfer und Feuerzeug im Tabaksbeutel verstaut hatte, steckte sie den Kopf, den Beutel und den Stiel in ihre Pfeifentasche. Fragend legte sie den Kopf schräg. »Ich verstehe allerdings nicht, wie dieser Mann Jesus angeblich für meine und Ihre Sünden sterben konnte, Meggie. Wenn ich einen Fehler mache, muß ich ihn wiedergutmachen, indem ich selbst leide. Also habe ich eines Tages in der Schwitzhütte die Geister befragt.«

»Was haben sie geantwortet?«

»Es war im Wintermond, um die Weihnachtszeit. Ich wartete bis zur dritten Runde, der Pfeifenrunde, und fragte:

›Wer ist dieser Mann Jesus?‹ Die Geister antworteten, daß Jesus wirklich ein Sohn Gottes sei und dem weißen Mann geschickt wurde, weil der weiße Mann den Tod so fürchtete. Und darin besteht der wahre Unterschied zwischen dem roten und dem weißen Mann.«

»Wie das?« wollte ich wissen.

»Jeden Morgen, wenn *Wi* aus dem Osten emporsteigt, sagen wir: ›Heute ist ein guter Tag zum Sterben.‹ Das heißt, daß wir uns nicht fürchten. Wir begrüßen den Übergang.« Sie machte eine Pause. »Trotzdem gefallen mir die Geschichten von Jesus und das mit den Weihnachtsgeschenken!«

Ich konnte mich nicht beherrschen. »Wie schön, daß Sie beschlossen haben, bis Weihnachten zu bleiben!« sagte ich.

Abrupt fuhr sie zu mir herum, als hätte eine Einsicht sie getroffen oder ein Gedanke, der nach Ausdruck verlangte, aber an ihren Lippen aufgehalten wurde. Sie zögerte und rügte mich. »Ein Heiler weiß, wann es gilt, den Mund zu halten. Sie kommen sich immer noch selbst in die Quere, Meggie.« Sie stand auf, um zu gehen. Die Sitzung war vorüber.

Ihre Worte hatten mich betroffen, sprachlos gemacht. Derartig direkte und strenge persönliche Zurechtweisungen waren untypisch für sie. Kurz, Winona erklärte mich für inkompetent. Was hatte ich gesagt, um eine solche Reaktion hervorzurufen?

33

SCHATTEN

* * *

Viel Arbeit ließ Dienstag und Mittwoch wie im Flug ver-
streichen. Die Sonne war schon untergegangen, als ich spät
am Mittwochabend nach Hause kam. Die Außenbeleuch-
tung hieß mich im frühen Abendnebel willkommen. Fritzie
stand an der Hintertür und wedelte zur Begrüßung begeistert mit dem Schwanz. Doch statt wie von Sinnen an mir
hochzuspringen und dann ins Gebüsch zu rasen, kläffte er
und ging rückwärts auf das Wohnzimmer zu – ich sollte
ihm folgen. Was bedeutete das? Gehorsam marschierte ich
ihm hinterher, ohne die dünne Blutspur zu beachten, die im
Zickzack über den Küchenboden verlief. In stolzer Krieger-
pose stand Fritzie aufrecht mitten im Wohnzimmer und
überblickte das Schlachtfeld: Der Raum lag in Trümmern.
Was einst teure Familienerbstücke waren – zwei Tiffany-
Lampen –, lag zerbrochen als Glasfragmente auf dem abge-
tretenen Teppich. Grauweiße Wolle – die Eingeweide der
grünen Couch – hing aus den Polstern. Eines der Holzbeine
der Couch hatte sich in das Faksimile eines abgenagten
Knochens verwandelt. Asche aus dem Kamin führte in

großen und kleinen Abdrücken von Pfoten über den Wohnzimmerteppich. »Scheiße!« Etwas anderes fiel mir nicht ein. Zorn stieg in mir auf, und mit Mordlust im Herzen wollte ich mich gerade auf meinen Terrier stürzen, als ich einen grauen buschigen Schwanz unter dem grünen Sessel entdeckte. Ich hob den Sessel an. Darunter lag in der Starre des Todes hingestreckt ein junges graues Eichhörnchen. Das aus seinem Maul ausgetretene Blut war bereits getrocknet. Fritzie stand während meiner forensischen Untersuchung erwartungsvoll und beifallheischend bei Fuß.

Ich beförderte den Leichnam mit Hilfe der Aschenschaufel vom Kamin nach draußen und schleuderte ihn so weit ich konnte hinaus in den Wald. Wieder im Haus, kraulte ich Fritzies Ohren und lobte ihn als tapferen Verteidiger der Familienehre und ließ ihn hinaus. Der alte Besen machte kurzen Prozeß mit dem, wozu Künstler Stunden gebraucht hatten. Die bunten Glasscherben glitten klirrend in den Mülleimer. Die Couch wurde zum Tode verurteilt. Ich warf die Polster und ihre Baumwollfüllung hinaus. Slade würde mir helfen, den Rest der Couch auf die Müllhalde zu bringen. Nachdem ich die verstreute Asche wieder in den Kamin gekehrt hatte, wischte ich die Blutspur auf.

Fritzie warf sich gegen die Hintertür, um der Kälte zu entrinnen. Er schnüffelte und begutachtete die Säuberungsaktion. Selbstzufrieden machte er sich auf den Weg nach oben in sein Körbchen und ließ mich so wissen, daß es spät war und sein Arbeitstag ihn erschöpft hatte.

Traurig setzte ich mich mit einer in der Mikrowelle erhitzten, mit Milch und Zucker aufgebesserten Tasse koffeinfreien Kaffee an den Küchentisch. Das Eichhörnchen war noch nicht ausgewachsen gewesen. Auf der Suche nach Wärme und Nahrung hatte es irgendwo einen Zugang zum

Haus gefunden. Die Gefahr außer acht lassend, war es seiner Nase und seinem Hunger gefolgt. Fritzie mußte geschlafen haben, denn das Eichhörnchen hatte genügend Zeit gehabt, das Couchbein anzunagen. Doch einmal geweckt, wird ein Terrier niemals von seiner instinktiven Bestimmung ablassen, alle Nagetiere vom Antlitz der Erde zu tilgen. Die Tiffany-Lampen hatten sich als unsicherer Zufluchtsort erwiesen. Das Eichhörnchen hatte sich, ohne es zu wissen, auf einen Totentanz eingelassen, der von dem großen schnappenden Kiefer eines fleischfressenden Kriegers geführt wurde.

Winona fiel mir ein. Es war nicht nur ihre Kritik an meiner beruflichen Kompetenz, die mir zu schaffen machte, sondern auch ihr Versuch, mir etwas über den Tod beizubringen, über das Leben und seine Entscheidungen. Vielleicht hätte sie am Tod eines Eichhörnchens nichts Trauriges gefunden. Und ganz bestimmt hätte die Reaktion eines Terriers auf einen ungebetenen vierbeinigen Gast sie nicht berührt.

Fritzie kannte seine Aufgabe im Leben. Er hatte nur zu selten die Gelegenheit, ihr nachzukommen. Heute war einer dieser raren, eindeutigen Augenblicke seiner Bestimmung für ihn eingetreten. Mitunter kann ich dieses Gefühl in etwa nachvollziehen – wenn ein Klient sich endlich in der Lage zeigt, die Ketten alter Überzeugungen abzustreifen, und ein neues Verständnis von dem erlangt, was sein könnte, und damit einen Sprung vorwärts in die Zukunft seiner Möglichkeiten wagt.

Winonas Vorwurf, ich käme mir selbst in die Quere, trieb mich um und erzeugte unruhige Strömungen in meiner Psyche. Ich sah mich, wie das Eichhörnchen, ständig mit der Nase dem scheinbar Bequemen folgen, das mich mit ein bißchen Wärme und Zufriedenheit versorgte, um die dunklen Schatten in Schach zu halten. Ich hatte keine Vision jenseits meiner täglichen Verpflichtung zur Arbeit. Der Wald vor meiner Tür lockte mich nur bei Tageslicht. Hatte ich nicht die Stadt verlassen, um mir die Geheimnisse der Natur zu erschließen? Und dennoch trieb mich die Nacht in die Sicherheit beleuchteter Winkel. Ich fürchtete mich vor unbekannten Schatten.

In dieser Nacht erteilte mir mein Unbewußtes im Land der Träume eine Rüge:

Ich war in Kalifornien und sprach mit einem Psychoanalytiker. Er wollte mir seine Sammlung von fünf Wassergläsern zeigen, die zu zwei Dritteln mit destilliertem Wasser gefüllt waren. In jedem Glas schwammen eiweißartige Gebilde. Ich fragte ihn danach.

»Es sind befruchtete menschliche Eizellen, die ich züchte, aber ich weiß nicht, warum«, sagte er. Er erwartete eine Antwort von mir. Zuerst glaubte ich, es seien abgetriebene Eizellen von seinen Klientinnen, aber darum ging es nicht. Ich kannte die Antwort. Leise erwiderte ich: »Das sind doch die ungelebten Teile unseres Lebens.«

34

AM RANDE DES BLÜTENBLATTS

* * *

Die Rose trug das Gewicht der Liebe
Doch die Liebe lebt am Ende – der Rosen
Am Rande des Blütenblatts
Dort wartet die Liebe …

William Carlos William
The Rose

Als ich am Donnerstagmorgen die Praxis aufschloß, klingelte das Telefon. Es war Winona, die wie tausend Meilen weit entfernt klang. »Es ist nur eine Erkältung, aber meine Nase ist vollkommen verstopft.« Ein lautes »Hatschuu!« dröhnte, gefolgt von einem gewaltigen Schneuzen, durch den Hörer. »Ich bleibe lieber zu Hause im Bett. Mein Hals und meine Brust tun weh …«

»Reiben Sie Ingwer, tun ihn in kochendes Wasser und lassen ihn zwanzig Minuten ziehen. Dann fügen Sie frischen Zitronensaft hinzu und viel Honig. Das entschleimt.«

»Ein altes amerikanisches Hausmittel?« schniefte Winona.

»Nein, ein chinesisches. Es wird Ihnen guttun.« Eine gebieterische Antwort.

Sie räusperte sich skeptisch.

Um die Wahrheit zu sagen, enttäuschte mich ihre Absage. Ich hätte sie gerne gesehen.

Bev und ich waren so beschäftigt mit unserer Arbeit und

den Weihnachtsvorbereitungen, daß wir uns kaum gesehen hatten. Ich schlug ihr ein Mittagessen im *Silbernen Schwan* vor. Beim Essen zogen wir einander mit unseren Weihnachtsgeschenken auf. »Ich schenke dir zehn viktorianische Liebesgeschichten, Meggie, damit du die Romantik wiederentdeckst. Erzähl mir mehr von deinem neuen Handyman«, forderte sie mich mit spitzbübischem Zwinkern auf. Ich weigerte mich. Statt dessen erzählte ich ihr von Falke. »Er möchte mich bald einmal sprechen.« Ich verschwieg, daß ich seit seiner Ankündigung in dem Souvenirladen nichts von ihm gehört hatte.

»Ich habe gestern abend bei Coulter angerufen«, gestand sie. »Aber es war niemand zu Hause. Ich hätte auch gar nicht gewußt, was ich ihm sagen sollte. Ich wollte einfach nur seine Stimme hören. Dann wüßte ich vielleicht, was ich wegen unserer Beziehung unternehmen soll.« Sie seufzte. »Wahrscheinlich hat er schon eine neue Freundin.«

Ihr mußte ich nicht erklären, daß Mißverständnisse häufiger als eindeutige Unvereinbarkeiten zum Scheitern von Beziehungen führten. Zögernde Reaktionen, Schuldzuweisungen und die indirekt gestellte Frage aller Fragen förderten das Mißtrauen. Bev wußte das so gut wie ich. In unserem Beruf waren wir häufig Zeuginnen geworden, wie Ehen sich durch Unausgesprochenes selbst zerstörten. Einstmals verbindende Bande wurden zu Fesseln, bis eine Ehe nur noch an ihren Stricken zu erkennen war.

Am nächsten Morgen erhellte eine kalte Wintersonne die Leelanau-Halbinsel. Der Schnee fiel und schmolz, und der Boden war reifgefleckt. In eine warme Jacke gehüllt, suchte ich die Umgebung des Hauses ab, fand aber keinen Eichhörnchenkoben. Irgendwann am Vormittag knirschte Slades Truck die Zufahrt herauf. Ich hatte ihn schon über eine Woche nicht gesehen und freute mich auf ihn. Er stieß einen Pfiff aus, als er den Kadaver der grünen Couch sah, und kraulte bewundernd Fritzies Ohren. Gemeinsam schleppten wir die Couch aus dem Haus und wuchteten sie hinten auf seinen Truck. Als wir zur obligatorischen Tasse Kaffee in die Küche gingen, fiel mir auf, daß Slade hinkte.

»Das verdammte Bein verträgt die Kälte nicht.« Mehr hatte er zu diesem Thema nicht anzubieten. Er war so wortkarg wie zu Anfang. Während Slade auf dem Küchenstuhl saß, stupste Fritzie unablässig seine kalte Nase in die warme Hand des Mannes.

»Wie geht es Ihrem Kopf?« fragte er. Der Kaffee löste seine Zunge.

»So leer wie eh und je«, erwiderte ich.

Mir gefiel sein Lächeln, breit und offen, vorbehaltlos. Seine Zähne glänzten kräftig und weiß. Er hatte ein großflächiges, vom Leben geprägtes Gesicht. Als ich die Zimtbrötchen auf den Tisch stellte, schien er sich ehrlich zu freuen.

Ich fühlte mich frei, ihn nach seiner ethnischen Herkunft zu fragen.

»Ich bin ein Teila«, antwortete er.

»Wie bitte?« Von diesem Stamm hatte ich noch nie gehört. Slade grinste. »Sie wissen schon, Teil dies, Teil das. Eine Promenadenmischung.« Er nahm mich auf den Arm und amüsierte sich.

Ich gab nicht auf. »Und welche Teile sind das?«

Jetzt hatte er mich dort, wo er mich haben wollte. Er grinste und lehnte sich nachdenklich zurück. »Ja, darüber habe ich in letzter Zeit viel nachgedacht und bin zu folgendem Ergebnis gelangt. Mein linkes Bein ist irischer Abkunft, denn es zuckt in der Nacht, als wollte es ein Tänzchen wagen. Mein rechtes Bein stammt in jedem Fall aus Deutschland, denn es hat einen zackigen Schritt. Meine Arme müßten Mexikaner sein, denn zur Siesta-Zeit lassen sie nach und schlafen ein, wenn ich ihnen Arbeit gebe. Mein Kopf ist Cherokee, finden Sie nicht? Stolz und edel.« Er wandte mir spöttisch sein Profil zu. »Meine Brust ist ganz Sioux, zerkratzt und voller Narben mit einem kriegerischen Herzen. Nur der Cherokee in mir diktiert die Vernunft.« Und dann, als ob es ihm gerade noch einfiel: »Ach ja, dann habe ich noch diese Apachenaugen. Es heißt, Blicke könnten töten, und die Frauen verschmachten rechts und links, wenn sie mich sehen.« Er deutete auf seine Augen und sah sich dann in der Küche um, als würden sich wunderschöne Nixen auf dem Boden sonnen. Offenkundig war Slade ein Mann mit Phantasie. Und ein Teila.

Wir stellten die Kaffeetassen ins Spülbecken und beschlossen, herauszufinden, von wo das Eichhörnchen ins Haus gelangt war. Im Gegensatz zu mir wollte Slade nicht zuerst außen vor dem Eingang suchen. Vielmehr schlug er vor, sich zuerst innen umzusehen. Ich fragte ihn, ob das einen besonderen Grund habe.

»Durchaus«, sagte er. »Im Haus ist es wärmer.«

Mit Taschenlampen bewaffnet, stiegen wir in den kalten Betonkeller hinunter, vorbei an dem großen eisernen Wassertank. Slade suchte nach einem verräterischen Licht, das von draußen hereinfiel. Und da war es – in einer der hinteren Ecken. Gemeinsam gingen wir nach draußen, um den Durchschlupf zu finden. Nachdem wir ihn entdeckt hatten, fertigte Slade eine Schutzblende an und nagelte sie fest. »Das müßte eine Weile halten«, sagte er. »Bis mir etwas Besseres einfällt.«

Er machte den Vorschlag, zusammen zur Müllhalde zu fahren. Mir fiel auf, daß er die vordere Sitzbank seines Wagens aufgeräumt und eine gestreifte Chief-Joseph-Wolldecke darübergelegt hatte. Die Decke milderte die Kälte des Kunststoffsitzes. Das Baujahr des Trucks war nicht ersichtlich. Er quietschte, war aber bequem. Die Stoßdämpfer waren noch gut, der Motor laut, die Heizung funktionierte, nur das Radio ging nicht mehr. Slade äußerte große Zuneigung zu dem »alten Mädchen«. Im dritten Gang schossen wir die Zufahrt hinunter.

Eine Hirschkuh sprang vor uns in das stoppelige Maisfeld. Um diese Jahreszeit hielten sich die Hirschböcke verborgen, da die Jagd eröffnet war. Die meisten der JAGEN-VERBOTEN-Schilder, die ich an den Bäumen entlang meiner Zufahrt befestigt hatte, waren von Einschüssen durchlöchert. Auf diese Weise betonten die Jäger, daß mein Land in der Jagdsaison ihnen gehörte. In meinem ersten Jahr hatte ich gehofft, mein Anwesen könnte ein Tierschutzpark werden. Aber als vor Thanksgiving die Hirschjagd begann, donnerten die Schüsse durch die umliegenden Wälder.

Slades Frage, ob ich ihm einen Hirsch aus unserem Wald überlassen würde, überraschte mich. »Die Population ist wegen der milden Winter zu groß geworden. Im Falle eines strengen Winters werden viele verhungern. Deshalb hat die Hirschkuh auch am hellichten Tag einen Ausflug ins Maisfeld gewagt.«

Ich überlegte. Verhungern war nicht gerade ein schöner Tod.

»Es wäre schön, wenn Sie mitkämen«, fügte er hinzu.

»Warum?« Ihn einen Hirsch jagen zu lassen war eine Sache, aber ihn dabei zu begleiten war etwas anderes.

Er grinste. »Weil Sie sich bei dem Stachelschwein als große Jägerin erwiesen haben.«

Ich widersprach. »Wenn ich einen Hirsch töten würde und

dann in seine sanften, tiefen Augen blicken müßte, würde ich mich hinsetzen und weinen. Es war schon schwierig für mich, das kleine Eichhörnchen wegzuräumen.«

»Also abgemacht«, sagte er, als hätte er mir nicht zugehört. »Ich hole Sie morgen früh um fünf Uhr ab. Ziehen Sie sich warm an, tragen Sie gute Fäustlinge und machen Sie uns eine Thermoskanne Kaffee mit viel Milch und Zucker.«

Ich wandte mich zu ihm um. Er amüsierte sich. »Und machen Sie sich keine Sorgen wegen einer Waffe. Wenn der Hirsch Sie sieht, kommt er sowieso gleich angerannt und kapituliert. Die Vierbeinigen wissen, daß es reine Torheit wäre, vor Annie Oakley zu fliehen.«

Ich hegte meine Zweifel an dieser ganzen Geschichte, war aber neugierig. Also, abgemacht, morgen würden wir auf die Jagd gehen.

Mit Hilfe des zuverlässigen alten Mädchens transportierten wir die Couch zu ihrer letzten Ruhestätte. Ich bat Slade, in dem Städtchen Lake Leelanau haltzumachen, damit ich eine neue Couch in Pastelltönen bestellen konnte, schlichter als die alte. Dann fuhren wir zur Bäckerei von Lake Leelanau, da Slade Hunger auf etwas Süßes hatte. In der Bäckerei stand ein etwa siebzehnjähriger zurückgebliebener Junge und betrachtete das süß duftende Gebäck. Er lächelte einfältig; Slades Gesicht schien ihn zu faszinieren. Der Junge sah ihn an und fragte: »Sie sind Indianer, stimmt's?«

Slade nickte. »Woran hast du das gesehen?«

Der Junge blühte auf. »Weil ich auch Indianer bin.« Er zeigte mit dem Finger auf seinen linken Wangenknochen. »Ich habe an den hohen Augenbrauen gesehen, daß Sie Indianer sind. Ich habe auch so hohe Augenbrauen«, prahlte er. Wieder deutete der Junge auf seine Wangenknochen.

Slade korrigierte den Irrtum des Jungen nicht. »Sehr gut«, sagte er nur.

Auf der Heimfahrt wandte ich mich Slade zu. »Wissen Sie, ich hab's auch erkannt. Es liegt an den hohen Augenbrauen.« Wir lachten.

Slade erzählte eine Anekdote. »Als ich auf dem Weg in diesen Teil des Landes war, trug ich mein Haar länger und hielt es mit einem Stirnband aus dem Gesicht. Ich fuhr mit dem alten Mädchen zum Übernachten auf einen Campingplatz. Als ich am nächsten Morgen in die Dusche ging, begegnete ich dort einem vierjährigen Jungen mit seinem Vater. Der Junge sah mir beim Rasieren zu. Dann sagte er zu seinem Vater: ›Papi, der Mann ist ein Pirat.‹ Wahrscheinlich lag das an meinem blauen Stirnband. Der Vater wirkte verlegen, kniete sich zu seinem Sohn und flüsterte: ›Tommy, das ist ein Indianer.‹ Aber der Junge wollte nichts davon hören und sagte: ›Nein, das ist ein Pirat!‹ Inzwischen war ich mit dem Rasieren fertig. Ich drehte mich um, schaute den Jungen an und sagte: ›Mein Sohn, ich bin ein bißchen von beidem.‹«

Pirat, Indianer, Handyman und Freund. Slade entschied sich in dem Moment, als wir über seine Geschichte lachten, seine rechte Hand auf meine linke zu legen. Das alte Mädchen wurde jedoch sofort eifersüchtig und stotterte, so daß Slade seine Hand zum Herunterschalten brauchte. Einen Augenblick lang hielt sich die Wärme dieser kurzen Berührung auf meiner Haut. Es war schon lange her.

35

DIE HIRSCHJAGD

* * *

Zerbrechlich und weich
von schöner Gestalt
wie aus dem Feenreich
mit zarter Farbe gemalt
sanft errötet treibt ihre Schimmel
Jungfrau Aurora
rosenfingrig über den Morgenhimmel

Francis Brooks
To Imagination: An Ode

Am nächsten Morgen um vier klingelte mein Wecker. Am liebsten hätte ich ihn durchs Zimmer geschleudert, hatte ihn aber in weiser Voraussicht außer Reichweite plaziert. Als ich danach tastete, fiel ich beinahe aus dem Bett. Noch keine Spur der Dämmerung erhellte die Finsternis der Nacht. Ich fragte mich ernsthaft, ob ich eigentlich noch bei Trost war. Dann stellte ich die Kaffeemaschine auf zehn Tassen Bohnenkaffee ein und zog warme Sachen an. Überzeugt, daß sein Frauchen den Verstand verloren hatte, blieb Fritzie in sein Körbchen gekuschelt liegen. Bis Tagesanbruch war noch viel Zeit.

Zehn vor fünf rumpelte das alte Mädchen die Zufahrt herauf. Ich füllte den Kaffee mit Milch und Zucker in die Thermoskanne und goß Slade einen Becher ein. Munter und gutgelaunt trat er aus der dunklen Nacht in die helle Küche. Mir gelang ein Lächeln. Er trank den Kaffee durstig und schnell. »Fertig?«

Eine schöne Begrüßung.

Ich nickte, warf mir die Jacke über und zog die Handschuhe an. Slades Ankunft riß Fritzie aus seinem Schlaf. Nachdem ich ihm einen kurzen Auslauf gewährt hatte, schloß ich ihn auf der rückwärtigen Veranda ein. Slade wartete ungeduldig. Die Jagd lockte.

Er lächelte über mein Erstaunen, als er einen großen Jagdbogen und einen Köcher mit Pfeilen aus dem Wagen holte. Ich war erleichtert, daß er keine Waffe für mich mitgebracht hatte. Vom langen Armaturenbrett des Trucks nahm er eine indianische Pfeifentasche. Er gab mir die Pfeile, seine zusammengefaltete Chief-Joseph-Decke und ein Messer zum Häuten, das in einer Scheide steckte. Ich balancierte den Köcher und die Thermoskanne in der linken Hand und das Messer in der rechten. Die Decke legte ich mir über den Arm. Schließlich kam ich mir vor wie ein Packesel. Er führte mich nach Norden in Richtung des Waldes von Chrysalis.

Ich gab mir alle Mühe, leise zu sein, aber meine Wanderschuhe verursachten laute, knirschende Geräusche auf dem gefrorenen Boden. Auf dem ersten kleinen Hügel wischte er von einem umgefallenen Baumstamm den Schnee ab und bedeutete mir, mich hinzusetzen. Er legte einen Finger auf die Lippen. Es war eisig kalt. Der Atem strömte mir in weißen Wolken aus dem Mund. Ich setzte mich und umklammerte meine Knie.

Slade nahm die Decke und kniete sich darauf, ohne sie auseinanderzufalten. Er zog einen langen Pfeifenhals aus der Tasche, dann den Tabak, ein Feuerzeug, einen Stopfer und einen Salbeizweig. Er war vielleicht ein Mischling, aber in diesem Augenblick wurde mir seine wahre Identität klar. Ob er Winona kannte?

Slade rollte den Salbeizweig zusammen, legte ihn auf einen Stein, zündete ihn an und wusch sein Gesicht im Rauch. Dann fügte er die Pfeife zusammen und schwenkte sie durch den Rauch. Er reinigte die Pfeife. Das Gesicht nach Westen gewandt, nahm er etwas Tabak und opferte ihn *Wakan Tanka*. Dabei bat er um Hilfe »bei dem, was wir tun«. Die nächste Prise Tabak brachte er dem Westen dar.

»Großvater, schau auf das, was wir tun, und hilf uns«, sagte er. »Gib unserem Bruder Hirsch einen Blick für das, was wir tun. Sag ihm, daß wir ehrerbietig sind und das Geschenk seines Lebens würdigen werden.« Er legte das Tabakopfer in die Pfeife und brachte es dem Norden dar.

»Großvater, wir kommen zu dir in der Zeit der Kälte. Es ist deine Zeit. Wir bitten um deine Hilfe. Wir bitten dich, reinige uns für diese Jagd. Wir bitten den Stamm der Hirsche, uns anzuerkennen.« Die nächste Prise war dem Osten geweiht.

»Dir, Großvater, von dem die Sonne aufsteigt, sagen wir Dank für unser Leben. Lehre uns im Inneren die Dinge, die wir für unser heutiges Tun wissen müssen. *Wi*, wir bitten dich, erhebe dich, dem Hirschvolk zu zeigen, daß wir voll Ehrerbietung vor ihm stehen.« Dann war der Süden an der Reihe.

»Großvater, du bist das Geheimnis des Lebens, des Kommens und Gehens. Wir bitten die Hirsche um ein Opfer, so daß einer von ihnen zu dir heimkehren kann.«

Während Slade den »Himmelswesen« opferte, kreiste ein rotschwänziger Falke über uns. Im Osten brach der Morgen an, und das Licht begann das Firmament zu überfluten.

Shade bat die Großmutter, uns zu helfen, im Gleichgewicht auf ihr zu wandeln, und den gefleckten Adler, seine Gebete zu den Großvätern zu tragen.

Der Falke antwortete mit einem Ruf und flog gen Westen. Slade lächelte. Mit tiefer Stimme intonierte er einen Gesang mit schwankendem Rhythmus. Während er sang, sah ich eine kleine Herde Hirschkühe anmutig durch den Wald springen. Ich mußte die Augen schließen, um zu merken, daß der Wald – abgesehen von den Vögeln – völlig still war. Während sein Gesang in einem undeutlichen Ende verebbte, bot Slade die Pfeife allen vier Richtungen dar, entzündete den Tabak und begann zu rauchen. Nach jedem vierten Zug hob er die Pfeife in eine bestimmte Richtung. Der Rauch war süß und beißend, der Augenblick erhaben, und mein Körper schmerzte vor Kälte.

Schließlich war der Tabak abgebrannt. Slade blies die Pfeife aus, sagte »all meine Verwandten«, packte die Teile der Pfeife, den Tabaksbeutel und den Stopfer ein, nahm die Decke unter den Arm und bedeutete mir, ihm nach Nordwesten zu folgen. Am östlichen Horizont zeigte sich ein heller Streifen. Die Schatten nahmen in der rosa-goldenen Färbung des Morgens Gestalt an. Um meine Schritte zu dämpfen, sollte ich in seine Fußspuren treten. Ich war froh, mich bewegen zu können und so meinen Blutkreislauf in Gang zu bringen. Wir steuerten mit dem Wind im Rücken auf eine Ecke des Maisfeldes zu. Er gab mir seine Pfeifentasche im Austausch gegen den Köcher. Der Boden der Tasche strahlte noch etwas Hitze von dem Pfeifenkopf aus. Ich hielt ihn an meine gefühllos gewordenen Wangen, um sie zu wärmen. Unser Atem blieb als gefrorener Dampf hinter uns in der Luft hängen.

Schließlich erreichten wir einen Beobachtungspunkt, den

Slade für geeignet hielt. Er kletterte auf einen alten Apfelbaum und flüsterte, ich solle mir auch einen bequemen Platz suchen. Ich fand eine alte umgestürzte Kiefer und ließ mich auf ihr nieder, schraubte die Thermosflasche auf und goß mir Kaffee ein. Die Hitze der Flüssigkeit breitete sich tief in meinen Eingeweiden aus. Inzwischen hatte Slade sich auf seinem Ausguck eingerichtet, und ich bot ihm flüsternd Kaffee an. Er schüttelte den Kopf und fuhr fort, Äste umzubiegen und seinen Sitz zu sichern.

Die Wärmewirkung des Kaffees hielt ganze fünf Minuten an. Dann kroch mir die Kälte wieder in die Glieder. Ich kauerte auf meiner Kiefer, die Knie an die Brust gezogen, und hauchte warme Luft in meine Handschuhe. Die Jagd hätte mir nicht gleichgültiger sein können. Slade kletterte von seinem Ast und zeigte auf einen unteren Ast des Baumes. Ich sollte zu ihm auf den Apfelbaum klettern. Also verstaute ich die Thermosflasche an einem struppigen Sumach-Gebüsch und schwang mich mit Slades Hilfe auf den unteren Ast. Er nahm die Chief-Joseph-Decke, faltete sie auseinander und legte sie mir um. Wieder bedeutete er mir, leise zu sein, und kroch an meinem Ast vorbei auf den höheren, wo er seinen Bogen und die Pfeile zurückgelassen hatte. Wir hatten nun beide einen ausgezeichneten Blick auf den Wildpfad, der ins Maisfeld führte. Wir warteten und beobachteten, dann beobachteten und warteten wir weiter. Ich war hellwach vom Koffein und fühlte mich einigermaßen warm in meiner Decke. Slade rührte kaum einen Muskel. Er hielt seinen Bogen schußbereit, die Augen starr auf den Pfad gerichtet.

Es war schwierig, in dieser Reglosigkeit die Zeit einzuschätzen. Der Himmel wurde immer heller. Die Tauben gurrten, und die roten Kardinäle zwitscherten angesichts unserer Gegenwart. Ein dicker Waschbär tapste schwerfällig auf dem Weg zum Maisfeld vorbei, wo er wahrscheinlich übriggebliebene Kolben zwischen den gespenstischen Halmen zu finden hoffte. Der Wald vibrierte vor Leben. Ich hing meinen eigenen Gedanken nach. Da gewahrte ich eine Bewegung hinter den Sumach-Büschen am Pfad. Zuerst glaubte ich, ein Ast schwanke, aber die Brise fehlte. Meine Augen konzentrierten sich, bis ich erkannte, daß die Bewegung von drei kleinen Mädchen von zehn oder elf Jahren herrührte. Ich wollte sie schon rufen, als Slade mir signalisierte, mich mucksmäuschenstill zu verhalten.

Die Kinder sprachen nicht, bewegten sich aber wie in einem getragenen Ballett und ließen ihre Arme und Köpfe hängen. Sie trugen Erdfarben, waren aber nicht nah genug, daß ich ihre Gesichter und somit ihre Identität hätte ausmachen können. Mit tänzerischen Bewegungen huschten sie anmutig zwischen Schatten und frühem Sonnenlicht hin und her. Dann verharrten sie wieder vollkommen reglos und lauschten.

Ich fragte mich besorgt, was sie so früh am Morgen ohne Begleitung eines Erwachsenen im Wald zu suchen hatten. Gleichzeitig bezauberte mich die Vorstellung, Erdgeister vor mir zu haben, die in der Tiefe meines Waldes hausten. Ich nahm meine beschlagene Brille ab und putzte sie, um die Kinder besser sehen zu können. Nur eines der Kinder war zurückgeblieben, die anderen beiden waren verschwunden, mit den Schatten verschmolzen, ohne einen Laut zu verursachen. Das zurückgebliebene, halb vom Gebüsch verborgene Mädchen kam näher, bog und hob den Kopf in eine Position, die Flucht verhieß. »Hab keine Angst. Komm näher. Sag mir, wer du bist«, wollte ich der Kleinen zurufen.

Als hätte sie meine Gedanken gehört, hob sie den Kopf in meine Richtung, hielt die Nase in die Luft und verschwand wie in Panik in den Wald. Wieder wollte ich rufen, schwieg aber. Der Hirschpfad war leer.

»Waren sie nicht wunderhübsch?«

Ich nickte.

Wir rutschten vom Baum auf den gefrorenen Boden hinunter. Slade scherzte und redete, während wir zum Haus zurückgingen. Verunsichert schwieg ich, da ich meiner eigenen Wahrnehmung nicht traute. Er packte die Jagdausrüstung in den Truck und sagte, er müsse gehen. Ob er enttäuscht sei, keinen Hirsch erlegt zu haben, fragte ich ihn.

Er schüttelte den Kopf. »Ich bin auf der Suche nach einem ausgewachsenen Tier und konnte es einfach nicht über mich bringen, eines von den Kitzen zu schießen. Sie waren richtige kleine Schönheiten, nicht wahr?«

Ich muß ihn seltsam angesehen haben, denn er fügte hinzu: »Sie haben doch auch die jungen Hirschkühe gesehen, oder? Auf jeden Fall haben die Sie gesehen.«

Ich starrte Slade an. Dann drehte ich mich um und spähte noch einmal in den nun sonnengefleckten Wald. Meine Augen richteten sich auf seine Pfeifentasche, die auf dem Vordersitz lag. Slade wartete auf meine Antwort. Wie bei Winona wußte ich, daß er mehr als ein einfaches Ja oder Nein erwartete. Ich begriff nicht, was im Wald geschehen war. Was ich gesehen hatte, waren keine Hirschkühe gewesen; Kinder oder Waldfeen waren es gewesen, aber keine Hirschkühe. Ich warf einen Blick auf Slade, der mich angrinste. Er öffnete die Tür und glitt hinter das Lenkrad.

Ich behielt meine Verwirrung für mich, antwortete aber doch. »Sie waren wirklich wunderhübsch, Slade. Ich freue mich, daß Sie sie auch gesehen haben.«

Slade strahlte mich an, streckte den Arm aus dem Wagen und legte seine Hand auf meinen linken Oberarm. »Denjenigen, die den Wald mit Ehrerbietung betreten, zeigen sie sich und gestatten ihnen für einen Moment, an ihrem Leben teilzuhaben. Ich wünschte nur, der alte Bock hätte sich auch gezeigt.« Er schüttelte den Kopf in gespielter Verzweiflung, jagte den Motor hoch und schoß mit dem alten Mädchen die Auffahrt hinunter. Während das Motorengeräusch sich in der Ferne verlor, ging ich auf das Haus zu, drehte mich dann aber noch einmal zum Wald um. Der Waldrand war vom hellen Sonnenlicht des Morgens übergossen. Die Tiefen hatten sich in den Schatten zurückgezogen.

Ins Geheimnisvolle.

36

WARTEN AUF DIE WORTE GOTTES

* * *

Als mein Gebet immer andächtiger und innerlicher wurde,
da hatte ich immer weniger und weniger zu sagen.
Zuletzt wurde ich ganz still.
Ich wurde,
was womöglich noch ein größerer Gegensatz zum Reden ist,
ich wurde ein Hörer.
Ich meinte erst, Beten sei Reden.
Ich lernte aber, daß Beten nicht bloß Schweigen ist,
sondern Hören.
So ist es:
Beten heißt nicht sich selbst reden hören,
Beten heißt still werden
und still sein
und warten, bis der Betende Gott hört.

Sören Kierkegaard

Als Winona an diesem Montagmorgen in die Praxis marschierte, fiel mir ihre jüngste Zurechtweisung ein, ich käme mir mit Worten selbst in die Quere. Wird ein Klient wirklich zornig auf seinen Therapeuten, ist meist die Zeit eines echten Reifungsprozesses für beide erreicht. Ich war entschlossen, mit ihr gemeinsam zur Quelle ihres Ärgers vorzudringen. Winona hatte jedoch das erste Wort.

»Sie möchten etwas darüber wissen, stimmt's?« Damit hatte sie mein Programm gestohlen.

Ich übte mich in professioneller Distanz. »Über was?« fragte ich.

»Das wissen Sie genau.« Sie machte eine emphatische Geste. »Darüber, was ich das letzte Mal gesagt habe. Sie möchten wissen, was ich gemeint habe. Ich kenne Ihre Gedanken.« Sie lächelte mich an und genoß es, mich aus der Fassung zu bringen.

Mein Gedanke war, daß man Gedanken nicht lesen konnte. Das hatte ich zumindest einer ganzen Reihe paranoider Patienten vermittelt. Wie sollte ich ihr antworten? Vielleicht riet sie einfach nur sehr raffiniert. Ich beschloß, meine Gedanken den Kindern zuzuwenden, die ich im Wald gesehen hatte.

»Auch das versuchen Sie zu verstehen. Aber es ergibt keinen Sinn für Sie, was, Meggie?« Winona machte es sich in ihrem Stuhl bequem. »Sie beginnen nun, etwas über die Geister herauszufinden, weil Sie endlich lernen, sich zu konzentrieren. Das habe ich auch gemeint, als ich Ihnen sagte, daß Sie sich ständig selbst in die Quere kommen.«

Winona streifte ihre Stiefel ab und begann ihre Füße zu massieren, die in langen grünen Strümpfen steckten. »Sie müssen ruhig werden, dürfen all diesen Fragen nicht erlauben, Ihre Sinne zu verwirren. Oje, sind meine Zehen heute kalt. Ich wünschte, ich wäre als Pima geboren, dann würde ich im Winter nicht frieren!« Winona schauderte, wie um ihre Worte zu unterstreichen. Sie setzte sich auf und lächelte mich an. Die Überraschung stand mir im Gesicht geschrieben.

Ob sie nun meine Gedanken lesen konnte oder nicht, ich hatte eine Aufgabe zu erfüllen, und die bestand darin, meiner Klientin zu folgen, wohin sie mich führte, sollten es auch die Abgründe meines eigenen Denkens sein. »Winona,

Sie sind sehr intuitiv«, begann ich, wohl wissend, daß das eine Untertreibung war. »Ich möchte, daß Sie mir mehr darüber erzählen, was es bedeutet, eine Heilerin zu sein. Ich möchte, daß Sie mir sagen, wie ich mir bei meiner Arbeit mit Ihnen selbst in die Quere komme. Es ist wichtig für mich, das zu wissen.« Ich mußte erfahren, wo ich mit ihr stand.

Ihr Gesicht wurde nachdenklich und ernst. Sie sah ihre Pfeifentasche an, dann wieder mich und fragte: »Stehen Sie in Ihrem Mond?« Ich schüttelte den Kopf. Die nächsten Minuten verbrachte sie damit, die Pfeife zusammenzufügen und zu stopfen. »Sie werden mit mir rauchen«, verkündete sie. Es war keine Frage, sondern eine Feststellung. Ich lehnte mich zurück, denn ich hatte gelernt, in Winonas Therapiestunde die Zeit außer acht zu lassen.

»Ich habe in meinem Leben eine Menge Holz gehackt«, nahm sie den Faden wieder auf. »Häufig gibt es ein Stück, das sich nicht in der Mitte spalten läßt. Kennen Sie das?«

Ich nickte. Sie zündete die Pfeife an und zog, bis sie gut brannte. Dann bot sie sie den Großvätern und der Großmutter dar und gab sie mit den Worten »*Mitakuye oyas'in*« an mich weiter. Ich hielt mir die Pfeife ungeschickt an den Mund. Stille senkte sich über das Büro, als der Rauch aufstieg. Ich reichte die Pfeife an sie zurück, indem ich sie auch hob und senkte. »*Mitakuye oyas'in*«, sagte ich.

»Diese widerspenstigen Stämme lehren uns etwas«, führte sie aus. »Sie geben uns zu verstehen, daß man, um sie zu spalten, die Axt an den äußeren Ringen ansetzen muß. Dann bricht der Stamm auseinander. Etwa so.« Sie machte eine öffnende Geste mit der rechten Hand. »Stück für Stück. Der Kern bleibt solide und kann nicht gespalten werden. Und so ist es auch beim Heilen, Meggie, beim Lehren, im

Leben, beim Wissen um die heiligen Mysterien. Man kann nicht so einfach zum Mittelpunkt vordringen. Er gibt nicht nach. Man muß sich von der Seite nähern, Stück für Stück, Schritt für Schritt.«

Winona reichte mir die Pfeife. »Es ist wie mit den Sternen. Man kann sie nicht von vorne sehen, aber von der Seite strahlen sie. Oder gehen Sie mal frühmorgens auf einen Hügel und betrachten Sie den Sonnenaufgang. Er ist schön, aber so hell, daß Sie nicht lange hineinschauen können; er blendet sie. Dann wenden Sie sich um und sehen, wie sein morgendlicher Glanz die Ostseite der Bäume entzündet, bis sie in Flammen steht. Sie kriegen eine Gänsehaut. Die Welt ist wiedergeboren. Der Übergang vom Reich der Nacht zum Reich des Tages ist eine ganz besondere Zeit. Wollen Sie aber zum Kern vordringen, sehen Sie gar nichts.« Sie wiegte den Kopf von einer Seite zur anderen. Ich gab die Pfeife zurück.

Ich wurde langsam etwas nervös. Warum konnte Winona nicht zu dem Punkt kommen, auf den sie hinauswollte, statt um den heißen Brei herumzureden? Meinte sie, man müsse die Abwehr anderer respektieren, ehe man sich in der Therapie mit Kernfragen auseinandersetze? War ich zu direkt vorgegangen, oder was? Ich war verwirrt. Winona gab mir die Pfeife und schalt: »Da! Schon wieder. Sie denken zuviel, Meggie. Hören Sie doch einfach zu. Nur zuhören.«

Ich nahm ein paar kurze Züge und gab ihr die Pfeife zurück.

Winona konzentrierte sich aufs Rauchen. Sie stopfte den brennenden Tabak in die Pfeife und legte ihren Daumen über den Kopf, um ein zeitweiliges Vakuum zu schaffen. Jedesmal wenn sie den Daumen anhob, glomm der Tabak auf. Ich wartete, daß sie weitersprach. Ihre Stimme wurde hypnotisch. »Es gibt viele Arten, zu heilen, Meggie. In dieser Praxis lauschen Sie den Krankheiten des Geistes. Sie wissen es vielleicht nicht, aber genau das ist es. Die Leute kommen zu Ihnen und sprechen über viele Gefühle und Gedanken. Sie erzählen Ihnen wahrscheinlich, wie unglücklich sie mit diesem Mann oder jener Frau sind. Oder wie sie jemanden oder etwas verloren haben, obwohl sie sich in Wahrheit eigentlich selbst verloren haben. Auch ihre Körper sprechen und schmerzen an dieser oder jener Stelle, doch der eigentliche Schmerz wird von dem verursacht, was im Inneren abgeschnitten ist. Durch Ihr Zuhören und durch Ihren Rat helfen Sie ihnen, die Stimme ihres eigenen schmerzenden Geistes zu vernehmen, Meggie. Sie müssen den Schrei dieses Geistes hören, um ihre Krankheit zu erkennen.«

Winona schüttelte den Kopf. »Diesen Menschen zu helfen, sich besser zu äußern und zuzuhören ist nicht genug. Der Geist und seine Wiege, der Körper, müssen sich erkennen und lernen, einander zu lieben.«

Winona lächelte über eine plötzliche Einsicht. »Großmutter Erde und Großvater Himmel haben durch das Große Geben gelernt, einander zu lieben. Sie gibt ihm Kraft aus ihrem Leib. Er gibt ihr Kraft durch die vier Winde. Dieses Geben und Nehmen hält unsere Welt am Leben und gesund. Darum geht es auch beim Heilen.«

»Aber wieso komme ich mir bei dem, was ich mit Ihnen mache, selbst in die Quere, Winona?« Ich wollte sie nicht einfach so mit ihren schönen Worten davonkommen lassen. Winona sah mich erstaunt und entmutigt an. Diese weiße Frau wollte einfach nichts begreifen. Sosehr sie sich auch an der Peripherie öffnete, ich drängte weiter zum Kern. Ich hatte mich für einen Schlag gewappnet, war einsatzbereit. Sie mußte mir sagen, was ich falsch machte. Erst dann konnte ich ihre Wahrnehmung im Lichte meiner beruflichen Kenntnisse analysieren, um zu erfahren, ob sie die Wahrheit über sich – oder über mich – sagte.

Sie sprach langsam, wie zu einer geistig Behinderten. »Es ist ganz einfach, Meggie. Sie und ich, wir sitzen hier, und ich erzähle Ihnen Dinge, die Sie in Ihrem Herzen schon wissen. Ich zeige Ihnen die Sonne, und Sie verbrennen. Ihre Haut schält sich, und Sie werden röter als ich.« Bei diesem Gedanken lächelte Winona und betrachtete die Farbe ihres Arms. »Ihre Hautschichten verbrennen im heiligen Feuer, und das tut weh. Es schmerzt, weil wir im Grunde alle ausgeglichen sein möchten. Wenn Sie sich aber selbst überholen, verlieren Sie ihren Schutz. Sie müssen Ihrer Haut erlauben, eine robustere Farbe zu entwickeln. Also erfindet Ihr Verstand Gedanken, die Sie vor Ihrer Verwunderung beschützen, und Sie können behaupten, sich nicht verirrt zu haben.

Doch nur durch Verwunderung und Verirrung können wir die heilige Welt betreten. Sie haben einen scharfen Verstand, Meggie, aber Sie müssen ihn formen und ihn lehren, zu schweigen, zu lauschen und nach dem Tor zu anderen Welten Ausschau zu halten, denn das wird sich nicht direkt vor Ihrer Nase öffnen. Soviel kann ich Ihnen versprechen.« Winona schüttelte energisch den Kopf. »Wir gehen nämlich durch die Seitentür.« Sie zeigte auf die Wand zu meiner Linken. An der Wand hing ein Aquarellbild mit violettfarbenem Flieder.

Ich starrte auf den Flieder, aber er sagte mir nichts. Ich schwieg, denn ich wußte nicht, wie ich auf ihre Worte reagieren sollte. Schließlich sprach ich doch. »Eine der Schwierigkeiten, die ich bei meiner Arbeit mit Ihnen habe, besteht darin, daß niemals ganz klar war, wer eigentlich wen heilt. Aus dem, was ich über Sie gehört hatte, habe ich geschlossen, daß ich es mit einer deprimierten und verunsicherten Witwe zu tun haben würde. Doch als ich Sie kennenlernte, erschienen Sie mir gar nicht deprimiert, obwohl Sie häufig über Ihren Tod sprachen.« Ich machte eine Pause, als sie mir die Pfeife reichte, nahm vier kräftige Züge und gab sie ihr zurück.

Sie stand auf und ging zur Tür des Warteraums, um die Asche nach draußen zu befördern. Eisige Luft strömte in die warme Praxis, bis sie die Tür wieder schloß und zu ihrem Sitz zurückkehrte. Sie setzte sich, kreuzte ihre bestrumpften Füße und blickte in ihren Schoß. Diese Haltung drückte bei ihr ehrerbietiges und aufmerksames Zuhören aus. Meine Stimme war durchdringend, aber kaum lauter als ein Flüstern.

»Sie haben immer wieder vom Tod gesprochen«, erinnerte ich sie. »Und ich wollte, daß Sie leben. Ich habe Zuneigung zu Ihnen gefaßt. Nein, das stimmt nicht ganz. Winona, ich habe Sie liebgewonnen und schätzengelernt.« Winona nickte zustimmend, als hätte sie das alles schon gewußt.

»Irgendwann haben Sie beschlossen, mich zu Ihrer letzten Schülerin zu machen«, fuhr ich fort. »Törichterweise kam ich zu dem Schluß, daß Sie, wenn wir – Falke und ich – von Ihnen lernen würden, einen Grund mehr hätten, am Leben bleiben zu wollen. Ich glaube, ich habe Sie letztes Mal mit diesem Wunsch bedrängt.« Langsam begann das Problem in meinem Kopf Gestalt anzunehmen.

Winona nickte und ermutigte mich damit, die Zusammenhänge meiner Argumente weiterzuspinnen.

»Wenn ich recht habe, planen Sie also immer noch, das Angebot der Geister anzunehmen. Dann werden Sie sterben. Sie werden Falke, Lucy und Ihre Enkel verlassen und einfach gehen.«

Winona rührte sich kaum.

Ihr Schweigen war Bestätigung. Und tödlich.

Ich merkte, daß Verlustängste an die Oberfläche meines Bewußtseins drängten, und verschaffte ihnen durch einen Seufzer ein Ventil. Doch es waren nicht meine Probleme, die hier verhandelt wurden. Um die Situation zu entschärfen, machte ich mich über mich selbst lustig. »Meine Heilmethode zeitigt ja keinen besonderen Erfolg bei Ihnen!«

Winona kam zu sich. »Ach Meggie, das stimmt doch nur, wenn Sie glauben, daß der Kern von dem, was zwischen uns ist, mein Tod ist. Wenn Sie mal nachdenken, werden Sie merken, daß wir ständig über das Leben gesprochen haben – mein Leben und Ihr Leben. In diesem Geben und Nehmen, das zwischen uns stattgefunden hat, liegt unsere Heilkunst. Wir bewegen uns Schritt für Schritt weiter.« Schwerfällig erhob sich Winona von ihrem Stuhl. Die Stunde näherte sich ihrem Ende.

Sie zog sich ihren graumelierten, verschlissenen Wintermantel über. Mit steifen Bewegungen, als ob ihre Gelenke vom langen Sitzen schmerzten, ging sie zu Tür. Ehe sie die Tür öffnete, wandte sie sich noch einmal um und kam auf mich zu. Ihre Augen leuchteten, und sie sah glücklich aus. Mit ihrer altersfleckigen Hand streichelte sie mir die Wange wie einem Kind. »Meggie, haben Sie es doch nicht so eilig. Es ist gut, daß Sie Fragen haben. Setzen Sie sich mit ihnen auseinander. Lassen Sie sich Zeit. Halten Sie Ihre Augen stets offen, wenn Sie beten, nicht nur für das, was vor Ihnen liegt, sondern auch für alles, was um Sie herum geschieht. Die Pforten liegen am Rande.

Wenn die Zeit gekommen ist, werden auch Sie bereit sein.«
Sie tätschelte noch einmal meine Wange, öffnete die Tür
und stapfte hinaus in die kalte Morgenluft.

37

DIE AHNEN

* * *

Lausche mehr den Dingen als den Wesen.
Lausche mehr den Dingen als den Wesen.
Es ist der Atem der Ahnen,
wenn die Stimme des Feuers ertönt.
Es ist der Atem der Ahnen,
in der Stimme des Wassers.

Die, die gestorben sind, sind nie, nie gegangen.
Die Toten sind nicht unter der Erde.
Sie sind in den rauschenden Bäumen.
Sie sind in den knarrenden Wäldern.
Sie sind im wispernden Gras.
Sie sind in den stöhnenden Steinen.
Die Toten sind nicht unter der Erde.

Birago Diops
Breaths

Ein kalter rauher Wind blies von Wisconsin – Schnee, Schneeregen und Eis. Die abendliche Heimfahrt von der Praxis war nicht ungefährlich, denn die Straße war von Ästen und Baumteilen übersät. Als ich das Haus betrat und den Schnee von meinen Stiefeln schüttelte, weckte der Luftzug Fritzie. Er hetzte ums Haus und überprüfte die Gerüche. Ich ließ ihn nicht aus den Augen.
Die Nacht war von Einsamkeit getränkt. Das Haus voller

leerer Räume. Inzwischen hatte ich mich an die Geräusche rückender Stühle und die Schritte auf der Treppe gewöhnt. Sie waren Erinnerungen an meine Großmutter, vermutete ich. Doch selbst diese Geräusche gingen in den Böen des Windes unter. Ich zündete ein Feuer aus Birkenscheiten an, dessen Flammen knisterten und krachten. Doch auch Fritzies Gesellschaft konnte die Einsamkeit nicht vertreiben.

Ich rief meine Eltern an und ließ es siebenmal klingeln. Keiner zu Hause. Ich versuchte es bei Coulter. Eine Automatenstimme erklärte, daß es unter dieser Nummer keinen Anschluß mehr gäbe. Eine andere Nummer wurde nicht genannt. Die Wählscheibe des alten Telefons wurde langsam arthritisch und faul. Ich gab den Gedanken auf, meine Einsamkeit dem Rest der Welt aufzudrängen, und ging ins Wohnzimmer zurück. Über dem Kaminsims hingen Porträts meiner Ururgroßeltern. Rissige, bräunliche Fotografien meiner Urgroßeltern, meiner Großeltern und meiner Eltern zierten die Wände zu beiden Seiten des Kamins. Meine Schwester und ich mußten die Auszeichnung, in die Familiengalerie aufgenommen zu werden, erst noch erwerben.

Mit möglichst ehrerbietiger Stimme wandte ich mich an meine Ahnen. »Ihr wundert euch wahrscheinlich, warum ich euch hier zu einem Familientreffen versammelt habe.« Ich nahm das Foto meiner Urgroßmutter mütterlicherseits in Augenschein. Es war in einem Rahmen mit einem anderen Foto meines Urgroßvaters. Auf einem Stuhl sitzend, der ihrer Fülle eigentlich nicht angemessen war, betrachtete sie mich mit liebevollem Blick. Meine Einladung schien sie nicht im geringsten zu überraschen. Ihr Mann, zwar in einem Rahmen mit ihr, aber dennoch auf einem getrennten Bild, schien besorgt. Ich sprach ihn an: »Du hast die Gleichberechtigung wahrscheinlich niemals gutgeheißen.« Er schaute mich über seinen Brillenrand an. Hinter ihm stand die Attrappe eines Bücherregals. Ich hatte ihn schon als Pseudointellektuellen entlarvt, warf ihm einen mißbilligenden Blick zu und wandte mich ab. Ich hatte Besseres zu tun, als mich mit eingebildeten, vor Wichtigtuerei fast platzenden Männern abzugeben. Ich warf seiner Frau eine Kußhand zu und widmete mich der anderen Seite des Kamins.

Das exquisite, feine Gesicht meiner Urgroßmutter väterlicherseits blickte mir direkt in die Augen. »Rachel oder Rebecca, nicht wahr?« fragte ich. Klarsichtig und mit stolzer Haltung lächelte sie über meine Unverschämtheit. Ihr Mann, ein kecker Bursche mit gestutztem Bart, schaute in eine andere Richtung. Es war sicher nicht einfach, neben einer solchen Schönheit fixiert zu sein, wenn der Körper in Brusthöhe aufhörte. Eine Welle von Mitgefühl überkam mich.

»Du hast sie bestimmt sehr geliebt, nicht wahr?« Er hielt den Blick abgewandt. Sie war wirklich umwerfend.

Über ihnen allen thronten die Porträts meiner Ururgroßeltern, zumindest laut Überlieferung. Meine Mutter hatte einmal gestanden, daß ein fahrender Künstler die Porträts nach alten, inzwischen längst verschollenen Fotografien angefertigt hatte. Es sei nicht einmal sicher, ob das Paar über dem Kamin überhaupt miteinander verheiratet gewesen war. Vielleicht waren sie nur entfernte Verwandte, vereint vom Pinsel des Malers. Es spielte keine Rolle. Sie erkannte sie immer noch als meine Ururgroßeltern an, selbst wenn ihre Liebe illegitim oder vorgetäuscht war und jetzt für immer vom Kamin warm gehalten wurde. Sie hieß Jane und war nicht besonders hübsch. Angeblich war sie eine Todd, eine Tante von Mary Todd Lincoln. Ihre Haare waren streng zu einem altjüngferlichen Knoten zusammengebunden; sie sah mit ernstem und starrem Blick über mich hinweg.

»Anscheinend war das Leben kein großes Vergnügen für dich«, sagte ich mitfühlend. Keine Reaktion.

Ihr Mann und Liebhaber sah im Gegensatz zu ihr verteufelt gut aus und stellte eine imposante Brust zur Schau. Er schien bereit, es mit jeder Frau aufzunehmen. Sein Gesicht und sein kräftiges Kinn forderten Bewunderung. »Du bist ein Mann, der Liebe wert.« Ich zwinkerte ihm zu. Er wagte es nicht, in meine Richtung zu schauen. Janes strenger Blick hätte jede verirrte Seele zu Eis erstarren lassen. Er benahm sich und saß ganz still.

Ich stand auf und ging in die Küche, um mir ein Glas Brandy einzuschenken und kehrte in den Kreis der Familie zurück. Der Wind rüttelte immer noch an den Fenstern, das Feuer brannte heiß und warf tanzende Schatten an die Wand. Nichtsahnend von der Versammlung der Vorfahren schlummerte Fritzie auf dem Flickenteppich vor dem Kamin.

Ich prostete Jane und ihrem Geliebten, meiner Urgroßmutter und ihrem arroganten Mann, meiner anderen Urgroßmutter – der Schönen – und ihrem vornehmen Gatten zu. Ich erhob mein Glas ein zweites Mal vor den Bildern meiner Großeltern mütterlicherseits, die, dessen war ich mir sicher, seit ihrem Tod in diesem Haus spukten. Und vor den Fotos meiner Großeltern väterlicherseits, für immer im Gewand einer anderen Zeit fixiert. Schließlich trank ich auf meine noch lebenden Eltern. Auf meine Mutter, die mir mein Herz gegeben hatte. Auf meinen Vater, der mir mein Rückgrat gegeben hatte. Auf beide, die mir das Leben geschenkt hatten.

Dann war mein Glas leer.

Mir fiel ein, daß niemals ein Kind von mir zu meinem Gesicht dort an der Wand aufschauen würde. Es sei denn, ein Jahrhundert später käme zufällig ein wandernder Künstler des Wegs, würde mich mit einem entfernten Verwandten vermählen und mir fiktive Kinder geben.

Ich schaute zu ihnen auf, den stummen Hütern der Zeit, die ihre Träume, ihr Streben, ihre gesammelten Schätze an die Kinder ihrer Kinder weitergegeben hatten. Durch meine Kinderlosigkeit hatte ich das Gefühl, sie betrogen, sie in eine Sackgasse geführt zu haben. Ich hätte ihnen sagen mögen, daß sie ihre Hoffnungen auf die Kinder meiner Schwester setzen konnten. Ich wollte sie wissen lassen, daß ich in meinen einsamen Momenten die Gabe ihrer Leben an mich ehrte.

Leider war mein Glas nun leer.

38

BESUCH AUS DER VERGANGENHEIT

* * *

Lieber einen Zahn ziehen, als ständige Schmerzen erdulden.

Thomas Fuller
Gnomologia

Zwei Abende später meldete sich, unheimlicher- und über-
raschenderweise, eine Stimme aus meiner Vergangenheit.
Ich war früh nach Hause gekommen, hatte aber noch kein
Abendessen gekocht. Das Telefon klingelte, und eine vertraute Stimme sagte: »Wollen wir heute abend zusammen
im Restaurant *Winkel* essen?« Ich wußte sofort, wer es war.
Man kann nicht so viele Jahre mit einem Mann zusammen-
leben, ohne daß sich seine Stimme ins zentrale Schaltbrett
des Gehirns einprägt.

»Tom! Was, in aller Welt, machst du denn hier?« Meine Stimme verriet wahrscheinlich etwas von meinem
Schrecken. Suttons Bay lag weit entfernt von der Ostküste.
Ich konnte seine Freude darüber, mich aus der Fassung gebracht zu haben, hören. »Die Firma hat mich zu einer langweiligen Steuerkonferenz nach Traverse City geschickt. Ich
habe deine Nummer aus dem Telefonbuch. Hier bin ich also
und bitte meine ehemalige Frau um ein Rendezvous. Hast
du Lust oder nicht?« Er hatte noch nie viele Worte gemacht.
Entweder es ging nach seinen Wünschen oder gar nicht. Es
war außerdem typisch für ihn, ein entlegenes Restaurant

wegen dessen Atmosphäre auszuwählen. Das *Winkel* liegt an einem kleinen Damm in Leland mit Blick auf den Michigansee und seine herrlichen Sonnenuntergänge.

»Aber gewiß, warum nicht?« Ich platzte natürlich fast vor Neugier und dürstete nach Klatschgeschichten über unsere Freunde im Osten. Es interessierte mich auch, wie es Tom nach unserer Scheidung ergangen war. Ein Teil von mir hoffte, daß er Schwierigkeiten gehabt hatte und ihm schmerzlich und reuevoll bewußt geworden war, welch wunderbare Frau er verloren hatte.

Er fuhr einen gemieteten Cadillac und trug einen konservativen Anzug mit einer auffälligen roten Krawatte. Sein Haar war ergraut und spärlich geworden. Der Körper und die Beine waren noch immer schlank und fest, eine Folge von zwanghaftem Jogging. Seinen Armen fehlte jedoch die Muskulatur, die Slade hatte. Ich hatte Tom größer in Erinnerung; vielleicht war er mit der Zeit geschrumpft. Andererseits war ich wahrscheinlich auch dicker als früher. Immerhin hatten wir uns zwei lange Jahre nicht gesehen.

Wir schüttelten uns zur Begrüßung unbeholfen die Hände. Er heuchelte Bewunderung für mein selbständiges Leben auf Chrysalis, während er im gleichen Atemzug andeutete, daß ich verrückt sein müsse, eine lukrative psychologische Praxis aufzugeben, um an einem Ort zu leben, an dem die Tage kurz waren und die Winter ewig schienen. Mein Zigeunerrock und die Bluse bildeten einen starken Kontrast zu seinem Anzug und der Krawatte und betonten meine Instabilität. Nachdem wir unsere Haltung zum Leben schon mittels unserer Kleidung demonstriert hatten, gingen wir dazu über, mit Worten zu fechten. Mißtrauen grollte im Hintergrund. Doch die Zeit heilt auch die tiefsten Wunden, und ich hatte beinahe nostalgische Gefühle.

Ganz Kavalier, öffnete Tom die Wagentür für mich. Nachdem wir eine Weile im *Winkel* gesessen und uns mit einem Glas Rosé gewärmt hatten, stürzte er sich in einen Bericht über seine Stelle als Finanzberater einer »umweltbewußten« Müllverwertungsfirma. Ich hatte nicht geahnt, daß die Entsorgung von Müll oder das »Überleben der Fäkalien«, wie Tom es nannte, so verzwickt war. Das Profil der Stelle unterschied sich sehr von den Plänen seiner Studienzeit. Damals hatte er sich als Gegner der Regierung und Rächer der Armen und Rechtlosen gesehen. Seine Wangen waren vom Wein gerötet, aber er lockerte nicht einmal seinen Schlips. Das war für mich ein sicheres Zeichen, daß er innerlich immer noch genauso eingeschnürt war.

»Und?« Er beugte sich zu mir. »Wie lebt es sich so als Single?«

Die Frage klang nicht desinteressiert. Meine Fähigkeit zu dem argumentativen Schlagabtausch, auf dem unsere Beziehung basiert hatte, war ein wenig eingerostet. Ich verfügte nicht über die emotionale Energie, mich ihm gegenüber zu zieren.

Ich fragte ihn nicht, warum er das wissen wolle, und ich verheimlichte auch nicht die langen, zähen Wochenenden des Singletums. Ich richtete keine Gegenfrage an ihn, sondern lächelte einfach und sagte: »Heilend.« Er wartete auf mehr, aber ich schwieg. Ich strich mit dem Daumen an meinem leeren Weinglas auf und ab.

Hartnäckig versuchte er es noch einmal. »Ich meine, ob du dich mit jemandem triffst.« Seine Augenbrauen schossen in die Höhe. Er wußte, er stellte ungebetene Fragen, aber wahrscheinlich dachte er, es sei eine der letzten Gelegenheiten, solche Fragen zu stellen. Auf mein Lachen war er nicht vorbereitet.

»Oh, ich habe Stachelschweine geschossen und gehäutet. Außerdem war ich auf Hirschjagd. Ich habe die Sonne beim Gurren der Trauertauben aufgehen sehen. Ich lausche der wilden Poesie meines Herzens, wenn die Stürme den See aufpeitschen und die Finsternis der Nacht sich senkt.« Mein irisches Blut kam in Wallung.

Er unterbrach mich. »Du willst also sagen, daß du kaum ausgegangen bist. Du vergißt, wie gut ich dich kenne, Meggie.« Er lehnte sich selbstgefällig und stolz, einen Punkt für sich verbucht zu haben, zurück und harrte der erwarteten Zerknirschung. Großer Gott, mußte er seine Mutter gehaßt haben! Vielleicht lag darin der Ursprung seines tyrannischen Zorns.

Ich sah ihm ins Gesicht. »Du hast dich kein bißchen verändert, Tom. Immer direkt und ohne Umschweife. Wie geht es übrigens deiner Mutter?« Ich würzte meine Stimme mit Aufrichtigkeit.

Er sah mich entgeistert an. »Was hat meine Mutter mit dieser Unterhaltung zu tun?« Verärgert winkte er die Kellnerin heran, damit sie unsere Bestellung aufnahm. Essen war immer seine letzte Zuflucht gewesen, wenn ich etwas zu hexenhaft wurde.

»Ich empfehle gegrillten Weißfisch.« Er vergaß, daß er sich eigentlich auf meinem Terrain befand.

»Weißfisch«, wiederholte ich. Er nahm an, daß er für mich bestellen sollte. Was er dann auch tat. Prompt widersprach ich und bat die Bedienung, mir einen Salat zu bringen. Ich spürte, wie ich langsam auf eine Anorexie der Gefühle zusteuerte. Mein Körper zog sich in sich zusammen, und die Erinnerung, warum ich mich von ihm hatte scheiden lassen, kehrte zurück. Es war sein Drang, andere zu dominieren und zu kontrollieren.

Trotzdem wollte ich nett sein.

Nein, eigentlich wünschte ich mir, mich entspannen zu können, ich selbst zu sein und seine ständigen Beurteilungen abzustellen. Warum sollte ich mir immer noch etwas daraus machen, was er von mir dachte?

Während er über seine beruflichen Leistungen sprach, lauschte ich der Hintergrundmusik und beobachtete den dunklen Schleier, der sich über den Michigansee senkte. Ich erinnerte mich an die Einsamkeit, die es bedeutete, mit einem Mann der Ideen zusammenzuleben, der das Buch stets der Erfahrung auf dem Berg vorzog. Die Lichter der Stadt und die Mauern unseres gemeinsamen Daseins in engen Mietshäusern oder auf geteerten Straßen kamen mir ins Gedächtnis. Beim Zuhören wurden Toms Worte zu kleinen, dürren Blättern, die zu Boden fielen. Alles, was einst grün gewesen war, verwelkte.

Vor den Fenstern des Restaurants schwappte der große See in seinem Becken und drückte Wellen in den Jachthafen. In der Ferne blinkte das Kanallicht in der Manitou-Durchfahrt für die Eisenerzfrachter auf ihrer Fahrt nach Norden zum Lake Superior. Ich konnte mir die tiefen Signalhörner der Schiffe vorstellen, die einander während der stürmischen nächtlichen Überfahrt warnten.

Irrtümlich hatte ich angenommen, Tom bemerke mein Abschweifen nicht. Doch er hielt mitten im Satz inne und schaute mich gekränkt an. »Ich langweile dich, Meggie. Stimmt's?« Ehe ich noch zu einer Lüge Zuflucht nehmen konnte, erklärte er: »Du hast mir gesagt, du würdest mich für immer lieben. Erinnerst du dich, Meggie?«

Ich nickte.

Er machte weiter. »Du hast gesagt, du würdest mich nie verlassen – es sei denn, ich würde dich langweilen. Dann haben wir gelacht. Siehst du, auch ich erinnere mich. Du hast früher so gerne gehört, was ich zu sagen hatte, was ich gelesen hatte. Wir unterhielten uns und debattierten, und ich fühlte mich wie ein Prinz in deiner Welt. Irgendwann und irgendwie bin ich dir dann langweilig geworden, nicht wahr? Ich bin immer noch der Mann, den du geheiratet hast. Ich habe mich nicht verändert. Du warst es – du hast dich verändert.« Er meinte das nicht als Anklage, obwohl alles, was Tom sagte, immer einen Hauch von Vorwurf beinhaltete. Er stellte eine Tatsache fest, mit der er sich nun auseinandersetzte. Es betrübte mich, daß er sich nicht verändert hatte. Offensichtlich war ihm niemals bewußt geworden, wie seine Brutalität die Liebe und Achtung, die ich ihm einst entgegenbrachte, vernichtet hatte.

Die Bedienung beschloß, uns jetzt das Essen zu bringen. Ich zerteilte sorgfältig meinen Salat, reichte ihm Salz und Pfeffer, nippte an meinem aufgefüllten Glas und überlegte, was ich sagen sollte. Er sprach kurz über das Essen, wie gut es zubereitet sei. Tom gehörte zu den Menschen, die immer die Initiative ergreifen. »Mir fällt gerade ein«, sagte er, »wie wütend ich immer war, wenn wir in eine elegantes Restaurant gingen, ich ein Feinschmeckergericht bestellte und du, ehe ich noch einen Bissen essen konnte, schon von meinem Teller kosten wolltest.«

»Reine Neugier«, murmelte ich zwischen zwei Bissen roher Karotte.

»Nein, es war dreister Diebstahl. Du wolltest immer ein Stückchen von dem, was ich hatte.« In seiner Stimme schwang ein alter Ärger mit.

»Eigenlob?« schlug ich, an meinem Grünzeug kauend, vor.

»Außerdem hat es mich verrückt gemacht, daß du immer zuviel Essen auf meinen Teller gehäuft hast, so als woll-

test du einen Truthahn stopfen!« Tom klang jetzt einge-
schnappt.

Ich war bei den Schalotten angelangt, die beim ersten Zu-
beißen irgendwie nachfederten. Tom genoß sein Essen, obwohl ich mir unwillkürlich vorstellte, wie er mit Waffen in
beiden Händen darüber wachte, daß ihm niemand einen
Brocken wegschnappte.

Es war typisch für unsere Mahlzeiten, daß ich schon längst
fertig war, bevor Tom die Mitte seines Tellers erreicht hatte.
Der Salat war schwer verdaulich. Ich lehnte mich zurück
und zog leicht am Gummizug meines Rockes, um mich weniger eingeengt zu fühlen. Ich hatte es satt, mich von meinen Erfahrungen bremsen zu lassen. Es war an der Zeit,
vorzurücken. »Amüsierst du dich gut, Tom?«

»Meinst du hier? Im Moment?« Tom war kein Dummkopf.
Er wußte, daß ich mehr im Sinn hatte.

Ich weigerte mich zu spezifizieren. »Amüsierst du dich
gut?«

Er hatte den Mund voll mit gegrilltem Weißfisch und kaute
langsam und sorgfältig, damit er keine Gräte verschluckte.
Er spülte den Fisch mit einem Schluck Wein hinunter. »Ja,
ich denke schon.«

Noch zwei Schlucke. Er schob seinen halbvollen Teller von
sich. Ich mußte seine Disziplin bewundern. In meinem ganzen Leben habe ich noch keinen halbvollen Teller stehen-
lassen. Ich nahm jedoch davon Abstand, hinüberzugreifen
und sein Gericht aufzuessen. Irgendwie reizte mich sein Essen nicht mehr.

Auch Tom schien langsam zu begreifen, warum wir unsere
Ehe beendet hatten. Sie hatte einfach nicht mehr funktioniert. Er seufzte und gestand. »Einer der Gründe, aus dem
ich dich heute sehen wollte, Meggie, ist, daß ich in ein paar

Monaten wieder heiraten werde. Ich wollte nicht, daß du es von jemand anderem hörst. Wahrscheinlich …« Er kicherte. »… kehre ich wie die meisten Männer an den Tatort meines …« Tom konnte den Satz nicht beenden. Er schämte sich. Ich dagegen fühlte mich erleichtert. Eine Tonne Backsteine fiel mir vom Herzen. Nun würde die Vergangenheit für immer Vergangenheit bleiben und mich nie mehr in einer Winternacht heimsuchen. Ich gratulierte ihm. In Wahrheit gratulierte ich mir selbst und bemitleidete seine Zukünftige.

»Tom«, sagte ich und erhob mein Glas. »Mögen deine Tage voll Wunder und deine Nächte voller Leidenschaft sein. Mögest du gut von deinem alleinigen Teller speisen. Mögest du alt werden und jung im Herzen bleiben. Möge deine Liebste dich mit ihrer Harmonie bezaubern und …«

Wieder unterbrach er meine Inspiration. »Meggie, ich glaube, wir müssen gehen. Es wird spät, und ich fliege morgen sehr früh ab, aber es war ein schöner Abend mit dir. Ich hatte vergessen, wie sehr du die Worte liebst. Aber es wird Zeit, aufzubrechen.« Er winkte der Kellnerin wegen der Rechnung, gab ein großzügiges Trinkgeld und fuhr mich nach Chrysalis zurück.

Wir küßten uns nicht zum Abschied. Wir sagten auch nicht »Bis zum nächsten Mal« oder so etwas. Wir gaben uns die Hand und sagten Lebewohl. Er stieg in seinen gemieteten Cadillac und fuhr davon. Vielleicht war es nur eine Reflexion des Armaturenbrettes, aber ich hätte schwören können, ich sah mich selbst, ein jüngeres Ich, gefangen auf dem Beifahrersitz seines Wagens. Sie wandte sich um und winkte mir zum Abschied zu. Es haftete ihr etwas Trostloses an. Ich hob nur ganz leicht die Hand, um ihrem Entschwinden die Ehre zu erweisen.

39

KÖSTLICHSTE FRISCHE LEBT TIEFINNERST ALLEN DINGEN

* * *

Geladen ist die Welt mit Gottes Herrlichkeit.
Ausflammen wird sie, wie Glast von gerütteltem Flitter;
Sie sammelt sich zu einer Größe, gleich dem Seim
  gepreßten Öls.
Was achten die Menschen denn jetzt seiner Rute nicht?
Generationen traten, traten schweren Tritts;
Und alles ist von Schacher ausgedörrt; besudelt,
  beschmiert
von geschäftiger Mühsal;
Trägt Menschenschmutz, teilt Menschendunst: der Grund
Ist kahl nun, noch kann Fuß fühlen, der beschuht.

Trotz alledem, Natur bleibt immer unerschöpft;
Köstlichste Frische lebt tiefinnerst allen Dingen ...

Gerard Manley Hopkins
Gottes Herrlichkeit

Die Schwingen der Dunkelheit hatten sich bereits über die Praxisfenster gebreitet, als Winona zu ihrem Abendtermin erschien. Sie trug einen grauen Wintermantel, einen roten Wollschal und einen lilafarbenen Strickhut. Winona sah aus, als hätte sie sich in einem Trödlerladen eingekleidet. Die Kälte trieb sie geradezu in meine Praxis, und sie weigerte sich, ihren Mantel auszuziehen, bis sie sicher war, daß die Heizung meines Büros Wärme ausstrahlte. Erst zehn Minuten später hörte sie auf zu zittern. Vor dem Fenster blinkte die Weihnachtsdekoration an den dunklen Geschäften. Ein Transparent am Videoverleih verkündete: Nur noch zehn Tage bis Weihnachten!

Im Sitzen noch in ihren voluminösen Mantel gepackt, wirkte Winona alt und gebrechlich. Das rauhe Dezemberwetter setzte ihr zu. Eingedenk der Tatsache, daß unsere letzte Sitzung näher rückte und ich nicht wußte, in welche Richtung ich unsere gemeinsame Arbeit fortführen sollte, beschloß ich, sie den Anfang machen zu lassen. Winona war kein Mensch, der sich lange bitten ließ.

»Meggie, hinter Ihnen gehen stets die Sieben Generationen, und vor Ihnen gehen stets die Sieben Generationen. Alles, was Sie tun, müssen Sie im Namen dieser Sieben Generationen tun. Die Menschen, die nur im Hier und Heute leben, sind Menschen ohne Eltern. Sie sind Menschen ohne Kinder und Enkel. Sie sind ein stiller Teich und waren doch einst ein großer Fluß.«

Ich dachte an meine Ahnen an der Wand über dem Kamin, an meine eigene Kinderlosigkeit und an das Vermächtnis, das Winona hinterlassen würde. Ich fragte: »Glauben Sie, Ihre Enkel haben inzwischen genug von Ihnen gelernt?«

Kopfschüttelnd ging sie über meine Bemerkung hinweg. »Ich hatte einmal einen Traum, dessen Geschichte ich Ihnen schenken möchte«, sagte sie. »Sie handelt von Iktomi, der schwarzen Spinne, die von ihrer Mutter gewarnt wurde, Geschöpf der Erde und des Himmels, das sie war, niemals in die Nähe des Wassers zu gehen. Aber Iktomi war neugierig. Sie hatte ihr Bild bisher nur in den Tautropfen, die im Netz ihrer Mutter hingen, gesehen. Eines Tages machte sie sich auf, um einen Teich zu finden und ihr Spiegelbild zu betrachten. Als sie ihr Bild auf der Oberfläche des Teiches gewahrte, wurde sie von Entsetzen gepackt. Eine schwarze, häßliche Kreatur mit einem riesigen Leib und dünnen Reisigbeinen starrte ihr entgegen. Sie traute ihren Augen nicht! In diesem Moment schwamm ein leuchtend bunter Fisch vorüber und löste ihr Bild auf. Ein Frosch, der auf einem Seerosenblatt saß, begann in einem mächtigen Baß zu singen, und eine Ente glitt, anmutig aus der Luft landend, über die Oberfläche des Wassers. Das war zuviel für die kleine Spinne!«

Winona unterbrach sich, um ihren Mantel auszuziehen.

»Die kleine Spinne rief: ›Großvater, warum habe ich nicht die Stimme des Frosches oder die Farben des Fisches oder die Flügel der Ente? Warum muß ich so häßlich sein?‹ Ohne eine Antwort abzuwarten, versuchte sie, wie der Frosch zu singen, aber ihre Stimme war dünn und klang, als rascheln ten zwei Blätter im Wind. Sie suchte einen Würgkirschenbusch und rieb ihren schwarzen Körper in den roten, zerdrückten Beeren, aber davon wurde ihr Rücken nur klebrig, eine schönere Farbe nahm er nicht an. Sie rannte und sprang in die Luft, aber ihre Versuche zu fliegen waren vergeblich. Ihre Beine konnten keine Flügel sein. Jeder Sprung endete in einer unsanften Rückkehr auf dem Boden.

Iktomi wurde furchtbar traurig. Sie setzte sich auf einen Stein, weinte und weinte und achtete nicht darauf, daß die Sonne unterging. Rasch brach die Nacht herein, und damit kam für die Spinnen die Essenszeit. Iktomi hatte den ganzen Tag ihrem Spiegelbild nachgejagt und war nun hungrig. Ihre Mutter, ihre Brüder und Schwestern, ihre Freunde hatten längst ihre Netze gesponnen, um ihr Abendessen zu fangen.

Aber die kleine Spinne, die inzwischen sehr hungrig war,

hatte vergessen, wie man ein Netz spinnt. Sie beobachtete die anderen Spinnen und kletterte wie sie hoch hinauf auf einen Ast. Welches Muster sollte sie weben? Wie anfangen? Denn wenn man genau hinschaut, erkennt man, daß alle Spinnen verschiedene Netze weben.«

Winona wickelte sich aus ihrem Schal, behielt aber den lila Hut auf. Sie konzentrierte sich ganz auf ihre Geschichte. Ihre Finger wirbelten durch die Luft, wie die Beine einer zappelnden Spinne.

»Also beschloß die kleine Spinne, die anderen Spinnen zu fragen: ›Wie fängt man ein Netz an?‹ Den anderen Spinnen kam diese Frage sehr dumm vor. Außerdem waren sie vollauf mit der Anfertigung ihrer eigenen Netze beschäftigt. In der auf ihre Frage folgenden Stille sprach der Fisch zu ihr. ›Ganz tief unter der Oberfläche.‹ Diese Antwort verwirrte sie, denn sie hatte die Kunst des Webens tatsächlich vergessen.

›Welches Muster soll ich also weben?‹ Sie sah nämlich, daß um sie herum in den Ästen eine große Vielfalt von Netzen hing. Eine sehr große und attraktive männliche Spinne in ihrer Nähe antwortete mit tiefer, sanfter Stimme: ›Meines! Mach mein Muster!‹ Aber der Frosch auf seinem Seerosenblatt quakte der kleinen Spinne eine Warnung zu: ›Dann gehörst du für immer ihm!‹«

Mir dämmerte langsam, daß Winona mir nicht einfach nur eine allgemeine Wahrheit vermitteln wollte, sondern *mein* Leben im Sinn hatte. Ich sollte ihr nicht bloß mit dem Verstand, sondern auch mit dem Herzen folgen.

Winona nahm den Hut ab und kuschelte ihre Hände in sein wollenes Inneres. Doch diese Bewegungen unterbrachen den Fluß ihrer Geschichte nicht.

»Die kleine Spinne stand da und wußte nicht, was sie tun

sollte. Die Ente erhob sich aus dem Teich und flüsterte ihr im Vorbeifliegen zu: ›Wende dich an die Großmutter. Sie ist in dir.‹«

Winona lehnte sich zurück und gab einen erklärenden Kommentar. »Wie Sie sehen, ist es eine Frauengeschichte.«

Ich wollte mir das Ende nicht vorenthalten lassen. »Und was geschah weiter?« fragte ich.

»Was konnte die kleine Spinne sagen? Nur die Wahrheit«, erwiderte Winona.

»Und die lautete?«

Winona beugte sich vor, wurde selbst zur kleinen Spinne, die verwundert um sich blickte. »Ich habe vergessen, wie man ein Netz webt.« Sie breitete ihre geöffneten Hände in einer universellen Geste der Hilflosigkeit aus.

Im Schweigen, das auf diese Geschichte folgte, bewegten mich viele Fragen, von denen jedoch keine mit der psychotherapeutischen Behandlung von Winona Pathfinder zu tun hatte.

»Ich weiß auch nicht weiter«, bekannte ich, denn ich wußte wirklich nicht, was ich als nächstes sagen sollte.

Winona schien ungerührt von meinem Dilemma. Sie zog ihre Stiefel aus und lehnte sie ordentlich gegen die Wand. Die Stille akzentuierte die Geschichte. Ihren bizarren Hut stülpte sie über die Stiefel.

Ich wartete. Winona hatte mich gut erzogen.

Sie fuhr fort. »Die Welt, in der Sie im Augenblick leben, ist die Welt der Getrennten Pfeife. Frauen gehen den Weg des Pfeifenstiels, und die Männer verstecken sich im Pfeifenkopf.« Winona lachte über die verkehrte Welt und erklärte: »Die Männer haben vergessen, wie man auf die Jagd geht. Die Frauen können sich nicht mehr daran erinnern, daß die Großmutter auch in ihrem Leib wohnt. Also gibt es diese

New-Age-Bewegung, in der alle nach dem suchen, was sie früher besaßen und jetzt verloren haben. Denken Sie daran, Meggie, der Pfeifenkopf für sich genommen ist nur ein Stein; der Stiel nur ein Stück Holz. Die Zweibeinigen haben vergessen, daß man sie zusammenbringen muß. Wie soll die Welt sonst eins werden?«

»Und wenn sie unverbunden bleiben ...?« Ich wußte nicht, wie ich meine Frage zu Ende bringen sollte.

Ihr Gesicht wurde traurig. »Ja, dann ist die Welt tot, und alles Heilige verschwindet aus ihr. Dann glauben die Menschen nicht mehr an die Geister ... Ihre Religion wird zum toten Fisch, der sie nicht mehr ernähren kann. Sie essen und essen, aber ihre Seelen hungern. Ein Baum ist ihnen eine Augenweide oder etwas, das man für den Winter zerhacken kann, aber er ist kein Baum mehr für sie. Ein Stein muß zermahlen und umgeformt werden; die Narben der steinernen Straßen durchziehen den Rücken der Großmutter. Für diese Zweibeinigen ist alles tot.«

»Das verstehe ich nicht, Winona. Ihr Volk und mein Volk, wir haben immer Holz zum Heizen und Steine zum Bauen verwendet.« Ihr Worte klangen poetisch, aber ich konnte ihrer Logik nicht folgen.

Sie formte eine hohle Hand, als hielte sie die Pfeife. »Der Kopf, die Schale ...« Winona suchte nach den richtigen Worten. »Sie gibt den heiligen Kräutern, dem Tabak eine Heimstatt. Die Großväter steuern den Funken und den Wind bei, und die Großmutter umschließt das Feuer. In seiner Erschaffung kommen sie zusammen. Die runde Steinschale, Meggie, sie atmet. Halten Sie sie nur lange genug in der Hand, und Sie werden den Herzschlag des Lebens verspüren. Der Stiel der Pfeife ist auch lebendig; ein Baum hat Adern wie wir Zweibeinigen, und seine Wurzeln reichen bis tief hinein in die Großmutter. Bäume und Steine haben Stimmen, und manchmal, wenn wir Glück haben, sehen wir auch ihre Geister.«

Ich dachte sofort an die Kinder, die ich im Wald gesehen hatte. Winona lächelte mich an. Verdammt! Ich überlegte, ob die Alte schon wieder meine Gedanken las. Sie nickte beinahe unmerklich. Ich riß mich von meiner eigenen inneren Transparenz los, um das, was sie gesagt hatte, zu paraphrasieren. »Sie meinen, gemessen an der lebendigen Welt der Pfeife, leben wir in einer Welt der Gegenstände, nicht wahr?«

Sie nickte nun in deutlichem Einverständnis. »Alles ist von seinem Ursprung getrennt. Es gibt kein heiliges Feuer mehr. Wir haben vergessen, wer wir sind.«

»Was bedeutet dies alles für Sie, Winona? Für Ihre Enkel?« Ich wollte sie zu dem, was mir als der Boden der Realität erschien, zurückbringen.

Sie schenkte mir ein glückliches Lächeln. »Ach Meggie, ich kehre nun heim.« Sie stand auf, warf sich den alten Mantel über, zwängte ihre Füße in die Stiefel und wickelte Kopf und Hals in sich beißendes Rot und Lila. Sie hatte genug gesagt. Es hing nun von mir ab, ob ich an der Oberfläche der Dinge bleiben wollte.

40

MÄNNER, FISCHE UND FAHRRÄDER

* * *

… sie öffnete die Augen.
Ihr erster Blick fiel auf ihn,
und sie gab ihm die Schuld.

Lucille Clifton
Sleeping Beauty

Bev kam in mein Büro, als ich gerade beim Aufräumen war. Sie brachte eine Flasche Chablis und zwei Weingläser mit. Wutschnaubend sagte sie: »Von mir aus können sie alle zur Hölle fahren.«

»Wer?« Ich hatte keine Ahnung, was in sie gefahren war.

»Die Männer. Ich habe endgültig die Nase voll von ihnen.« Sie setzte sich an meinen Schreibtisch und goß uns je ein Glas Wein ein. Ich hörte auf, mit meinen Papieren zu rascheln, und wandte mich ihr zu. Offenkundig würde es eine Weile dauern, bis ich nach Hause fahren konnte.

»Wenn du schon endgültig den Männern entsagst, hättest du wenigstens ein paar Kräcker und Käse zum Wein mitbringen können.« Bev sah mich scharf an. Das war kaum der mitfühlende Ton, den sie erwartet hatte.

»Ach, Meggie! Hast du sie nicht auch satt, wenn du daran denkst, daß Tom vorbeikommt, um dir zu sagen, daß er wieder heiraten wird, und sehen will, ob du ihn davon abhalten kannst.«

Ich lachte. Es stimmte. Bev trank ihr Glas zur Hälfte aus. »Dann ist da Jalenko, der nicht über seinen eigenen Spiegelrand hinaussehen kann. Und was bleibt dir, Frau Doktor der Psychologie? Ein Knecht, mit dem du im Morgengrauen auf die Jagd gehst, während du sexuelle Phantasien von einem Knaben unterhältst, den du in einem indianischen Souvenirladen kennengelernt hast. Wirklich, Meggie, es geht ganz schön bergab mit uns.« Sie warf sich entschlossen auf die Couch, wobei der Wein in ihrem Glas bedrohlich schwappte.

Mir kam der Gedanke, daß vielleicht auch sie erfolglos versucht hatte, Coulter zu erreichen. Ich fragte sie geradeheraus. »Hat Coulter die Stadt verlassen?«

Bev brach in Tränen aus. Sie griff nach meinen Papiertaschentüchern. »Ich hasse es, so zu heulen!«

Ich ging zur Couch, setzte mich neben sie und legte die Arme um die Schluchzende. »Warum?« murmelte sie ein paarmal und überließ sich ihren Tränen. Mutter und Kind. Die Verzweiflung macht uns alle gleich. Ich streichelte ihr Haar und tröstete sie mit dieser Berührung, ohne ihr meinen Rat aufzudrängen.

Genauso abrupt, wie sie begonnen hatten, versiegten die Tränen. Bev setzte sich auf, rückte von mir ab und tupfte sich die Augen. »Zur Hölle mit ihnen! Sie sind die Tränen nicht wert, Meggie.« Sie trank ihr Glas aus, stand auf und wollte gehen. Mir fiel ihr Autoaufkleber ein, auf dem stand, eine Frau ohne Mann sei wie ein Fisch ohne Fahrrad.

»Ich wollte es dir eigentlich nicht vor Weihnachten verraten, aber ich habe vor, dir ein Unterwasser-Zehngangrad zu schenken.« Bev schenkte mir ein resigniertes Lächeln.

»Danke«, gab sie zurück. »Das kann ich brauchen. Und noch mal danke, Meggie …«

»Für was?« Anscheinend bedankte sie sich für die Papierta-
schentücher.

»Dafür, daß du mir nicht gesagt hast, was für eine Idiotin
ich war.« Verlegen schaute sie zu Boden.

Auch ich war befangen und unfähig, die richtigen Worte zu
finden, um sie zu trösten und ihren Schmerz zu würdigen,
denn auf meine fachliche Meinung oder psychologischen
Einsichten konnte sie verzichten.

Bev nickte in Richtung meines unberührten Glases und
prostete mir zu. »Zum Wohl!« Sie spottete über ihre eigene
Verzweiflung. Mit beiden Gläsern in den Händen verließ
sie mein Büro.

»Bev!« rief ich ihr nach.

»Was denn?« Sie erschien wieder an meiner Tür.

»Komm, setz dich.« Ich deutete auf die Couch. »Ich möchte
dir eine Geschichte erzählen.«

Sie ließ sich auf der Couch nieder, um zuzuhören.

»Die Geschichte«, begann ich, »handelt von einer kleinen
schwarzen Spinne ...«

41

DER FALL

* * *

Ein Ball muß springen, doch stetig kleiner
wird sein Sprung. Leichtfertig ist er nicht,
die eigene Sprungkraft widerstrebt ihm sehr.
Er liebt den Fall, genauso fällt der Glanz der Erde
aus unseren Herzen, fällt und ist vergessen.
Ein himmelblauer Jongleur muß her,
mit fünf roten Bällen, und sich mit der Schwerkraft messen.

Richard Wilbur
Juggler

Eine berühmte Persönlichkeit hat einmal gesagt »Auch in der verzweifeltsten Lage kann man immer noch essen.« Ich träumte die ganze Nacht vom Kochen und weihnachtlichen Düften. An diesem Freitag erwachte ich mit einem Gefühl der Entschlossenheit in der Magengegend. Nachdem ich den Ofen in Gang gebracht hatte, braute ich mir eine Kanne starken Kaffee. Nach dem Frühstück kam Fritzie, angelockt vom Geklapper der Backbleche, die ich unter den Kuchen- und Brotformen hervorgezogen hatte, in die Küche getrottet. Sein behagliches Strecken wurde von meinem triumphierenden »Aha!« bei der Entdeckung der alten Zinnförmchen für Weihnachtsplätzchen unterbrochen. Fritzie schnupperte an der braunen Papiertüte mit den Förmchen. Da seine Nase nichts Interessantes entdeckte, schlenderte er zur Tür. Er bellte nicht. Er sprang nicht hoch. Er stand nur da und wartete geduldig darauf, daß ich merkte, um was es ging. »Ist ja gut. Du willst raus, stimmt's?« plauderte ich.

Erst als er meine Stimme hörte, sprang er in die Luft, hoch und runter wie ein hüpfender Fellball. Ich fragte mich, ob Drahthaarterrier vielleicht über eine eingebaute Feder verfügten, die durch die menschliche Stimme aktiviert wurde. Ich öffnete die Tür, und Fritzie raste nach draußen.

Im Gewürzschrank entdeckte ich eine Palette von bunten Zuckerstreuseln, Silberknöpfchen und roten Zimtkügelchen, die vom letzten Aufenthalt meiner Mutter mit ihren Enkeln übriggeblieben waren. Das Kochbuch meiner Großmutter enthielt Rezepte für Zuckerplätzchen und Ingwerbrotmännchen mit Anweisungen wie ein »eigroßes Stück Butter« zu verwenden. Ich durchsuchte das Regal nach Zutaten und hatte wieder Glück, denn ich fand eine frische Schachtel Rosinen. Die konnte ich für die Augen der Ingwermännchen benutzen. Als mir Bevs gegenwärtiger Zustand einfiel, beschloß ich, lieber Ingwerfrauen zu machen.

Die Zinnförmchen mußten etwa fünfzig Jahre alt sein. Ich legte sie auf dem Tisch aus, um zu sehen, was ich hatte: einen großen Weihnachtsbaum, einen Posaunenengel, einen dicken Weihnachtsmann mit vollem Bart, einen Schlitten, ein Rentier, einen Kreis, einen fünfzackigen Stern und eine Menschenfigur unbestimmten Geschlechts. Dann baute ich Mehlbüchse, Zuckerdose, Eier, Milch, braunen Zucker, dunkle Melasse, Zimt, Nelken, Ingwergewürz und Vanille auf dem Tisch auf. Hinter einem Stoß unbenutzter Töpfe entdeckte ich ein Nudelholz mit abgenutzten roten Griffen. Die Plätzchenfabrikation konnte in Serie gehen.

Fritzie kam wieder herein, wirkte aber unbeeindruckt von

diesem emsigen Treiben. Als erstes rollte ich den Teig auf einem großen Holzbrett aus und stach die Figuren aus. Dann legte ich sie auf das Backblech und schob sie in den Ofen. Das erste Blech ließ ich unverziert, denn Erwachsene und zahnlose Babys würden die Plätzchen gewiß so vorziehen. Beim zweiten wurde ich kühn und verwendete vorzugsweise Rot: rote Weihnachtsmänner, rotnasige Rentiere, rote Sterne, rote Kreise und sogar einen roten Engel.

Ich verlor jegliches Zeitgefühl. Ein Klopfen und ein Gesicht an der Tür erinnerten mich daran, daß sich Slade für zehn Uhr angesagt hatte. Kaum in der Küche, hob Slade die Nase in die Luft, schnupperte und sah mich erwartungsvoll an. Ich goß ihm einen Becher Kaffee ein, während er sich aus seiner Winterjacke schälte. Die beiden mißlungenen Rentiere, die ich ihm auf den Teller legte, verschlang er mit zwei Bissen. Dann sah er mich irgendwie bittend an. Mir fiel auf, daß Slade sehr viel durch seine Augenbrauen ausdrückte, und ich erklärte ihm, er müsse sich seine Kekse erst verdienen.

Die Regenrinne an der hinteren Veranda war lose; ein Stück des Stacheldrahtzaunes an der Zufahrt war kaputt; das im Sommer gehackte Holz mußte im Schuppen gestapelt werden; und die Späne zum Anzünden des Feuers gingen auch zu Ende. Ich zählte all diese Pflichten auf, um Slade aus der Küche zu vertreiben. Schließlich stand er auf und zog sich an. Dabei murmelte er etwas darüber, wie »Tagelöhner« heutzutage behandelt würden. Seine Augen leuchteten vor unausgesprochener Fröhlichkeit. Vermutlich kam auch er in weihnachtliche Stimmung. Er rief nach Fritzie, und die beiden gingen in die Garage. Zwar war ich immer noch der Alpha-Hund für Fritzie, aber Slade war auf dem besten Weg, zum Beta-Hund zu werden.

Von Weihnachtsliedern begleitet, widmete ich mich wieder der Gebäckherstellung. Ich formte gerade meine Ingwerbrotfrauen, als Slade mit roter Nase wieder hereinstapfte. Als ich nicht hinsah, klaute er einen roten Stern und verdrückte ihn hastig. »He!« schimpfte ich.

»Werden Sie mich zum Mittagessen einladen, oder muß ich das selbst tun?« Er ließ sich nieder, nachdem er sich selbst einen Platz in der Frühstücksnische angeboten hatte.

Ich war gerade dabei, die heißen Plätzchen aus dem Ofen zu holen. »Im Kühlschrank finden Sie eine Fertigmischung Quiche, und im Eisfach liegt ein gefrorener Tortenboden.« Bei diesen Anweisungen ließ ich es bewenden, in der Annahme, er wüßte, wie man die flüssige Fertigmischung auf den Tortenboden goß. Er trottete zum Kühlschrank, während ich die heißen Plätzchen vorsichtig auf Wachspapier gleiten ließ. Als ich mich umwandte, sah ich, wie Slade die Packung mit der Mischung umklammerte und sie schüttelte.

»Was machen Sie da?« fragte ich, die Hände in die Hüften gestemmt.

Er deutete auf die Gebrauchsanweisung auf der Packung. »Da steht's doch: ›Vor Gebrauch gut schütteln‹. Genau das tue ich.«

»Schon gut«, sagte ich. »Ich mach es schon.« Slade ignorierte meinen Vorschlag und schüttete die Mischung auf den Tortenboden. Ich deutete auf den leeren Backofen, und er stellte die Kuchenform auf das mittlere Gitter.

Dann plazierte er seinen großen Körper wieder auf einen Küchenstuhl und schaute zu, wie ich die Plätzchen von den Blechen löste. Daraufhin zog ich meine Brieftasche hervor, um ihn zu bezahlen. Auch wenn wir befreundet waren, brauchte Slade das Geld, und ich mußte jemanden haben, der für mich die schweren Arbeiten auf dem Grundstück übernahm. Er steckte die Scheine ein. Es gab einen Moment der Befangenheit, als meine Rolle sich von einer Freundin zu einer Arbeitgeberin und wieder zu einer Freundin verschob. Ich legte die Backbleche zum Einweichen ins Waschbecken.

Slade stellte sich hinter mich. Ich nahm seinen natürlichen Geruch wahr und spürte seine Körperwärme. Eine unerklärliche Schüchternheit überkam mich. Ich wandte mich weder um, noch ließ ich mir anmerken, daß ich mir seiner Nähe bewußt war. Statt dessen hantierte ich eifrig mit Spülmittel und Scheuerwolle. Er stand einfach da, berührte mich nicht, ging aber auch nicht weg. Unsere Energiefelder verschwammen. Ich wartete auf eine Berührung seiner Hand oder auf seinen Atem an meinem Ohr. Doch in dem Augenblick, in dem ich mit einer Annäherung rechnete, zog er sich zurück und gab mir damit Raum zum Atmen. Mir war nicht bewußt gewesen, daß ich die ganze Zeit den Atem angehalten hatte.

Seine Stimme klang sanft. »Meggie, gehen Sie doch bitte mal nach draußen an meinen Truck, während wir auf das Mittagessen warten, und sagen mir dann, wie Sie meine neue Autodecke finden. Ein Freund von mir, ein Navajo, hat sie mir geschickt. Ich mache inzwischen Kaffee.« Slade wandte sich der Kaffeemaschine zu.

Seine Bitte war offenkundig eine schlechte Ausrede für irgend etwas anderes. Aber ich war noch zu verdutzt von dem, was zwischen uns nicht geschehen war, um nachzufragen. Ich zog meinen Anorak über und ging hinaus. Und tatsächlich – ein weißes, flauschiges Schaffell bedeckte die Sitzbank. In der Mitte lag ein in einfaches braunes Papier eingewickeltes Päckchen. Darauf stand in Slades Handschrift: »*Für Meggie O'Connor. Frohe Weihnachten! Von Ihrem Handyman Slade.*«

Das war es also gewesen! Ich nahm das Päckchen und schüttelte es. Etwas darin glitt von einer Seite zur anderen. Ich ging zurück ins Haus, denn meine Nase war schon rot vor Kälte. »Schauen Sie, was ich gefunden habe!« verkündete ich, das Päckchen in der rechten Hand. Slade lächelte breit, erfreut, daß ich es nicht übersehen hatte. Ich legte es vorsichtig auf den Tisch.

»Wollen Sie es denn nicht aufmachen?«

»Slade, es ist doch noch nicht Weihnachten«, erwiderte ich. Er sah so enttäuscht aus, daß ich Mitleid bekam und es auspackte. Unter dem Papier kam eine weiße Schachtel zum Vorschein, die ein Paar dunkelblau-weiße Ohrringe mit verschlungener Perlenstickerei und zwei langen Bögen aus Stachelschweinborsten enthielt.

»Weihnachten sehen wir uns nicht, und nächste Woche bin ich nicht da, aber ich wollte sie Ihnen noch geben. Außerdem, Annie Oakley, sind das Stacheln von dem Stachelschwein, das Sie selbst geschossen haben. Also sollten Sie sein Geschenk auch tragen.«

Die Perlen leuchteten. »Haben Sie die gemacht, Slade?«

Er nickte.

Sein Geschenk rührte mich. Ich hatte mich an den Tisch gesetzt. Jetzt erhob ich mich und ging zu ihm hinüber. Ich weiß nicht, was mich überkam, jedenfalls legte ich plötzlich meine Hände auf seine Wangen und küßte ihn auf den Mund. Slade griff nach mir und zog mich sanft zu sich, so daß ich breitbeinig auf seinem Schoß saß, und gab mir einen langen Kuß. Seine Hände berührten meine Schulterblätter, und er hielt die Augen geschlossen. Ich vergaß zu atmen. Als er mich losließ, stand ich verstört auf, ging hin-

über zum Waschbecken und fing an, die Backbleche abzu-
trocknen.

Sein Stuhl schrammte über den Boden, als er vom Tisch
wegrückte und sich erhob. Wieder spürte ich seinen Atem
hinter mir. Er war heiß und flach. Diesmal berührten seine
Hände mein Haar. »Ich wünsche dir frohe Weihnachten«,
sagte er sanft.

»Willst du schon gehen?« Jetzt wurde es doch erst interessant.

Er befühlte drei heiße Plätzchen und sah zur Tür. »Ja.«

»Mußt du denn schon gehen?« Ich war schamlos.

Slade beugte sich über den Tisch und nahm die Stachelschwein-Ohrringe und befestigte sie ungeschickt an meinen
Ohren. Dann trat er einen Schritt zurück und bewunderte
sein Werk. Oder mich? Er kam näher. »Ich sage dir nur eines, Meggie O'Connor.«

»Was denn?« Ich zog die Augenbrauen hoch und erwartete,
daß er mich zumindest küßte.

Statt dessen nahm er die drei Zuckerplätzchen und rief:
»Hm, köstlich!« Damit verließ er die Küche und fuhr mit
den Plätzchen in der Hand davon.

Bev hatte wirklich recht. Die Schwerkraft des menschlichen
Herzens zog mich mit aller Macht nach unten.

42

DIE REIFENPANNE

* * *

*Die Leute lieben nichts mehr als eine vorgefertigte Beschreibung,
die sie einem Mann anhängen und sich damit für alle Zukunft
jegliche Mühe sparen können.*

W. Somerset Maugham
Mrs. Dot

Am nächsten Morgen brachte ich meiner Nachbarin Katya
Tubbs ein paar Plätzchen. Ihre drei Kinder und deren
Freunde würden sie bis Samstag abend verschlungen haben. Wir tranken Tee in der Nische ihrer Küche. Katya war
in Suttons Bay geboren und aufgewachsen, und ich hatte
mich mit ihr angefreundet. Bev konnte das nicht verstehen,
und wenn sie schlecht gelaunt war, nannte sie Katya »den
polnischen Kloß«. Die beiden Frauen hatten in der Tat wenig gemeinsam, und ich hielt meine Freundschaften zu
ihnen getrennt. Katyas Haus wimmelte von Kindern.
Haufenweise selbstgemalte Bilder, zerbrochene Buntstifte,
Baseballmützen, Spielzeugpistolen und leere Cornflakes-
Schachteln nahmen jeden Winkel des Hauses in Beschlag.
Mir gefiel, daß Katya sich nie für die Unordnung entschuldigte.

»Wunder über Wunder«, seufzte Katya. »Ich habe das Haus
heute abend ganz für mich. Die Kinder gehen zu einer
Weihnachtsfeier, und Paul hat abends noch eine Bespre-

chung. Stell dir vor – Zeit für mich! Was soll ich damit anfangen, Meggie?«

»Wie wär's, wenn du mit mir ins Ballett gingest?« Eine spontane Eingebung.

»Die Nußknacker-Suite in Traverse City?«

Ich nickte.

Katyas Augen glänzten. Nicht nur ein Abend ohne Kinder, sondern auch noch ins Ballett! Bevor ich es mir anders überlegen konnte, war Katya schon zum Telefon geflitzt und hatte Karten reserviert. »Abgemacht«, rief sie.

An diesem Abend warfen wir uns richtig in Schale. Katya trug Schwarz mit einem roten Schal und Ohrringen. Mein Kleid betonte genau die richtigen Kurven und bedeckte den Rest. Die Stachelschwein-Ohrringe erregten ihre Aufmerksamkeit.

»Die sind aber schön, Meggie. Wo hast du sie denn her?«

»Jemand hat sie für mich gemacht.«

Katya erging sich in Ohs und Ahs. »Du mußt mir den Namen der Dame geben. Ich hätte auch gerne so ein Paar.«

Wir aßen in Traverse City zu Abend und machten uns dann auf den Weg zum Opernhaus. Das Ensemble wurde mit Beifall begrüßt, zumal viele Kinder und Tänzer der Inszenierung aus der Gegend stammten. Am Ende gab es sogar stehende Ovationen.

Als wir die Zauberwelt des Theaters hinter uns ließen, war die Temperatur drastisch gefallen, und eisige Nachtluft schnitt in unsere Gesichter. Wir eilten zum Wagen, schalteten Motor und Heizung an. Katya überlegte laut, ob es Paul, ihrem Mann, wohl gelungen war, die Kinder sicher nach Hause und zu Bett zu bringen. Die Straße nach Suttons Bay wirkte dunkel und verlassen. Es herrschte kein Verkehr.

Der Wagen holperte über ein Schlagloch. Katya begriff als erste, was los war. »Meggie, der Reifen.«

»Was, um Himmels willen, ist mit dem Wagen los?« schimpfte ich. Das Lenkrad schlackerte, und der Wagen drohte auszubrechen.

»Einen Platten. Du hast vorne einen Platten.« Katya blieb ruhig.

Ich bremste sacht und fuhr an den Straßenrand. Eine Standspur war kaum vorhanden. »Bleib sitzen«, befahl ich. Es reichte, wenn eine von uns in die bittere Kälte hinausmußte. Ich sprang aus dem Wagen, um den Schaden in Augenschein zu nehmen. Der Reifen verlor rasch an Luft. »Verdammt!« murmelte ich und zog mich in den warmen Wagen zurück.

Katya kramte eine Taschenlampe und die Beschreibung für einen Reifenwechsel aus dem Handschuhfach hervor. »Soll ich mit Betonung vorlesen?« fragte sie fröhlich. Ihre Stimme vermittelte die Sicherheit, daß alles gutgehen würde. Meine Stimmung dagegen war düster und mies. Da es nicht in Frage kam, daß Katya ihr einziges Ausgehkleid ruinierte, würde ich mein Kleid und meine Würde opfern müssen, um den Reifen zu wechseln.

»›Es empfiehlt sich, die Bremse anzuziehen, damit der Wagen nicht wegrollt, während Sie den Reifen wechseln‹«, las Katya. »Bist du bereit für den nächsten Schritt?« Katya grinste.

»Klar«, antwortete ich resigniert.

»›Als nächstes entfernen Sie die Radkappe und lockern die Radmuttern mit dem dafür vorgesehenen, hohlen Ende des Wagenhebers.‹ Komm, Meggie, ich helfe dir. Es ist eiskalt da draußen.« Katya löste ihren Sicherheitsgurt und wollte die Tür öffnen.

»Nein, das wäre gegen meine Ehre. Eine von uns muß warm und sauber bleiben. Es ist mein Auto.« Ich stürzte mich wieder auf die kalte Straße, öffnete den Kofferraum, erging mich in weiteren Verwünschungen, fand den Ersatzreifen und wuchtete ihn nach draußen. Wagenschmiere verteilte sich auf meinem Wintermantel. Binnen kurzem begannen sich meine Nylonstrümpfe aufzulösen. Auf einer Seite des Kofferraums entdeckte ich den Wagenheber, legte ihn neben den platten Reifen und sprang dann wieder in den Wagen. »Das ist eine Kälte da draußen!« rief ich.

Katya sah mich argwöhnisch an. Sie holte ein Erfrischungstuch aus ihrer Handtasche und wischte meine Hände damit ab. »Möchtest du einen Kaugummi?«

Offenbar erschien ich Katya wie ein zorniges Kind, das man beruhigen oder ablenken mußte. Ich schüttelte den Kopf. »Mein einziger Wunsch ist es, daß in diesem Augenblick ein Fahrzeugmechaniker vorbeikommt.« Aber außer dem roten Aufleuchten der Warnblinkanlage im Schnee gab es nicht ein Lebenszeichen auf der Straße.

Damit ich mich in der Wärme des Wagens nicht zu wohl fühlte, zwang ich mich wieder, hinaus in die Kälte zu gehen. Katya wischte mit ihrem Handschuh die Seitenscheibe ab, um sehen zu können, was ich tat. Als erstes mußte ich die Radkappe abkriegen. Der Wagenheber war jedoch zu stumpf. Die verdammte Radkappe rührte sich nicht. Andere Werkzeuge hatte ich nicht.

Als mein Ärger schon zu Verzweiflung werden wollte, leuchteten sechs Scheinwerfer auf der dunklen Straße hinter uns auf. Ich stand auf, glättete meinen verschmierten Mantel und bemühte mich, angemessen hilflos zu erscheinen. Die ersten beiden aufgeblendeten Scheinwerfer beleuchteten ein älteres Paar, dessen Wagen langsam vorüberzog. Sie nahmen keine Notiz von meiner Warnblinkanlage und fuhren würdevoll nickend an mir vorbei.

Ihnen folgte ein Jeep mit Halbwüchsigen, die lebhaft winkten, als sie meine erstarrte Gestalt entdeckten, und vorbeirasten. Ich begann bereits, verächtliche Gedanken über das Menschengeschlecht in mir zu nähren. Das dritte und letzte Fahrzeug, ein alter Pick-up, bremste ab und hielt direkt vor uns an.

Es war Winonas Truck, und wer stieg aus der Fahrerkabine? Falke! Mit seiner hellbraunen, lammfellgefütterten Wildlederjacke, den schicken Cowboystiefeln, dem glänzenden, ordentlich geflochtenen und von einem Stirnband gehaltenen Haar sah er nach einem Besuch in der Stadt aus.

Der Anblick des großen Indianers, der nun auf uns zukam, alarmierte Katya. Falke nickte ihr zu und schenkte mir ein selbstsicheres Lächeln. Er zeigte auf den Platten. »Es sieht so aus, als könnten Sie Hilfe brauchen. Kommen Sie, ich wechsle Ihren Reifen.«

Ich hätte ihm die Füße küssen können. Statt dessen erklärte ich ihm jedoch das Problem mit der Radkappe. Er holte einen Schraubenzieher aus seinem Wagen und löste die widerspenstige Radkappe mit einem Ruck. Er bat mich, den Motor abzuschalten, und gab mir die Schlüssel zu seinem Truck. »Setzen Sie sich in den Truck, und wärmen Sie sich auf. So ein Reifenwechsel geht ganz schnell.«

Ich mußte Katya durch die kalte Nachtluft in den anderen Wagen zerren. Sie rümpfte die Nase, als wir auf die Vordersitze kletterten. Es roch nach kaltem Pfeifenrauch. Eine Adlerfeder baumelte vom Rückspiegel. Katya blieb stumm. »Keine Sorge, ich kenne ihn. Er ist in Ordnung und wird uns nicht vergewaltigen oder sonst etwas«, erklärte ich ihr. Katya wirkte nicht überzeugt.

Ich beobachtete Falke im Seitenspiegel. Es war kalt, und er arbeitete schnell. Die Heizung in seinem Truck verströmte angenehme Wärme. Schließlich hob er den Deckel meines Kofferraums und warf den platten Reifen hinein. Händereibend kam er auf seinen Wagen zu. Katyas Finger waren am Türgriff, sie hielt sich für eine rasche Flucht bereit.

Falke öffnete die andere Tür. »Fertig«, verkündete er. »Lassen Sie den Ersatzreifen morgen überprüfen, damit alle Reifen gleich viel Luft haben.« Ihm fiel auf, daß Katya vor ihm zurückwich, denn ihm entging nichts. »Sie können jetzt wieder in Ihren Wagen gehen, wenn Sie wollen.« Es bedurfte keiner zweiten Einladung. Katya floh regelrecht in die Sicherheit meines Wagens.

Ich hatte in der Mitte der Sitzbank gesessen und rutschte nun an die Tür, um Falke Platz zu machen. Er schwang sich auf den Sitz und massierte sich die Hände vor der Heizung. »Es ist so kalt da draußen wie der Arsch eines Brunnengräbers in Alaska.«

Ich fühlte mich befangen neben ihm. Manche Männer besitzen eine animalische Ausstrahlung und andere nicht. Falke verfügte über eine Menge davon. »Vielen Dank, daß Sie den Reifen gewechselt haben«, stammelte ich. »Kann ich Sie irgendwie für Ihre Zeit entschädigen oder ...?« Oder was? Eine Einladung, mich zu besuchen? Mein Unbewußtes machte Überstunden, während mein Mund klug genug war, zu schweigen.

Falke lächelte und schüttelte den Kopf. »Ich bin froh, daß ich gerade vorbeikam.« Seine Augen wanderten zum Rückspiegel. Er nickte. »Ich glaube, Ihre Freundin beginnt sich Sorgen zu machen. Wissen Sie, was? Ich fahre Ihnen zur Sicherheit nach. Es ist keine besonders angenehme Nacht, um liegenzubleiben.«

Falke folgte uns in einiger Entfernung, damit seine Scheinwerfer mich nicht blendeten. Katya war erleichtert, als wir
wieder auf der Straße waren, und begierig, nach Hause zu
kommen.

Bevor Katya an ihrem Haus ausstieg, bat sie mich: »Meggie,
laß Paul dich nach Hause begleiten.« Argwöhnisch musterte sie den Truck, der an der Auffahrt wartete.

»Lächerlich. Niemand braucht mich nach Hause zu begleiten.« Das war die schlichte Wahrheit.

Sie sah sich nervös nach dem Truck um. »Versprich, mich
anzurufen, wenn du ...«

»Morgen reicht auch noch«, unterbrach ich sie, kurbelte
mein Fenster hoch, winkte zum Abschied und fuhr davon.
Sie hätte sich keine Sorgen zu machen brauchen. Falke folgte mir bis zu meiner Auffahrt, hupte, winkte und fuhr rasch
in Richtung Peshawbestown davon. Ich nahm mir vor, ihm
eine Dose meiner Weihnachtsplätzchen zukommen zu lassen.

Das war das mindeste.

43

NACH DEINEM BELIEBEN

* * *

Es war einmal ein alter Einsiedler, der in einer Höhle auf einem Berg lebte. Er war weit und breit bei den Menschen als ein Weiser bekannt, der
die schwierigsten Fragen über das Leben zu beantworten vermochte. Er
war ein Wahr-Sager. Doch wie es die Art junger Leute ist, gab es unter
ihnen einige, die seine Fähigkeiten anzweifelten.

Ein solcher Jüngling prahlte vor seinen Freunden, er würde dem alten
Einsiedler einen Streich spielen und ihn mit seinen Fragen verwirren.
Der Jüngling hielt eine wehrlose kleine Meise in der Hand und verkündete seinen Freunden: »Ich werde jetzt den alten Mann suchen, und
wenn ich ihn finde, werde ich die Hände hinter meinem Rücken versteckt
halten. Dann frage ich den Alten, ob dieser Vogel tot oder noch am Leben
sei. Wenn er sagt, der Vogel sei tot, zeige ich ihm den lebendigen Vogel.
Antwortet er aber, der Vogel sei am Leben, zerquetsche ich ihn und zeige
ihm, daß der Vogel tot ist.«

Mit diesem Plan erstieg der Jüngling den Berg auf der Suche nach der
Höhle des Einsiedlers. Als er die Höhle entdeckte, rief er: »Alter Mann!
Alter Mann!«

»Was ist dein Begehr, mein Sohn?« antwortete eine Stimme aus der Höhle.

»Ich will dir eine Frage stellen«, erwiderte der Jüngling und versteckte
seine Hände und den Vogel hinter dem Rücken.

»Frage nur, mein Sohn«, antwortete die Stimme.

Der Jüngling lächelte und sagte: »Hinter meinem Rücken halte ich einen
kleinen Vogel in der Hand. Ich möchte wissen, ob er tot oder noch am Leben ist.«

Es herrschte eine kurze Stille, und die Stimme antwortete müde: »Es geschieht nach deinem Belieben, mein Sohn.«

Volksmärchen

Als Winona an diesem Montag in meine Praxis kam, übergab ich ihr eine Dose mit Weihnachtsplätzchen für Falke.

»Warum? Was hat der Junge denn gemacht?«

»Hat er es Ihnen nicht erzählt? An einem Abend vor ein paar Tagen hatte ich auf dem Weg von Traverse City einen Platten, und er hat mir den Reifen gewechselt. Also fand ich, er hat eine Dose mit Weihnachtsplätzchen verdient.«

Winona sah mich fragend an. Ich zuckte die Achseln. Anscheinend hatte Falke ihr nichts davon erzählt. Sie knöpfte ihren Mantel auf und setzte sich in ihren Lieblingsstuhl, die Plätzchendose auf dem Schoß. Als nächstes streifte sie die Schuhe ab und bewegte ihre graubestrumpften Füße. Die Dose schwankte auf ihrem Schoß, es war unvermeidlich. Sie sah mich an und ich sie. Ungeniert öffnete sie die Dose, nahm ein Plätzchen heraus und schloß sie wieder. Das Gebäck verschwand in ihrem Mund. Sie nickte anerkennend.

»Ja, die werden Falke schmecken.« Dann erst stellte sie die Dose auf die Couch.

Ich konnte mir eine Bemerkung nicht verkneifen. »Vielleicht gibt er Ihnen ein paar ab – das heißt, wenn noch welche übrig sind, wenn er sie bekommt.«

Winona beachtete meine Anspielung überhaupt nicht. Sie hatte andere Dinge im Kopf. »Ich wollte heute morgen eigentlich gar nicht kommen«, verkündete sie unvermittelt.

»Ach?« Ich war neugierig.

Sie seufzte. »Es ist jetzt an der Zeit, heimzukehren.«

»Sie meinen nach Pine Ridge?« fragte ich begriffsstutzig.

»Lucy sagt, kurz vor Weihnachten sei keine gute Reisezeit. Ich finde, es ist die einzig wahre. Ich bin nun soweit – das ist alles.«

Ich vernahm einen wehmütigen Unterton in ihrer Stimme, der vorher nicht dagewesen war. Winona sprach nicht davon, nach Süddakota heimzukehren. Ich mußte schlucken und brachte krächzend hervor: »Also ist die Zeit jetzt gekommen?«

Vielleicht lag es am dunstigen Morgenlicht oder meiner Phantasie, aber Winonas Umrisse schienen vor meinen Augen zu verschwimmen und sich aufzulösen, so als wäre sie schon nicht mehr ganz von dieser Welt. Die Bande an dieses Leben lösten sich, sogar als sie ihre Aufmerksamkeit auf etwas vor dem Fenster richtete. Sie war hier bei mir in meiner Praxis, aber irgendwie auch da draußen. Sie sprach mit leiser, vertrauter Stimme.

»Gestern in der Abenddämmerung habe ich meine Pfeife hervorgeholt. Ich habe den Geistern mitgeteilt, daß ich bereit sei. Sie könnten mich abholen. Ich wartete und betete weiter. Ich sang die alten Lieder. Es wurde kalt draußen. Mir wurde kalt. Ich schaute hinauf zu *Wakan Tanka* und sah eine kühne Frau zu Pferde auf mich zureiten. Ihr Gesicht verschob sich ständig, und manchmal verlor ich sie aus den Augen. Dann tauchte sie plötzlich wieder in den Wolken auf, und ich bot ihr meine Pfeife an. Ich wußte, sie kam, um mich zu holen, und ich begann, auf der Großmutter zu tanzen. Unser Herzschlag wurde zu einem, und ich ging auf sie zu. Direkt vor mir bildeten zwei schwarze Säulen ein Tor, und da ich nicht wußte, was ich sonst tun sollte, ging ich hindurch. Vor mir schwankten noch zwei schwarze Tore hin und her, wie kleine Tornados, die sich in den Himmel erhoben. Ich nahm meine Brille aus der Tasche und sah, daß diese Säulen, diese Tore, aus Schwärmen winziger schwarzer Fliegen bestanden, die im Kreis flogen. Ich schaute mich auf der Suche nach der Frau zu Pferde um, aber sie war schon fort. Vielleicht war ich zu langsam.« Winona verstummte, wie besiegt.

Ich hatte nichts hinzuzufügen, also schwieg ich mit ihr. Ihre Augen spähten weiter durch das Fenster, als erwarte sie einen Fingerzeig. Zutiefst beunruhigt überlegte ich, ob Winona ihren Einsatz verpaßt hatte. Winzige Fliegen schwärmen nicht im kalten Dezemberwetter, sondern waren schon längst gestorben, um den Weg für die kommende Generation freizumachen.

»Sie haben Insekten geschickt.« Winona griff meinen Gedanken auf. »Ich wollte, daß eine Kriegerin mich abholt, und sie haben mir Obstfliegen geschickt!« Sie schnaubte angeekelt.

»Warum, glauben Sie, haben die Geister das getan, Winona?«

Sie wandte ihren Blick wieder dem Raum und mir zu. »Sie erteilen uns ständig neue Lehren, Meggie. Egal, wie alt du wirst oder wie wenig du weißt. Sie zeigen dir immer ein bißchen mehr. Vermutlich zeigen sie mir nur meinen Platz, damit ich weiß, wer ich bin und nicht zu eingebildet werde. Die Irrgeister spielen uns gerne Streiche. Deshalb geraten wir sooft in Schwierigkeiten. Aber dabei bringen sie uns auch stets etwas bei, denn sie lieben uns arme Zweibeiner.«

»Was bringen sie uns denn bei?« wollte ich wissen.

»Menschen zu sein.« Winona veränderte ihre Haltung. Sie schüttelte voll Bewunderung den Kopf. »Die Kriegerin war überwältigend.«

»Vielleicht ist Ihre Zeit noch nicht gekommen.«

»Doch.« Winona war anderer Meinung. »Das Tor ist offen. Und ich bin sehr müde. Ich weiß nur nicht genau, wann es geschieht. Im Vorhersagen von Ereignissen war ich noch nie besonders gut.« Sie wandte sich an mich. »Ich habe Ihnen einen Anstoß gegeben. Andere werden folgen. Und wenn die Geister von der linken Seite kommen, geben Sie acht.

Sie glauben vielleicht, ich habe mit Ihnen gearbeitet, weil ich sonst nichts Besseres zu tun hatte oder daß ich irgendeine seltsame Zuneigung zu Ihnen gefaßt hätte.«

Ich nickte zu diesen beiden Gedanken.

»Was Sie nicht wissen, ist, daß ich vielleicht früher hinübergehen sollte. Dann aber haben die Geister Sie gesehen. Sie haben Mitleid bekommen und diesen alten Leib noch ein bißchen länger am Leben gelassen. Es gibt viele Möglichkeiten auf dieser Welt.« Sie starrte wieder die Plätzchendose an.

»Möglicherweise möchten Sie jetzt eines?« fragte ich mit einem Blick auf die Dose.

Winona benötigte keine zweite Aufforderung. Sie beugte sich zur Couch hinüber, hob den Deckel, nahm eine Ingwerbrotfrau heraus und betrachtete sie mit großem Interesse. »Sie haben noch so viel zu lernen, Meggie. Aber Sie haben ein gutes Herz und einen wachen Geist.«

Sie knabberte mit Hingabe am Kopf der Ingwerbrotfrau.

»Stopfen Sie sich nicht alles ins Gehirn, Meggie. Lernen Sie auch, zu tanzen.« Sie nagte an den Ingwerbrotfüßen.

Winona zupfte die Rosinenaugen aus dem Kopf der Ingwerbrotfrau und betrachtete sie dann kritisch. »So wie ihr geht es den meisten von uns die meiste Zeit. Wir haben vergessen, wie man sieht. Unsere Welt hat viel mehr Leben, viel mehr …«

»Magie?« ergänzte ich.

Winona schien verwirrt über das Wort, also versuchte ich, ihr so gut wie möglich zu erklären, was ich meinte. »Dazu gehören magische kleine Leute unter Pilzen und Zaubersprüche. Eine verborgene Welt, die sich langsam entschleiert.«

Ich weiß nicht, ob Winona mich richtig verstand, aber sie

nickte. Während der ganzen Zeit benagte sie die Ingwer-brotfrau rundherum mit kleinen Bissen. Als sie merkte, daß ich sie beobachtete, sagte sie: »Ich bewege mich auf den Kern der Dinge zu.« Bald würde nur noch das Herz übrig-bleiben.

Schließlich verschwand auch das, und nur ein kleiner Krü-mel blieb in ihrem Mundwinkel haften. Ihre Zunge schlän-gelte sich heraus, fand den Krümel und beförderte ihn hin-ein – hinter ein zufriedenes Lächeln.

Neugierig beobachtete ich jede ihrer Bewegungen. Im Laufe der letzten beiden Monate hatte mich Winona in eine Welt eingeführt, von der ich nichts geahnt hatte. Ich fürchtete, daß diese Welt, wenn Winona ging, wieder im Nebel ver-sinken würde.

»Nein, wird sie nicht«, drängte sich Winona in meine Ge-danken. Sie schloß die Dose wieder. »Sie haben in einer Welt der Ecken und Kanten gelebt; ich habe Ihnen eine run-de Welt gezeigt. Sie werden herum- und wieder herumge-hen müssen, Meggie, und bei jeder Runde wird sich Ihr Weg klarer abzeichnen. Sie werden andere Lehrer haben, die Ihnen Augen und Ohren öffnen. Sie werden verstehen lernen, daß Innen und Außen nicht voneinander getrennt sind. Und am Ende«, sie zögerte, »werden Sie vielleicht ler-nen, wie man sich selbst verschenkt.«

»Das verstehe ich nicht, Winona.«

Sie wurde nachdenklich, suchte nach Worten, die mich nä-her zum Kern brachten. Sie seufzte. »Lernen ist schmerz-haft, und der Kopf ist dabei keine Hilfe. Es kommt eine Zeit auf dem roten Pfad, in der wir, wollen wir das Leben voll ausschöpfen, unser Ich sterben lassen müssen. Und dieses Sterben ist sehr schwer.« Sie schwieg. Ich wartete.

Dann hatte sie eine blitzartige Eingebung. »Eines Tages,

vorige Woche, kam mein Enkel aus der Schule und erzählte mir, daß die Menschen auf der anderen Seite des Ozeans früher einmal glaubten, die Sonne umkreise die Erde. Einer ihrer Alten sagte schließlich, nein, es sei umgekehrt. Die Leute warfen ihn ins Gefängnis, bis er sagte, er habe unrecht gehabt. Die Menschen waren noch nicht bereit für das, was er ihnen zu sagen hatte. Es war zu schmerzhaft. Für uns alle kommt einmal eine Zeit, in der sich die Welt so wie damals verschiebt und wir uns entscheiden müssen.«

»Und welche Entscheidung liegt vor uns – vor Ihnen und mir?« fragte ich.

»Wir müssen entscheiden, wo wir hingehören. Ob wir im Medizinkreis mit den anderen Wesen leben oder ob wir fortfahren, im Mittelpunkt unserer eigenen Existenz zu stehen. Ganz allein.«

»Und wenn ich die Entscheidung treffe, im Medizinkreis zu leben?« Ich wußte nichts damit anzufangen.

»Dann werden Sie nicht anders sein als die kleine Spinne, und sie wird Ihre Schwester. Sie werden die Alten ehren und die Generationen beschützen, die nach Ihnen kommen. Sie werden nichts sein, Meggie, und doch werden Sie alles sein. Sie werden im Fluß aufgehen und nicht länger ein Mensch mit einem Boot sein, der auf dem Wasser schwimmt. Sie werden niemals vergessen, daß sich hinter dieser Welt ein heiliges Geheimnis verbirgt. Und Ihr Ich, das Sie kennen, wird immer weniger, je größer der Kreis wird. Bis Sie eines Tages sogar Ihren Körper der Großmutter darbringen, um die Ururenkel derjenigen zu nähren, die ihr Leben gegeben haben, um Sie zu nähren.«

»Warum ist es so schwierig, diese Entscheidung zu treffen, Winona?«

Meine Unwissenheit erregte ihr Mitleid. Sie wußte, daß nur

die Erfahrung mich lehren konnte, für das Leben den Widerspruch des Sterbens zu begreifen. Sie beantwortete meine Frage mit sorgfältig gewählten Worten. »Meggie, hören Sie mir zu. Ich bin eine alte Frau und werde in Kürze hinübergehen. Diese Dinge weiß ich in meinem Herzen. Ich weiß um ihre Wahrheit. Dennoch fürchte ich mich manchmal. Denn sich selbst aufzugeben bedeutet, sich zu verlieren. Sich aufzugeben heißt, innerhalb der Schöpfung zu stehen, zu rufen und darauf zu vertrauen, daß die Geister dem Ruf Gehör schenken und herbeieilen. Das könnte in Gestalt Ihrer Schwester, der Spinne, geschehen. Oder auch in Gestalt einer winzigen Fliege, selbst wenn Sie Ihr Herz eigentlich an die Kriegerin gehängt hatten. Es ist eine Aufgabe, die wir immer wieder von neuem leisten müssen, denn unser Stolz flackert immer wieder von neuem auf. Und dann kommen wir uns selbst in die Quere.«

Ihre Augen verschleierten sich. »Glauben Sie mir, ich bin jetzt voll Freude und Neugier auf meine baldige Heimkehr und das, was als nächstes geschehen wird. Natürlich erfüllt es mich auch mit Trauer, meine Familie zurücklassen zu müssen. In gewissen Momenten fürchte ich mich immer noch. Mein ganzes Leben lang haben die Geister sich bemüht, mir beizubringen, ein Mensch zu sein. Mein ganzes Leben lang bin ich immer wieder auf den Irrtum vom Mittelpunkt zurückgefallen. Sie sehen, Meggie, ich bin auch nicht anders als Sie. Ich bin nur älter und habe mehr Lebenserfahrung und Falten.«

Sie streckte ihre Hände aus und zeichnete zwei miteinander verbundene Kreise in die Luft. »Was ich Ihnen beigebracht habe, kommt als vollständiger Kreis zu mir zurück. Ich höre meine Worte; auch sie kehren als Geschenke zu mir zurück. Das ist der Weg des Lehrers.«

Der große Zeiger war einmal um das Zifferblatt herumgewandert. Unsere Zeit war vorbei. Winona erhob sich, zupfte ihren Mantel zurecht, zog die Stiefel an und nahm die Plätzchendose. Wider besseres Wissen fragte ich sie: »Werden Sie am Donnerstag zu unserer Sitzung kommen?«

Sie zuckte die Achseln, um mir zu sagen, daß das nicht mehr in ihrer Hand lag. Bevor sie hinausging, wandte sie sich zu mir um und grinste spitzbübisch, während sie die Dose schüttelte. »Hoffentlich habe ich noch genug Zeit, um die Plätzchen aufzuessen!« lachte sie.

44

HARRY TRUMAN

* * *

*Es ist mein Land, meine Heimat, das Land meiner Väter, in das
ich nun bitte zurückkehren zu dürfen. Ich will meine letzten Tage
dort verbringen und in diesen Bergen begraben werden. Wenn
dies möglich wäre, könnte ich in Frieden ... sterben.*

Geronimo
Brief an Präsident Grant nach der Niederlage 1877

Am Dienstag und Mittwoch fielen die Temperaturen weiter. Sogar die Luft spannte sich und gefror. Dennoch ver-
weigerte die Atmosphäre die Auflösung in Schnee. Sogar
die Bäume schienen sich in sich selbst verkriechen zu wollen. Meine Klienten waren besorgt wegen des Wetters, wegen ihrer Verwandten, die zu Weihnachten erwartet wurden, wegen ihrer Erinnerungen an vergangene, einsame
Festtage.

Meine Eltern riefen aus dem Nordwesten an, wo sie Weihnachten bei meiner Schwester und ihrer Familie verbringen
wollten. Meine Mutter schilderte ausführlich ihren Ausflug
zum Mount St. Helens. »Ein alter Mann, Harry Truman,
lebte am Südufer des Spirit Lake im Schatten des Berges.
Als die Erde zu beben begann und die Forstbehörde das
Gebiet absperrte, weigerte sich Harry, sein Heim zu verlassen. Er und der Berg seien eins, erklärte er. Als der Vulkan
im Mai 1980 ausbrach, wälzten sich riesige Schlammassen

auf den Spirit Lake zu. Harry hatte zwei Minuten, ehe der Schlamm ihn und seinen Hund unter hundert Metern Schutt begrub. Zweifellos wurde Harry damals wirklich ein Teil des Berges.« Erschüttert rief meine Mutter: »Aber jetzt, Jahre später, liegt der Wald immer noch in unheimlichem Schweigen da. Die Baumstämme sind verwittert, halb mit Schnee bedeckt. Alles liegt am Boden, außer drei Stümpfen von etwa einem Meter fünfzig. Flächendeckende Verwüstung wie nach dem Abwurf einer Atombombe. Das Gebiet ist ein Nationalpark; die Biologen beobachten, was geschieht, wie das Land sich regeneriert. Doch in meinen Augen ist dieser einst belebte Wald tot und völlig ausgestorben.«

Weiter ging es. »Vater sagt, die baumlosen Berge um den Mount St. Helens erinnerten ihn an sein einstmals volles Haar. Sogar die Natur wird mit der Zeit kahl!« Wir lachten. »Also, was macht dein Liebesleben?« Es hätte schlimmer kommen können – immerhin hatte sie mich nicht nach meinem Gewicht gefragt.

»Ganz okay.« Ich wollte ihr weder Stoff für Hoffnungen noch für Fragen liefern. Außerdem war ich nicht sicher, wie meine Eltern die Nachricht aufnehmen würden, daß ich an einem ehemaligen Rodeoreiter und an einem Hilfsarbeiter – beide Indianer – interessiert war. Intellektuell gesehen waren meine Eltern vorurteilsfrei. Emotional hingegen wäre es schwierig für sie gewesen, wenn ich mich beispielsweise in einen Schwarzen verliebt hätte, aber was war mit einem Roten? Ich hielt lieber den Mund.

Mutter versuchte vergeblich, mich zu überreden, Weihnachten mit ihnen bei meiner Schwester zu verbringen. »Es gibt immer noch Flüge. Es ist nicht richtig von dir, Weihnachten ohne die Familie zu feiern!«

»Bev gehört für mich zur Familie«, lenkte ich ab. »Erzähl mir lieber noch etwas von Harry Truman und dem Mount St. Helens.«

Es funktionierte. »Ich weiß nicht viel mehr über ihn, außer daß er sich vor Erdbeben fürchtete. Harry war schon alt. Als der Vulkan ausbrach, sendete er eine Hitzewelle von vierhundert Grad und fünfhundertsechzig Stundenkilometern Geschwindigkeit aus. Der alte Mann starb wahrscheinlich an der Hitze und an Sauerstoffmangel. Ein seltsamer Tod! Ich wette, daß man ihm später auf den Schlammfeldern am Spirit Lake ein Denkmal setzen wird; vielleicht mit der Inschrift ›Hier ruht Harry‹. Aber der Berg – und Harry ist ein Teil des Berges – raucht immer weiter, und die Rauchsignale verkünden, daß unterirdisch nicht alles in Ordnung ist. Es spinnt sich eine alte indianische Legende um den Spirit Lake, die besagt, daß der Berg explodiert, wenn die Geister des Sees erzürnt werden. Aber das ist natürlich nur ein Mythos.«

Obgleich ich nicht mehr wußte, was »Mythos« bedeutete, forderte ich sie nicht heraus. Ich hatte noch eine Frage. »Warum ist Harry wohl dortgeblieben, obwohl alle wußten, daß der Berg in die Luft fliegen würde?« Ein Halbwüchsiger wäre vielleicht aus Neugier oder in der Gewißheit der eigenen Unsterblichkeit geblieben, aber was konnte das Motiv eines alten Mannes sein?

Meine Mutter wußte die Antwort. »Wenn man älter wird, Meggie, hat man das Gefühl, von geborgter Zeit zu leben. Man ist dankbar für jeden Tag. Aber wenn man in unser Alter kommt, sind die meisten der alten Schulkameraden schon längst gestorben. Die Freunde werden jünger und gehören einer anderen Generation an. Wenn man sieht, daß die Kinder auf eigenen Füßen stehen und ohne die Hilfe der Eltern zurechtkommen, wird das Leben sowohl zu einem Geschenk als auch zu einer Bürde. Die innere Uhr läuft ab. Jedesmal, wenn ich etwas machen lasse – meine Zähne oder meine Zehen –, kommt es mir vor, als ginge irgend etwas anderes kaputt. Ich kann verstehen, daß ein Mensch sein Heim, den Berg, so sehr liebt, daß er das Schicksal des Berges zu dem seinen macht. Er hat das Ende seiner Zeit auf der Erde akzeptiert.«

Viele Aber lagen mir auf der Zunge. Ich schluckte sie hinunter, während ich mich verabschiedete. Da stand ich nun zwischen der jüngeren Generation, vor der sich das Leben noch wie eine Ewigkeit erstreckte, und der älteren, die aufrecht am Rande wachte. Es war die Aufgabe meiner Generation, sich um die beiden anderen zu kümmern. Dennoch schienen die Alten und die Jungen diejenigen zu sein, die das größere Risiko trugen. Es war meine Generation, in der Mitte, die die Schatten des Todes am stärksten heimzusuchen schienen.

Meine jüngeren Klienten sprachen furchtlos über Bungee-Springen, Windsurfen, Brückensprung, Skateboard-Fahren und Klettern. Doch die Dreißig- bis Vierzigjährigen hatten sogar Angst vorm Fliegen, besonders vor dem Start und der Landung. Verdächtige Knoten und Leberflecke, zu lange andauernder Husten und hohe Cholesterinwerte beschäftigten sie. Die meisten meiner Generation brachten es nicht fertig, die Angebote für kostenlose medizinische Untersuchungen in den Einkaufszentren links liegenzulassen. Wir erkannten zum erstenmal unsere Sterblichkeit.

Der Tod begrenzt das Leben. Ich konnte mich entweder vor Furcht zusammenkauern oder Entscheidungen für die zweite Hälfte meines Lebens treffen. Der Umzug nach Michigan war ein großer Schritt gewesen. Ich konnte mich von einer Ehe verabschieden, solange dieser Verlust das Versprechen eines neuen Lebens beinhaltete. Die Angst vor dem Tod war nicht verschwunden, aber sie hatte die Lokalität und den Kontext gewechselt. Ich hatte die Fragen erkannt, und Mutter, Winona und Harry Truman versuchten, mich auf ihre Weise zu führen.

Würde ich sie alle um mich versammeln und sie um ihren Rat bitten, würde meine Mutter sagen, daß der Weg durch das Leben einmalig sei. Winona würde mir erklären, das Leben sei ein Kreislauf. Und Harry würde mich daran erinnern, daß der Berg und ich im Grunde eins seien.

45

DIE PFEIFE

* * *

Die Pfeife wird dir gereicht!
Voll Ehrerbietung halte sie!
Vielleicht zweifelst du an mir,
doch von heiligen Dingen spreche ich dir.
Vielleicht zweifelst du an mir.

Traditioneller Lakota-Pfeifengesang

Nicht, daß ich die nächsten zwei Tage in Sorge um Winona verbracht hätte. Meine übrigen Klienten und die Vorbereitungen für unser Weihnachtsessen am Sonntag nahmen mich völlig in Anspruch. Jedoch bevor ich am Donnerstagmorgen von zu Hause aufbrach, fiel mir der Termin mit Winona am Abend ein. Ich füllte rasch eine kleine Dose mit Gebäck für sie. Wenn die Plätzchen sie lange genug am Leben erhielten, um ihre Meinung zu ändern, warum nicht. Ich glaubte an *ihr* Vertrauen auf ihren baldigen Tod, aber ich bezweifelte, daß er eintreten würde. Sie würde trotz ihres Rendezvous mit dem Schicksal bestimmt pünktlich zu unserem Termin eintreffen. Und so war es auch. Winona erschien an diesem Abend.

Ihre vitale Gegenwart ermutigte mich. Sie wirkte diesmal weniger verwaschen, farbiger. Energiegeladen betrat sie die Praxis und wollte gleich an die Arbeit gehen. Sie warf ihren Wintermantel achtlos auf die Couch, zog die Stiefel aus, rieb ihre kalten Hände warm und nahm ihren Platz ein. Die Tasche mit ihrer Pfeife lehnte sie gegen den Stuhl. Wir hatten uns kaum begrüßt, als sie schon begann:

»Es gab eine Zeit, in der ich Ihnen all diese Dinge niemals erzählt hätte, Meggie. Wir hatten gute Gründe, den Weißen nicht zu trauen. Euer Geist ist es, Dinge ändern zu wollen, sie zu verbessern. Wir wußten, ihr würdet euch unsere Riten aneignen und bessere Ideen dazu haben, und schon bald würde es die alten Zeremonien nicht mehr geben. Es gibt tatsächlich Weiße, die Schwitzhütten bauen und sie als Sauna benutzen, nackt und ohne Demut hineingehen, Haschisch in ihnen rauchen, sich selbst Schamanen nennen und Wochenendseminare über die Kraft der Medizin abhalten. Die Weißen wollen sich nicht die Zeit nehmen, das zu lernen, was nur langsam und über lange Zeit gelernt werden kann.«

Ich hakte nach. »Was ist geschehen, daß Sie nun bereit sind, mir diese Dinge anzuvertrauen?«

Winona beugte sich vor und glättete ihren Mantel, der zusammengeknäult auf der Couch lag. »Bei den Hopi besagte eine Weissagung: Die Ankunft seltsam gekleideter, langhaariger Menschen mit einem ähnlichen Namen wie ›Hopi‹ würde die jungen Leute wieder zu den alten Bräuchen zurückbringen.«

»Sie sprechen von den Hippies, nicht wahr?« unterbrach ich.

Winona nickte. »Die Alten der verschiedenen Stämme im ganzen Land erkannten, daß nun die Knochen von mehr als sieben Generationen von Weißen auf diesem Kontinent begraben liegen. Es gibt weiße, schwarze und gelbe Menschen, deren Sippen länger in diesem Land gelebt haben als in den Ländern über dem großen Wasser. Es wurde beschlossen, unser Wissen mit Menschen guten Herzens zu teilen, die den roten Pfad gehen wollen.«

Winona schüttelte bedrückt den Kopf. »Sie können sich vorstellen, wie viele unserer jungen Leute darüber dachten, die die Weißen für das haßten, was sie unserem Volk mit dem Bruch der Verträge angetan haben – und immer noch antun.«

»Hassen Sie die Weißen, Winona?« Das interessierte mich.

»Na, ich möchte ganz bestimmt keiner von ihnen sein! Mir gefällt nicht, wie die Weißen leben. Weit weg von der Großmutter und dem Medizinkreis. Sie gehören einem steifen Volk an, Meggie. Ihr fürchtet euch vor Schmutz, habt vergessen, wo ihr herkommt, und wißt nicht, wohin ihr geht. Ihr Volk lebt nicht im Gleichgewicht.« Winona verzog das Gesicht, als ob schon die Erwähnung der weißen Lebensart ekelhaft sei.

Sie verfiel in ein kurzes Schweigen und fuhr dann fort. »Ich hasse die Weißen nicht. Sie tun mir leid.« Sie nickte befriedigt darüber, daß sie ihre Meinung gesagt hatte.

»Stört es Sie, daß ich weiß bin?« drängte ich sie.

Winona lächelte zuerst und lachte dann. »Nein, bestimmt nicht!« sagte sie mit Überzeugung. »Das bedeutete nur, daß ich Ihnen etwas mehr beibringen muß. Wie einem kleinen Kind.« Sie hielt ihre Hand fünfzig Zentimeter über den Boden, um zu zeigen, wie klein ich in meiner Unwissenheit war. Sie neckte mich.

Ich brachte das Gespräch wieder auf sie. »Winona, Sie sind heute hier. Was, glauben Sie, bedeutet das?«

»Daß ich noch nicht tot bin«, erwiderte sie prompt. »Oder vielleicht doch?« hakte sie mit einem gewitzten Lächeln nach.

»Auf mich wirken Sie sehr lebendig«, antwortete ich.

Winona zog ihre Pfeife hervor. Wieder versicherte sie sich, daß ich nicht in meinem Mond stand. Sie deutete auf den Blitz. »Davis hat die Perlenarbeit für mich gemacht. Deshalb bedeutet mir diese Alltagspfeife soviel. Er hat den Kopf und den Hals geschnitzt und sie mir geschenkt. Ich habe diese Pfeife viele Jahre lang beim Lehren benutzt. Die andere, meine heilige Pfeife – die *Chanunpa Wakan* – bewahre ich für zeremonielle Anlässe in meinem Medizinbündel auf.«

Sie fügte die blitzverzierte Pfeife zusammen. »Es wird Zeit, Ihnen beizubringen, wie man mit der Pfeife betet. Als erstes müssen Sie den Rauch von Salbei oder Zeder auf sich verteilen, um sich und die Pfeife zu reinigen.« Sie strich mit der Pfeife mehrere Male über den brennenden Salbei. »Dann halten Sie die Pfeife mit ausgestreckten Armen vor sich. Der Hals muß nach Westen zeigen, den Kopf halten Sie in der linken Hand.«

Mit einiger Anstrengung kniete Winona sich steif auf den großen Orientteppich. Sie legte die Schale mit dem Salbei zu ihrer Rechten ab, während sie den Pfeifenkopf in der linken Hand hielt. Ich kniete mich neben sie, und sie fuhr mit ihren Anweisungen fort. »Also, ich nehme diese Prise Tabak, zerreibe ihn und bringe ihn *Wakan Tanka* dar, dem Großen Geheimnis, während ich ihn in alle Richtungen zur Sonne kreisen lasse. Ich bitte *Wakan Tanka*, meine Gebete zu erhören und die Pfeife anzuerkennen. Dann opfere ich dem Großvater im Westen, ihm, dessen Gesicht schwarz bemalt ist, eine Prise Tabak. Inhalt meines Gebetes sind die Visionen, die mir gesandt wurden oder die ich brauche. Als nächstes opfere ich dem Großvater des Nordens mit dem rotbemalten Gesicht eine Prise Tabak und bitte um Reinigung und Heilung.« Während sie sprach, brachte Winona den Tabak Kreise beschreibend dar, nachdem sie ihn zerrieben, vorsichtig in ihren Pfeifenkopf gelegt und dann behutsam hineingestopft hatte.

Danach nahm sie eine Prise Tabak und opferte sie nach oben und nach hinten dem Großvater des Ostens, dessen Gesicht eine gelbe Bemalung trägt. »Zu ihm bete ich um die Erkenntnis, die von innen kommt und langsam zu Weisheit wird.« Sie brachte dem Großvater des Südens, dessen Gesicht weiß bemalt ist, weiteren Tabak dar. »Ich bete um das Wunder eines Kindes und um das Verständnis des Geheimnisses von Geburt, Tod und dem Kreislauf des Lebens.« Dann hob sie eine Prise für *Wakan Tanka* hoch, dankte den Himmelswesen für das Licht in der Dunkelheit und für die Kraft der Donnerwesen. Schließlich beugte sie sich nach vorn und berührte mit einer Prise Tabak die Großmutter. Dabei dankte sie ihr für Nahrung und Kleidung. Sie bat die Großmutter um Kraft, solange sie auf ihr weilte. Am Ende fügte sie eine Prise für den gefleckten Adler und ihre Medizinhelfer hinzu. Wieder zog sie die Pfeife liebevoll durch den Rauch des nun schwelenden Salbeis.

Winona hielt die Pfeife von ihrem Körper weg und begann, mit einem Lied auf Lakota die Geister anzurufen. Ob Bev und ihre Klienten es durch die Wände des Büros hörten? Ich fühlte mich seltsam bewegt durch den Gesang. Danach sprach Winona ein inbrünstiges Gebet. Sie bat die Großväter, die Kinder ihrer Familie zu behüten, so daß sie eines Tages den richtigen Weg finden würden. Sie betete, daß Falke lernen möge, das zu vertiefen, was er durch seine Weisheit schon wußte, und sich nicht von Macht oder Stolz von der Pfeife fortlocken ließe. Die Geister sollten Lucy helfen zu verstehen, was sie tat und warum sie es tat. Winona erwähnte eine Menge anderer Leute aus dem Reservat und betete schließlich – zu meiner Überraschung – für mich. »Großvater, schau auf diese Frau neben mir und erbarme dich ihrer. Lehre sie voll Güte und gib ihr nicht mehr, als sie verkraften kann. Sie hat viel zu lernen. Großmutter, hilf ihr, die Augen zu öffnen, den Verstand zu klären und erkennend auf dir zur wandeln. Sie erinnert mich an mein jüngeres Ich, Großvater, als ich noch nichts wußte. Erbarme dich ihrer.« Dann betete sie für sich selbst um den Mut, dem ins Auge zu sehen, was vor ihr lag. Sie schloß mit *Mitakuye Oyas'in*. An dieser Stelle wandte sie sich mir zu und reichte mir die Pfeife. »Beten Sie. Bitten Sie die Großväter um das, was Sie brauchen.«

Ich kniete nieder, nahm die Pfeife und schloß automatisch die Augen, um zu beten. Winona stieß mir ihren Ellbogen in die Rippen. »Halten Sie immer die Augen geöffnet, damit Sie sehen, was geschieht.« Ich hob die Pfeife gen Westen.

Ein Teil von mir machte es mir schwer. Was, zum Teufel, Meggie O'Connor, hast du da mit einer Klientin auf dem Boden zu knien? Meine Supervisoren hatten mich auf eine solche Situation nicht vorbereitet.

Mehrere Minuten vergingen, ehe ich stockend etwas hervorbrachte. »Großvater, ich bitte dich um deine Hilfe. Wie soll ich mit meiner Klientin Winona hier neben mir verfahren? Sie sagt, sie wird in Kürze sterben. Ich bitte dich, mir zu helfen, ihr zu helfen.« Ich wollte ihr schon die Pfeife zurückgeben, da fiel mir gerade noch ein, »all meine Verwandten« zu sagen.

Winona nickte beifällig. Sie zündete die Pfeife an, brachte sie in alle Richtungen dar und gab sie an mich zurück. Wir knieten in der Stille, rauchten und opferten. Als die Pfeife schließlich zu Ende ging, sagte Winona wieder *Mitakuye Oyas'in* und ging vor die Tür, um die Asche auszublasen.

Sichtlich befriedigt kehrte sie zu ihrem Stuhl zurück. Auch ich stemmte mich hoch und setzte mich wieder. Sie steckte die Teile der Pfeife, den Stopfer, die Salbeischale, das Feuerzeug und den Tabak wieder in die Pfeifentasche und schickte sich an, Mantel und Stiefel anzuziehen.

Ich deutete auf die Uhr. »Wir haben noch zehn Minuten.«

Winona schüttelte den Kopf und sagte: »Es hat mir gutgetan, mit Ihnen zu beten, Meggie. Sie müssen wissen, daß die Pfeife im Mittelpunkt steht. Je mehr Sie mit der Pfeife arbeiten, desto mehr wird sie zu einem Teil Ihrer selbst. Nichts, von dem, was ich Ihnen anvertrauen kann, bedeutet mehr. Es ist jetzt Zeit für mich, zu gehen.«

»Ach!« Mir fielen die Plätzchen ein. »Ich habe ein kleines Weihnachtsgeschenk für Sie.«

»Was denn?« fragte sie.

Ich gab ihr die Dose mit den Plätzchen. Sie lächelte und berührte meine Wange. »Es ist lieb, daß du an die Alten denkst, Meggie.« Mit der Dose und der Pfeifentasche in der Hand marschierte sie zur Tür.

»Winona!« rief ich.

Sie sah sich zu mir um; kalte Luft wehte von der offenen Tür herein. »Vergessen Sie nicht unseren Termin am Montag.«

»Sei unbesorgt«, erwiderte sie. »Du weißt nun zu beten.«

Sanft und fest schloß sie die Tür hinter sich.

46

HEILIGABEND

* * *

... Wurden wir den weiten Weg geführt
zu Tod und Geburt? Sicher, da war eine Geburt, wir hatten
die Gewähr
Und waren frei von Zweifel. Mir war Geburt und Tod vertraut,
Doch hatte ich sie für Verschiedenes gehalten ...

T. S. Eliot
Die Reise aus dem Morgenland

Am Freitag kam der Schnee. Den ganzen Samstag feierten die Kinder im wirbelnden Schnee ihre Weihnachtsferien, bauten Schneemänner, errichteten Schneeburgen und entfesselten Schneeballschlachten. Ungeachtet des Schneetreibens, war der Supermarkt voll von Eltern, die ihre letzten Einkäufe für das sonntägliche Weihnachtsessen tätigten. Weihnachtslieder tönten durch sämtliche Geschäfte. Ich kaufte Shrimps-Cocktail, hielt kurz am Videoladen an, um ein paar Filme auszuleihen, und fuhr dann durch die schneeigen Böen nach Hause.

Am Samstagnachmittag nahm ich eine Axt und machte mich auf den Weg in den verschneiten Wald, begleitet von dem nach Schneeflocken schnappenden Fritzie. Ich entdeckte eine blaue Balsamtanne, die er prompt markierte, bevor ich sie schlug. »Dieser Baum ist ab jetzt für dich tabu, mein Freund!« ermahnte ich ihn. Er legte den

Kopf schief, als seien ihm meine angedeuteten Drohungen gleichgültig.

Den Baum im Schlepptau, sang ich den ganzen Weg zurück zum Haus »Kommt, lasset uns anbeten!«, während Fritzie vor mir her sprang. Wir stellten den Baum auf der hinteren Veranda ab, um ihn dann später mit Bevs Hilfe aufzustellen und mit Erinnerungen an Weihnachtsfeste vergangener Tage zu schmücken.

Mit der Dämmerung kam endlich auch Bev. Ihr Wagen, beladen mit Weihnachtsgeschenken, Lebensmitteln und ihrem Koffer, schlingerte über die eisglatten Kurven die Zufahrt herauf. Bev parkte und stieg schimpfend aus dem Wagen. »Du lieber Himmel! Ich dachte schon, ich schaffe es nicht mehr, den letzten Hügel heraufzukommen! Weißt du, Meggie, man könnte hier oben von der Welt abgeschnitten werden!« Ich wußte es nur zu gut. Der Gedanke, eingeschlossen zu sein und nicht zur Arbeit gehen zu können, gefiel ihr, und ein Lächeln breitete sich auf ihrem Gesicht aus. »Eines ist jedenfalls sicher.« Sie zeigte auf die Lebensmitteltüten. »Verhungern werden wir nicht!«

Ich half ihr beim Ausladen, während Fritzie versuchte, ihr Interesse für einen gefrorenen Tennisball zu wecken, den er gefunden hatte. Er drückte den Ball, den er zwischen den Zähnen hatte, in ihre Hand, konnte ihn aber nicht loslassen, wenn man nicht daran zog. Schließlich hielt Bev es nicht mehr aus und gab seinem Drängen nach. Sie entriß seinem Kiefer den Ball (keine schlechte Leistung mit Fausthandschuhen) und schleuderte ihn in eine frische Schneewehe. Trotz seiner leuchtend gelben Farbe verschwand der Ball. Verdutzt über das Verschwinden sprang Fritzie hoch und rannte hinterher. Steifbeinig in die Höhe hopsend, stürzte er sich immer wieder in den Schnee. Schließlich erbarmte sich

Bev und ging auf die Suche nach einem Loch im Schnee. Mit triumphierendem Gesichtsausdruck holte sie den Ball aus dem Schnee und übergab ihn Fritzie. Der versuchte nun, das Spiel wiederzubeleben, aber sie schüttelte den Kopf. Genug war genug, auch unter Freunden.

Wir feierten den Heiligen Abend gemütlich am Feuer und erzählten uns Geschichten über Freunde und Familie. Weihnachtsschmuck hing am Baum, und das Haus roch nach hausgemachter Suppe und frischem Brot. Wir machten uns Glühwein und tranken auf das vergangene Jahr. Zu Jahresende galt es, Bilanz zu ziehen. Bev grübelte über das Scheitern ihrer Beziehung mit Coulter nach und erging sich jedesmal mehr in Rationalisierungen. »Einmal schwul, immer schwul. Die Katastrophe wäre vorprogrammiert gewesen. So bin ich noch einmal davongekommen. Er konnte eben nicht warten und mir die Zeit und den Raum lassen, die ich brauchte. Also …« Jede ihrer Begründungen mündete in Schweigen.

Schließlich gab sie es zu: »Ich hab's verpatzt, stimmt's?«

Ich schüttelte den Kopf, denn ich wollte mich nicht zur Richterin erheben. »Manch einer würde sagen, es sei gut, daß eure Beziehung auseinanderging, Bev. Ich weiß nur, wenn sich ein Mann verliebt und seine tiefste Wunde bloßlegt, ist er auf der Suche nach der Heilung, die nur eine Frau vollbringen kann. In dieser Zeit wird sie für ihn zur Großen Mutter. Sie gibt ihm Leben und erteilt ihm Absolution. In dem Moment wird er wieder ganz. Doch wenn ihm diese Heilung auch nur für kurze Zeit verwehrt wird, weiß er, daß er an einer ewigen Schuld zu tragen hat. Dann deckt er die Wunde wieder zu und verbirgt sie für immer.«

Bev widersprach. »Ich hätte mich sicher wieder gefangen

und ihn wissen lassen, daß zwischen uns alles stimmte. Ich hätte nur etwas Zeit gebraucht.«

»Ich weiß, was du getan hättest, Bev, und Coulter wußte es auch – du hättest ihm seine Vergangenheit vergeben und vergeben und vergeben. Sein ganzes Leben lang hättest du ihm das vergeben, auf das er aus Liebe verzichtete. Das ist keine Absolution. Das ist Herrschaft unter dem Banner christlicher Vergebung.«

Die Fähigkeit, unangenehme Wahrheiten anzunehmen, kennzeichnete unsere Freundschaft. Ich hätte es nie gewagt, so direkt mit Katya zu sprechen.

»Na ja.« Bev hob ihr Glas. »Vielleicht kommt er zurück. Sie seufzte. »Oder vielleicht auch nicht.«

Bev zog einen Sticker aus ihrer Tasche hervor. *Ich hab's aufgegeben, nach dem Sinn des Lebens zu suchen. Alles, was ich will, ist ein Eis mit Sahne!* Sie steckte ihn sich an den Pullover. »Den trage ich schon lange für eine Gelegenheit wie diese mit mir herum.«

Ich wußte es damals noch nicht, aber die vergangenen zwei Monate stellten einen Wendepunkt in meinem Leben dar. Ich saß an diesem Heiligen Abend am Feuer, wärmte mich an Bevs Freundschaft und ließ das vergangene Jahr Revue passieren – die Erfolge, die Fehlschläge, die Unsicherheiten, so als könnte man im Leben Noten verteilen wie in der Schule. Ich erzählte ihr von meiner Verwunderung über Winona und meiner Faszination. Als die Flammen um die Birkenscheite züngelten, erwähnte ich kurz Slade und spann Phantasien um Falke. Schneeflocken landeten auf den Scheiben und wurden zu kristallinen Perlenschnüren. Wir legten Holz nach, um mit dem Feuer auch unser Gespräch zu verlängern.

Zwei Minuten vor zwölf erhoben wir uns von der Couch

und öffneten der frostigen Luft die Tür. Der Schneesturm hatte sich gelegt, und der nächtliche Himmel klarte auf. Bläuliche Sterne schossen hinter den rasch dahinziehenden Wolken hin und her; der Mond kämpfte darum, gesehen zu werden. Untergehakt spähten Bev und ich in die Nacht, als erwarteten wir den Schlitten des Weihnachtsmanns mit den acht aufgezäumten Rentieren. Wir zitterten vor Kälte, während wir darauf warteten, daß es Mitternacht wurde und der Weihnachtsmorgen begann. Beim ersten Schlagen der Uhr im Zimmer blitzte ein zackiges Licht am westlichen Himmel auf. Ehe wir uns noch nach seinem Ursprung fragen konnten, folgte ein dröhnender Paukenschlag der Donnerwesen.

Da wußte ich es in meinem Herzen.

»Du liebe Güte, was war denn das?« fragte Bev.

Mein wissendes Herz erschauerte in der kalten Nachtluft. Ich packte sie fest am Arm, um mich zu stützen.

Bev wandte sich um und studierte mein Gesicht.

Dann riß mich ein brutaler, frostiger Luftzug von ihr los. Ein langer Seufzer entfuhr mir, weiße Schwaden stiegen auf und lösten sich vor dem Nachthimmel auf.

»Der Blitz ist hinübergegangen«, antwortete ich.

47

FRÖHLICHE WEIHNACHTEN

* * *

»Ich weiß nicht, was ich tun soll!« rief Scrooge, der in einem Atem lachte und weinte ... Ich fühle mich so leicht wie eine Feder, so glücklich wie ein Engel, so lustig wie ein Schuljunge, so schwindlig wie ein Betrunkener! Fröhliche Weihnachten jedermann!

Charles Dickens
Ein Weihnachtslied in Prosa

Einen schöneren Weihnachtsmorgen konnte man sich kaum vorstellen. In der Nacht hatte der Wind die Wolken verjagt. Die späte Sonne streute Gold auf die Oberfläche des Schnees. Von der Auffahrt war nichts zu sehen; es gab sie nicht mehr. Die weiße Oberfläche der Welt draußen war glatt und unberührt. Nicht einmal die Tiere hatten ihre Spuren auf den windgepeitschten Schneewehen hinterlassen. Es war, als ob Gott jedem von uns für einen Moment eine leere Schiefertafel gegeben hätte, auf der wir unsere Spuren nachziehen und neu schaffen oder überhaupt einen ganz neuen Anfang machen konnten.

Da ich vor Bev aufgestanden war, setzte ich den Wasserkessel auf, um Haferbrei zu machen. Ein Wintermorgen wie dieser verlangte nach einem altmodischen Frühstück. Der Kaffeeduft und meine Schritte in der Küche weckten Bev aus ihrem Schlaf. Als sie mit zu Berge stehenden Haaren, in alten Hausschuhen und einem verwaschenen Bademantel, den sie nur lose zugebunden hatte, in die Küche schlurfte, ähnelte sie einer aus dem Winterschlaf erwachten Bärin. »Ist das richtiger Kaffee?« flüsterte sie, als wolle sie sich selbst nicht wecken.

Ich nickte, holte die Breischüsseln, verteilte den Haferbrei, bestreute ihn mit braunem Zucker, stellte einen Krug Milch vor sie hin, goß uns beiden Kaffee ein und setzte mich an den Tisch. Mit jedem Löffel schien ein Stückchen Bewußtsein in ihr zu dämmern. »Nervennahrung«, bemerkte ich und deutete auf den Haferbrei.

Sie hob ihre Kaffeetasse, trank einen Schluck und entgegnete: »Lebenselixier.«

Freundschaft bedeutet auch, zu wissen, wann man eine Unterhaltung kurz und liebevoll halten sollte. Der Holzherd bullerte. Wir saßen einfach so da, wärmten unser Inneres und Äußeres und verarbeiteten die Umstellung von der Nacht auf den Tag.

Nach dem Frühstück bauten Bev und ich unsere Zutaten auf und begannen mit den Vorbereitungen für unser Weihnachtsessen. Als alle Töpfe auf dem Herd brodelten, schlug Bev vor, ins Wohnzimmer zu gehen und die Geschenke auszupacken. Ich hatte jedoch andere Pläne und schüttelte den Kopf. »Ich würde gerne ein bißchen im Schnee herumtoben. Schau nur, Bev, wie schön es draußen ist. Die ganze Welt funkelt golden und weiß in der Sonne. In der Garage steht ein alter Holzschlitten mit einem gepolsterten Ledersitz. Ich würde gerne auf ihm die Auffahrt hinuntersausen und den Wind in meinen Haaren und die Kälte auf meinen Wangen spüren.«

»Wie bitte?« Bev konnte es nicht fassen. »Weißt du, Meggie, manchmal frage ich mich, ob du noch bei Trost bist. All die schönen Weihnachtsgeschenke warten nur darauf, von uns ausgepackt zu werden, und du willst hinaus in die Eiseskälte und dir den Hintern abfrieren?«

Ich nickte.

»Du willst nach da draußen gehen, wo es sehr kalt ist, und den Hügel runtereiern, wo ein Baum umkippen und uns erschlagen könnte? Ein Baumstamm könnte unser Steißbein brechen. Wir werden bestimmt im Graben enden.« Bev schüttelte den Kopf in komischer Verzweiflung. »Zum Donnerwetter, warum nicht? Wozu hat man denn Freunde, wenn sie einen im Wahnsinn im Stich lassen?«

Also verbrachten wir den Weihnachtsmorgen mit Rodeln, während die Geschenke ungeöffnet unter dem Baum herumlagen. Ich bestand darauf, vorne auf dem Schlitten zu sitzen, angeblich, um zu steuern. Bev schob, bremste und fiel mehrmals hinten herunter. Häufig fand ich mich am Ende des Hügels ohne meine Gefährtin in einem Busch wieder. Dann wandte ich mich um, und Bev lag brüllend vor Lachen mitten auf dem Hang. Wir sammelten Blutergüsse für künftige Anekdoten. Der Rausch, zu fliegen, ungehindert, kaum gesichert, trieb uns immer wieder dazu, zu einer neuen wilden Talfahrt den Hügel hinaufzustapfen. Schließlich schmerzten unsere Hinterteile so sehr von der feuchten Kälte, daß wir aufhörten. Nicht jedoch, bevor Bev mich mit drei gutgezielten Schneebällen bombardiert hatte: »Der ist dafür, daß du mich so früh geweckt hast. Und der dafür, daß ich jetzt Frostbeulen am Hintern habe. Und der ist dafür, daß du mich am Auspacken meiner Geschenke gehindert hast!« Bev betrat das Haus als erste, wie es einer Siegerin zukommt.

Das Haus verströmte die Wärme des Holzherdes und den köstlichen Duft des Essens. Es dauerte nicht lange, und wir hatten uns unserer Wintersachen entledigt und stürzten uns auf die Geschenke. Meine Lieblingsgeschenke waren Bücher. Also öffnete ich sie zuerst. Bev musterte mich von der Seite, als ich meine Nase in ein Buch steckte und tief einatmete. »Mir hat es schon immer gefallen, ein neues Buch aufzuschlagen und an den Seiten zu riechen, um das Abenteuer zu schnuppern, bevor ich die erste Seite lese«, erklärte ich. »Ich habe die Leute, die die letzte Seite zuerst lesen, nie verstanden. Sie gaukeln sich vor, daß das Leben immer auf eindeutige Lösungen hinsteuert. Mir gefällt die Spannung dabei, alles mitzuerleben.«

»Kleidung ziehe ich Büchern in jedem Fall vor«, sagte sie naserümpfend. Andächtig packte sie die Kleider aus, die sie bekommen hatte. Wie ein kleines Mädchen mußte sie jedes Stück anprobieren. Sie kuschelte sich in ein weiches Flanellnachthemd und stolzierte später in einer tief ausgeschnittenen Bluse durchs Haus.

Fritzie kam auch nicht zu kurz. Ich hatte sechs brandneue Tennisbälle getrennt verpackt, die er nun begeistert über den Boden rollte.

Die geöffneten Geschenke lagen auf dem Wohnzimmerteppich ausgebreitet, als wir zu unserem internationalen Festmahl ins Eßzimmer schritten. Auf den Shrimps-Cocktail folgte eine afrikanische Erdnußsuppe mit moussierendem Traubensaft. Dann ein Salat aus den Herzen von Römischem Lattich mit Artischockenherzen, gewürzten Croutons, gehackter violetter Zwiebel, mit Parmesan bestreut und mit einem leichten Knoblauchdressing. Bev servierte kurzgebratenes Büffelfleisch, das über Nacht in Tomatensoße mariniert war, dazu ein Taboulé. Nach dieser üppigen Mahlzeit verzichteten wir auf den Nachtisch und fanden uns äußerst tugendhaft.

Der Tag glitt in den Abend hinüber, während wir abwuschen und die Geschenke wegräumten, unsere Familien anriefen, uns unterhielten, überwachten, wie mein Nachbar den Schnee von den Auffahrt räumte, und Filmklassiker anschauten. Wir waren beide zufrieden, daß wir Weihnachten wieder einmal auf diese Weise verlebt hatten. Es hatte uns Spaß gemacht, war voller Freude und Nostalgie, blauer Flecke, runder Bäuche, alter Erinnerungen und ein wahrhaftiger Spiegel gewesen. Getrennt von unseren Familien, hatten Bev und ich eine Familie für uns selbst geschaffen. Jenseits unserer spirituellen Tradition hatten wir einen psychologischen Teppich eigener Bedeutungen geschaffen. Wir waren uns unserer Einsamkeit bewußt, aber keinesfalls verzweifelt über sie.

Der Weihnachtsabend kam, und Bev packte ihre Sachen, sagte ein liebevolles Lebewohl und fuhr die frischgeräumte Straße hinunter. Die Stille im Haus hüllte mich ein, als wäre ich ein Geschenk, das darauf wartete, geöffnet zu werden. Das überraschte mich selbst.

48

EIN KREIS SCHLIESST SICH

* * *

> *Sollte ich sterben,*
> *Und solltest du leben –*
> *Und die Zeit rollt weiter –*
> *Und der Morgen strahlt –*
> *Und der Mittag brennt –*
> *Wie es gewöhnlich geschah –*
> *Wenn die Vögel früh nisten*
> *Die Biene emsig summt –*
> *Möchte man leichthin scheiden*
> *Von dem irdischen Tun!*

Emily Dickinson
Sollte ich sterben

Am Montagmorgen hörte ich meinen Anrufbeantworter ab: zwei Absagen und eine neue Klientin, die um einen Termin bat. Dann ertönte die folgende kurze Nachricht: »Hier spricht Lucy Arbre. Meine Mutter ist Samstag nacht gestorben.« Und nach einem Moment des Schweigens, in dem Lucy ihre Trauer hinunterschluckte: »Am Mittwoch halten wir bei uns zu Hause eine Zeremonie ab. Mutter hat sich gewünscht, daß Sie daran teilnehmen.« Der hohle Ton, der das Auflegen des Hörers begleitete, unterstrich die knappe Botschaft.

Ich ließ mich in Winonas Stuhl fallen, konnte die Nachricht

nicht fassen, wußte aber, daß sie wahr war. Die Zeit dehnte sich, während ich auf dem Stuhl saß. Trauer durchdrang meine Fassungslosigkeit. In Gedanken hörte ich mich zu ihr sagen »Also, bis Montag!« und ihre Antwort: »Sei unbesorgt! Du weißt nun zu beten.«

»Ich mache mir aber doch Sorgen. Ich weiß eben nicht, wie man betet. Sie können noch nicht gehen«, protestierte ich mit trotziger Stimme, aber niemand hörte mich. Ich klang schon wie Lucy in der gemeinsamen Therapiesitzung.

Mit schweren Gliedern hievte ich mich aus Winonas Stuhl. Es gab noch andere Klienten, die ich behandeln mußte. Ich wandte mich an den Stuhl, so als säße sie noch dort, ohne ihre Stiefel in einem zerknitterten Hauskleid, und sagte laut: »Ach Winona, Sie werden mir fehlen!«

Während meiner Sitzungen an diesem Tag traten mir ständig Tränen in die Augen. Es war mir nicht bewußt, daß ich weinte, aber ich war den ganzen Tag damit beschäftigt, mir die Augen zu trocknen. »Bestimmt eine Allergie«, log ich. Glücklicherweise litten auch die meisten meiner Klienten an einer Post-Feiertagsdepression und verstanden meine Tränen als Zeichen des Mitgefühls. Anscheinend bestand mein Körper trotz meiner Entschlossenheit, die beruflichen Aufgaben des Tages zu bewältigen, auf seinem Eigenleben. Mir war klar, daß ich an der Trauerfeier für Winona teilnehmen mußte.

Bev reagierte mit ungläubiger Überraschung auf Winonas Tod. »Wie ist sie gestorben? Hat sie sich umgebracht?«

Ich konnte nur ratlos den Kopf schütteln. »Ich bezweifle es, Bev. Das war nicht ihr Stil.« Aber ich wußte es nicht. Sowohl als Ehrerbietung als auch aus Neugier wollte ich an der Trauerfeier teilnehmen. Ich mußte Bev versprechen, ihr alle Einzelheiten zu berichten. Mit einem Glitzern in den

Augen erinnerte sie mich daran, daß Falke auch dort sein würde.

Ich rief bei den Arbres an, und eines der Enkelkinder erklärte mir den Weg. Es war schon dunkel, als ich am Mittwochabend dort ankam. Es gab kaum noch Parkplätze, da sich eine Menge Trucks um das Haus versammelt hatten. Alle Fenster waren hell erleuchtet, und im Licht erkannte ich, daß viele Menschen im Haus waren. Ich fühlte mich auffällig weiß. Dann erinnerte ich mich daran, daß Winona meine Anwesenheit ausdrücklich gewünscht hatte, und ging hinein.

Die Haustür führte in einen kleinen Flur zwischen dem Wohn- und dem Eßzimmer. In einer Ecke des Eßzimmers standen eine große Kaffeemaschine, Pappbecher, Zucker und Milchpulver. Zigarettenrauch durchdrang das Haus. In einer Ecke des Wohnzimmers saßen einige ältere, schwere Frauen mit langem schwarzen Haar und beobachteten alles, kommentierten das Gesehene und brachen gelegentlich in Kichern aus. Die jüngeren Frauen machten mit Kaffee und Keksen für die Neuankömmlinge die Runde. Kinder rannten hin und her, während sich die Männer im Wohnzimmer versammelten. Lucy begrüßte mich und zeigte mir, wo ich meinen Mantel hinhängen konnte. Sie dankte mir für mein Kommen.

»Ist Falke hier?« fragte ich.

»Er ist im hinteren Zimmer und bereitet alles für die Zeremonie vor.« Sie deutete auf geschlossene Türen und eilte dann an die Haustür, um eintreffende Gäste zu begrüßen.

Ich schaute hinüber zu einem Bücherregal und sah zu meiner Überraschung Falke an das Regal gelehnt stehen und mit einem anderen Indianer sprechen. Er lächelte mich an und berührte seinen Kopf. Lucy ging zu ihm und flüsterte ihm etwas zu, wobei sie mit dem Kopf in meine Richtung deutete. Er entschuldigte sich bei seinem Freund und schlenderte zu mir herüber. »Ich bin sehr froh, daß Sie gekommen sind«, sagte er und schüttelte mir kurz die Hand. Ob ich Kaffee wolle? Ich bejahte.

Die Stimmung im Haus begann sich zu beruhigen. Die Frauen riefen ihre Kinder zu sich. Falke kam mit meinem Kaffee zurück, und ich dankte ihm. Dabei fiel mir auf, wie tief seine Augen in den Höhlen lagen. Er wandte sich in Richtung eines hinteren Schlafzimmers. »Wir fangen jetzt an. Alles ist für die Zeremonie bereit. Er hat mir gesagt, ich soll mich um Sie kümmern.«

»Wer?« fragte ich. Wer war wohl so besorgt um mich?

Er sah mich an. »Falke natürlich. Ach, da kommt er mit dem Medizinbündel.« Er nickte in Richtung des Schlafzimmers. Ich war völlig entgeistert!

Aus dem Zimmer kam Slade mit einer blaugelben Decke, die in Lederstreifen gewickelt war. Er trug ein schwarzes, mit vier Bändern geschmücktes T-Shirt, Jeans und perlenbestickte Mokassins. Sein Gesicht wirkte ernst und konzentriert. Er sprach mit Lucy, und sie ging herum und fragte, ob eine der Frauen in ihrem Mondzyklus sei, aber keine hatte ihre Periode, und die Zeremonie konnte ihren Lauf nehmen. Lucy kam zu uns. »Larry, Falke möchte, daß sich alle in einen großen Kreis setzen und ihre Schuhe ausziehen. Würdest du die Männer im Eßzimmer ins Wohnzimmer bitten?« Dann wandte sie sich an mich. »Es wäre sehr freundlich, Dr. O'Connor, wenn Sie den Frauen das gleiche sagen könnten.« Dann ging sie weg, um sich anderer Aufgaben anzunehmen.

Larry entschuldigte sich. Ich zählte zwei und zwei zusammen. Larry, den ich immer für Falke gehalten hatte, war

Lucys Mann, der im Kasino arbeitete. Und Falke war offenbar schon immer Slade gewesen. Ich schüttelte verwirrt den Kopf und schloß mich dem Kreis an, der sich im Wohnzimmer versammelte. Jetzt erst fiel mir ein, daß mir Winona erzählt hatte, Indianer hätten häufig zwei Namen – einen für die weiße Welt und einen für ihre Zeremonien. Ob Winona etwas von meiner Verwechslung geahnt hatte? Das hätte bestimmt ihren Sinn für Humor angesprochen und ihr großen Spaß gemacht.

Es sah nicht so aus, als müßte ich die Frauen bitten, sich zu versammeln, denn alle drängten sich bereits in das kleine Wohnzimmer. Slade/Falke rief Winonas kleine Enkelin zu sich und händigte ihr eine Schale mit heiligem Salbei aus. Er zündete den Salbei an und zeigte ihr, wie sie den Rauch auf den Leuten verteilen sollte. Konzentriert und stolz führte sie ihre Aufgabe aus.

Er öffnete das Bündel und nahm die Teile seiner heiligen Pfeife heraus. Er steckte sie zusammen und füllte sie mit Tabak, während er zu den Großvätern und der Großmutter betete. Alle waren still, selbst das kleinste Kind.

Ich schaute ihm zu und ließ die vergangenen beiden Monate, seit ich Slade kannte, an mir vorüberziehen. Seine Bewegungen waren sicher, und er wurde offensichtlich von allen respektiert. Er hielt die Pfeife mit nach Westen gerichtetem Stiel hoch und beschrieb anschließend einen Kreis mit ihr.

»Wir haben uns hier versammelt, um Winona, die hinübergegangen ist, Lebewohl zu sagen.« Dann sprach er einige Worte in Lakota, eine Sprache, die den Versammelten fremd war, und fuhr dann auf englisch fort. »Sie ist nun dort drüben, Großvater, verirrt und ratlos. Wir bitten dich, ihr zu helfen. Schicke jemanden, der ihr den Weg weist, damit sie ihre Reise nach Süden antreten kann. Laß sie wissen, daß wir sie, auch wenn wir sie lieben, nicht aufhalten werden. Wir geben sie an dich zurück. Wir befreien sie von unserem Wunsch, die Mutter, Tante, Schwester, Lehrerin und Freundin festzuhalten. Sie hat Aufgaben dort drüben, Großvater. Sie hat ihre Erdenwanderung gut gemeistert. Sie hat hart für ihr Volk gearbeitet. Euch, meine Großväter, bitte ich nun, die Gebete meiner Tanten und Onkel, meiner Brüder und Schwestern, meiner Nichten und Neffen anzuhören, denn auch sie trauern um sie und möchten ihr Lebewohl sagen. All meine Verwandten.« Er erhob die noch nicht entzündete Pfeife, brachte sie dar und gab sie an die Person zu seiner Linken weiter.

Alle sprachen nacheinander ein Gebet für Winona. Einige erinnerten sich an ihren Humor; einige, wie Lucy, weinten, während sie beteten. Andere schienen sie nicht sehr gut gekannt zu haben, waren aber gekommen, um Lucy, Larry und die Enkelkinder zu trösten. Winonas achtjähriger Enkel nahm die Pfeife und stand auf. Er sang ein zu Herzen gehendes Lied, das mit dem Wort »Kola« begann. Am Ende sagte er: »Großmutter, ich habe das Lied der Weißen Büffelkalbfrau für dich gesungen, wie du es mich gelehrt hast. Ah Hau!« Er setzte sich. Alle Männer und Frauen bedachten das Lied des Jungen mit beifälligem Nicken.

Die Pfeife bewegte sich langsam auf mich zu und kam schließlich bei mir an. Es war eine ungewöhnliche Pfeife mit einem runden Hals. Der Kopf hatte die Gestalt eines fliegenden Falken. Am Stiel hingen sechs Federn: vier Falkenfedern, die von zwei Adlerfedern zusammengehalten wurden. Lange Salbeizweige waren mit Streifen aus rotem Stoff am Pfeifenhals befestigt, so daß auch die kalte Pfeife einen starken Duft nach Salbei verströmte. Schweigend hielt ich die Pfeife einen Moment lang, ohne zu wissen, was ich beten sollte. Ich begann:

»Großvater, ich sage Dank für diese Frau, die in mein Leben getreten ist.« Die älteren Frauen nickten bei diesen Worten. »Es fällt mir schwer, Lebewohl zu sagen.« Am Rande meines Blickfeldes sah ich Lucy, die ihr Gesicht in den Händen verbarg und weinte. »Ich bitte dich, mir zu helfen, all die Dinge, die sie mich gelehrt hat, zu verstehen.« Jetzt kamen auch mir die Tränen.

»Sie wußte, daß sie sterben würde, Großvater, aber ich wollte es nicht wissen. Hilf mir, hilf uns allen hier, zu erkennen, was sie erkannt hat – daß der Tod nur ein Anfang ist. *Mitakuye oyas'in.*«

Die Leute im Kreis antworteten mit »Hau!« auf diese Worte. Ich brachte die Pfeife dar und überließ sie dem nächsten im Kreis. Falke/Slade sah mich an und lächelte. Er wußte, wie schwer es für mich gewesen war, dieses Gebet zu sprechen. Meine Tränen hatten den Salbei an seiner Pfeife benetzt.

Schließlich kam die Pfeife wieder bei ihm an. Er nahm sie fest in die Hände. Den Stiel gen Westen gerichtet, sagte er: »Und nun, Großväter und Großmutter, werden wir von Winonas Hinscheiden erzählen.«

Er wandte sich dem Kreis zu, wobei er immer noch die Pfeife vor sich hielt. Er begann, die Geschichte ihrer letzten Tage zu rezitieren. »Am Freitag bat Winona mich, den Nachmittag mit ihr zu verbringen. Sie mußte mich noch einiges lehren. Sie sagte, sie würde am Samstag in der Nacht hinübergehen und wolle mir noch mehr über die Pfeife beibringen. Ich erfuhr, wie sie bestattet werden wollte und was mit ihrer heiligen Pfeife geschehen sollte. Sie sprach von meiner Verantwortung als Medizinmann unseres Volkes. Sie erzählte mir von den Dingen, die einen Menschen vom roten Pfad abbringen konnten, und erklärte mir, wie wichtig es ist, zu wissen, was man tut und warum man es tut.

Sie sprach mehrere Stunden lang über diese Angelegenheiten mit mir, und ich lauschte aufmerksam ihren Worten. Ich glaubte immer noch nicht, daß sie uns verlassen würde, denn sie war bei guter Gesundheit. Sie sagte, sie sei müde und es sei Zeit. Dann trug sie mir auf, die Familie am Heiligen Abend zu versammeln. Sie wünschte sich, daß die Kleinen die Geschenke von ihr schon öffnen durften, denn sie wollte die Freude auf ihren Gesichtern sehen. Nachdem wir gegessen und die Kinder ihre Geschenke ausgepackt hatten, versammelte sie alle um sich hier im Wohnzimmer, wo sie im Lehnstuhl saß. Lucy wird Ihnen jetzt den Rest erzählen.«

Falke erhob sich, brachte Lucy die Pfeife und legte sie in ihre Hände.

Lucy wirkte einen Moment lang verstört. Die Pfeife gehörte nicht zu ihren alltäglichen Gewohnheiten. Sie nahm sich zusammen und rang zunächst nach Worten. »Mutter erklärte uns letzte Woche, Geister seien zu ihr gekommen und hätten ihr gesagt, sie würden sie nun bald mit sich nehmen.« Tränen liefen ihr übers Gesicht. Sie sah Falke hilfesuchend an, aber er nickte ihr nur ermutigend zu.

Sie sprach weiter. »Es war am Samstagabend kurz vor Mitternacht. Mama entschuldigte sich bei mir dafür, daß sie nicht immer eine gute Mutter gewesen sei, dennoch liebe sie mich. Sie sagte den Kindern, sie sollten stets die Alten und ihr indianisches Erbe ehren. In den letzten Monaten hätten sie ihr viel Freude bereitet. Sie erklärte uns, wo ihr Testament sei, und bat uns, sie im billigsten Sarg, den wir finden könnten, zu bestatten.« Lucy begann, leise zu weinen. »Damit sie so schnell wie möglich zur Großmutter zurückkehren könne.«

Alle warteten, während Lucy sich bemühte, nicht laut zu schluchzen. »Ich glaubte, Mama wäre verrückt geworden, denn sie war ja überhaupt nicht krank. Ich fühlte ihren Puls, und der war sehr kräftig. Das beruhigte mich. Mama lächelte mich an. Wahrscheinlich wußte sie, daß ich ihr nicht glaubte. Sie sagte, eine Kriegerin sei gekommen und stünde dort in der Ecke.« Lucy deutete auf die Fernsehecke.

»Mama schien sich zu freuen. Die Kriegerin warte auf sie. Ich umklammerte ihr Handgelenk. Vielleicht glaubte ich, ich könnte sie mit dieser Berührung festhalten. Ich weiß es nicht. Mama schloß die Augen und wurde ganz ruhig. Auf ihrem Gesicht lag ein Lächeln. Ihr Herz klopfte bum-bum, bum-bum, bum-bum. Gleichmäßig und stark fünfzehn oder zwanzig Minuten lang. Wir warteten alle schweigend darauf, daß sie die Augen öffnete. Ich ließ ihr Handgelenk die ganze Zeit nicht los. Ihr Herz schlug bum-bum, bum-bum, bum-bum und plötzlich ... blieb es stehen. Kein Herzschlag mehr. Da wußte ich, daß sie uns verlassen hatte.« Tränen strömten aus Lucys Augen, und Falke nahm ihr behutsam die Pfeife ab.

Er kehrte auf seinen Platz im Kreis zurück. »So war sie auch noch im Tod unsere Lehrerin. All meine Verwandten!«

Alle antworteten: »Ah-hau!« Falke hob die Pfeife hoch, beschrieb mit ihr einen Kreis, zündete sie an und brachte sie allen Richtungen dar. Dann hob er sie höher, bot sie den Großvätern und der Großmutter dar und reichte sie der Person zu seiner Linken mit den Worten: »All meine Verwandten. Wir sagen das, weil wir im Namen all unserer Verwandten beten.« Die brennende Pfeife ging herum, auch die kleinen Kinder nahmen einen Zug, und die Erwachsenen halfen ihnen, die Pfeife zu halten. Als die Pfeife zu Falke zurückkam, rauchte er den Tabak zu Ende. »*Mitakuye oyas'in*« rief er, als er die Pfeife auseinandernahm, an die Haustür ging und die heiße Asche ausblies.

Danach liefen die Leute herum und unterhielten sich miteinander. Auch wenn alle freundlich zu mir waren, fühlte ich mich doch wie eine Fremde. Ich beschloß, vorzeitig zu gehen, und dankte Lucy für die Einladung zur Zeremonie. Sie erzählte mir, daß sie ihre Mutter – ihrem Wunsch entsprechend – mit ihrer heiligen Pfeife auf der Brust begraben hatten. Bei der Schilderung, wie der Bestattungsunternehmer sie für eine Bande geiziger Indianer gehalten hatte, als sie den billigsten Sarg verlangten, gelang Lucy sogar ein kleines Lachen. Ich murmelte ein paar anteilnehmende Worte, die der Situation sowieso nicht angemessen waren. Larry verabschiedete sich auch und sagte, daß er jetzt nicht mehr über seine Probleme mit seiner Schwiegermutter mit mir sprechen müsse. Da ich nun wußte, wer er war, brachte ich meine Begierden zum Schweigen. Ab jetzt war er tabu für mich.

Ehe ich aus der Tür schlüpfte, sprach mich der eigentliche Falke (der eigentliche Slade) an. »Sie würde sich freuen, wenn sie wüßte, daß Sie gekommen sind.« Er hatte eine lange, schmale Pappschachtel in der Hand, die er mir in den Arm legte. »Sie hat mich gebeten, Ihnen dies zu geben. Sie wüßten schon, was Sie damit anfangen sollten.«

Er lächelte geheimnisvoll und gesellte sich wieder zu den anderen im Wohnzimmer. Ich fuhr nach Hause, das Geschenk neben mir auf dem Sitz, und überlegte die ganze Zeit, was Winona mir wohl als Vermächtnis hinterlassen hatte.

49

DAS GESCHENK URALTER EKSTASE

* * *

Vielleicht sollten wir nicht planen, am Ende der Liebe anzukommen, sondern in ihr Geheimnis eindringen wie Meisen, jene zwischen reifbedeckten Ästen hin und her schießenden Akrobaten.

Roberta Hill Whiteman
A Song For What Never Arrives

Das Telefon klingelte, als ich in Chrysalis ankam. Ich legte das Paket ab und steuerte auf den Apparat zu, stutzte und wandte mich wieder ab. Das Päckchen hatte Vorrang. Ich wollte mich nicht von Winonas letzter Botschaft ablenken lassen. Mit einem Küchenmesser schlitzte ich die zugeklebten Öffnungen der Schachtel auf. Was es auch war, Winona hatte es gut geschützt. Das Telefon hörte auf zu klingeln. Es war wahrscheinlich Bev, die sich für meine Begegnung mit Falke interessierte. Vermutlich würde sie sich auf meine Kosten kaputtlachen.

Die Schachtel war leicht zu öffnen und duftete stark nach Salbei. In einem Bett aus getrocknetem Salbei ruhte Winonas Alltagspfeife mit dem deutlich hervortretenden Blitzmotiv aus Perlen. In einem Winkel der Schachtel lagen ihr Pfeifenetui, vier verschlossene Tüten mit einer Tabakmischung, die sie mit dem Etikett »Heiliger Tabak« versehen hatte, und eine kleine Räucherschale aus Catlinit in der Form eines roten Totembärs, auf dessen vier Pfoten die

Schale ruhte. Im Pfeifenetui befanden sich zwei Feuerzeuge und ein abgegriffener, vertrauter Stopfer, der oben mit Perlen verziert war.

Wie betäubt ließ ich mich mit der Schachtel und ihrem Inhalt auf dem Schoß in einen Sessel fallen. Das also war Winonas Vermächtnis! Doch selbst in diesem Augenblick begriff ich noch nicht, was sie mir hinterlassen hatte. Mir fiel ein, daß sie gesagt hatte, wenn man eine Alltagspfeife mit Salbei reinigte, könne man sie zum Gebet benutzen. Sie wußte, daß ich Nichtraucherin war. Die Pfeife war eindeutig zum Gebet bestimmt.

Ich sah mich im Wohnzimmer um. Meine Vorfahren blickten von ihren Gemälden und Fotografien auf mich herab. Entschloß ich mich dazu, die Pfeife zum Gebet zu benutzen, würden sie für mich zum Leben erwachen. Ließ ich die Pfeife unbenutzt als indianischen Kunstgegenstand ruhen, würden meine Ahnen in aller Ruhe als längst Verstorbene in ihren vergoldeten Rahmen verharren.

Wenn ich aber nach Art der Pfeife betete, würde das Blitzmuster sich wahrscheinlich für mich bewegen und die Achse der mir vertrauten Welt des zwanzigsten Jahrhunderts kippen. Die Hirschkuh und das Stachelschwein würden meine Schwester und mein Bruder sein, und ich könnte mich nicht länger mit menschlichem Hochmut über sie erheben. Wenn ich mich für den roten Pfad entschied, würde ich vielleicht sogar eines Tages den kleinen Leuten aus meiner fernen keltischen Vergangenheit begegnen.

Die Vernunft in mir kämpfte und stritt gegen die Phantasie, die Vision und den Aberglauben. Trotz meiner Furcht verspürte ich die menschlichste aller Regungen – Neugier. Ich wollte wissen, was geschehen würde.

Die Pfeife war nicht einfach ein Geschenk, das eine weise

Frau mir hinterlassen hatte. Sie wies mir einen Pfad und schickte mich auf eine Reise, die nicht einmal an der Grenze des Todes endete. Winona hatte gewollt, daß ich mich entschied – zwischen meiner heimischen Welt des zwanzigsten Jahrhunderts und der alten Lehre von der Erde als unserer Großmutter und uns als ihren Kindern, für das Wissen um die Geister und andere Phänomene, die neben unserer augenscheinlichen Realität existieren.

Ich fühlte mich meiner Lehrerin beraubt, allein gelassen und orientierungslos. Vermutlich wußte sie wie alle guten Lehrer, daß eine Zeit kommt, in der ihre Schüler sie verlassen mußten, aber ich fühlte mich dazu noch nicht bereit. Vielleicht hatte sie Falke deshalb angeregt, Anteil an meiner Person zu nehmen, damit er mein nächster Lehrer werden konnte. Das waren die Gedanken, die mir durch den Kopf gingen, als ich unter den Blicken meiner Ahnen im Wohnzimmer saß. Ich wußte, daß Winonas Pläne nicht auf die leichte Schulter zu nehmen waren.

Die Pfeife ruhte in ihrem Salbeibett. Sie erhob sich nicht und drängte sich in meine Hände. Sie wartete auf meine Entscheidung.

Vielleicht war die Entscheidung ja schon vor langer Zeit gefallen, als ich in dem Apfelbaum im Obstgarten meiner Großmutter saß und meine sommerlichen Abenteuergeschichten las. Damals wußte ich, daß der Geist meiner Großmutter mich umschwebte, auch wenn ich sie nie sah. Chrysalis war ein Ort der Metamorphosen. Ob Raupen sich davor fürchten, in ihr neues Leben hinüberzusterben? War es schmerzhaft, die sichere, erdgebundene Hülle abzuwerfen und die großen Flügel auszubreiten? Hatte die Raupe eine Wahl?

Als ich auf meine Vorfahren im Zimmer und auf das Land

schaute, das sich draußen vor mir erstreckte, wurde mir klar, daß ich dem Geist meiner Großmutter und den Visionen meiner Lehrerin Ehre erweisen und dem roten Pfad folgen würde.

Ich zog meine Schuhe aus und nahm Pfeifenkopf und -hals aus der Schachtel. Nachdem ich etwas Salbei abgebrochen hatte, zerbröselte ich ihn und streute ihn in die Vertiefung auf dem Rücken des Totembären. Ich zündete den Salbei an und wusch mich in dem beißenden Rauch. Daraufhin reinigte ich auch die Pfeife, die ich vorher zusammengefügt hatte, im Rauch. Ich kniete mich in Richtung Westen und hielt die Pfeife vor mich, wobei ich den Kopf liebevoll mit meiner linken Hand umschloß und das alte Ritual einleitete, das Winona mir so sorgfältig beigebracht hatte. Ich stopfte die Pfeife, während ich zu jedem einzelnen Großvater und am Ende zur Großmutter Erde betete. In der Schale opferte ich eine Prise Tabak für den Geist Winonas und bat die Großväter, ihr zu helfen, den Weg in ihr jenseitiges Leben zu finden. Ich dankte meinen Vorfahren.

Als ich mein Gebet beendet hatte, schwieg ich und schaute mit geöffneten Augen um mich. Die Luft war dicht und bewegte sich. Im Dunkeln blitzten Lichter auf, die man zur keltischen Zeit als »Irrlichter« bezeichnet hätte. Winona hatte von diesen Lichtern gesprochen. Es seien die Geister, die den Zweibeinigen ihr Wohlwollen ausdrückten.

Es mußte zwischen fünf und zwanzig Minuten Stille geherrscht haben, als ich eine Frauenstimme aus dem Westen vernahm. Ich erkannte die Stimme nicht, wußte nur, daß sie von außen kam. Überrascht, aber ohne Angst, fühlte ich mich aufgehoben und geborgen.

Die Stimme übermittelte eine einfache Botschaft, voll Liebe und Verständnis für meine Unwissenheit. Es würde viel

Zeit vergehen, bis ich eine Stimme wieder so deutlich vernehmen sollte:

»Sei unbesorgt! Du weißt nun zu beten.«

Mitakuye oyas'in.

BIBLIOGRAPHIE

Alle nicht in deutscher Ausgabe vorhandenen Zitate wurden von der Übersetzerin ins Deutsche übertragen.

Barrett Browning, Elizabeth, »Aurora Leigh«, in: Emily Morrison Beck (Hg.), *Bartlett's Familiar Quotations*, Boston 1857, S. 507.

Berendt, Joachim-Ernst, *Das dritte Ohr. Vom Hören der Welt*, Hamburg 1995, S. 52.

Black Elk, Wallace, und Lyon, William S., *Black Elk. The Sacred Ways of a Lakota*, San Francisco 1990.

Bolen, Jean Shinoda, *Göttinnen in jeder Frau*, München 1997, S. 77.

Brooks, Francis, »To Imagination: An Ode«, in: Wallace Rice (Hg.), *The Poems of Francis Brooks*, Chicago 1896, S. 56.

Campbell, Joseph, *Die Kraft der Mythen*, Zürich, München 1994, S. 149.

Chesterfield, Lord Philip Dormer Stanhope, *(1742–1752). Letters to His Son*, New York 1940.

Clifton, Lucille, »Sleeping Beauty«, in: *Quilting: Poems, 1987–1990*, Brockport, N. Y. 1991, S. 33.

De La Mare, Walter, »All But Blind«, in: Louis Untermeyer (Hg.), *Modern American and British Poetry*, New York 1955, S. 512.

Dickens, Charles, »Ein Weihnachtslied in Prosa«, in: *Weihnachtserzählungen*, Stuttgart 1974, S. 7–109, S. 103.

Dickinson, Emily, »Sollte ich sterben«, in: *Gedichte*, Englisch/Deutsch, übers. v. Gertrud Liepe, Stuttgart 1970, S. 12f.

–, »Die Spinne hält den Silberball«, übers. v. Walter von Koppenfels, in: *Dichtungen*, Mainz 1995, S. 271.

Diop, Birago, und Barnwell, Ysaye M., »Breaths«, in: *Good Good News/Sweet Honey In the Rock* (Tonaufnahme), Chicago 1980.

Eberhard, Richard, »If I could Only Live At the Pitch That Is Near Madness«, in: Louis Untermeyer (Hg.), *Modern American and British Poetry*, New York 1955, S. 338.

Eliot, T. S., »Reise aus dem Morgenland«, in: *Gesammelte Gedichte*, Frankfurt 1988, S. 158f.

Faulkner, William, *Der Bär*, Frankfurt 1953, S. 30.

Frost, Robert, »Wüste Stätten«, übers. v. Kurt Erich Meurer, und »Widerstreben«, übers. v. Alexander von Bernus, in: *Gesammelte Gedichte*, Mannheim 1952, S. 369, S. 62.

Fuller, Thomas (Hg.), *Gnomologia*, London 1762, S. 869.

Geronimo, *Ein indianischer Krieger erzählt sein Leben*, Göttingen 1994, S. 132).

Hopkins Manley, Gerard, »God's Grandeur/Gottes Herrlichkeit«, in: *Gedichte* (Englisch/Deutsch), übers. v. Ursula Clemen und Friedhelm Klemp, Stuttgart 1973, S. 26f.

Jacobi, Jolan (Hg.), *Psychologische Betrachtungen. Eine Auslese aus den Schriften von C. G. Jung*, Zürich 1945, S. 151 (Kap. 1) und S. 275 (Kap. 33).

Kierkegaard, Sören, zit. n. Joachim-Ernst Berendt s. o.

de Lamartine, Alphonse, »From Count d'Orsay, Letter to John Foster«, in: Emily Morrison Beck (Hg.), *Bartlett's Familiar Quotations*, Boston 1980, S.464.

Lawrence, D. H., »Ship of Death«, in: Louis Untermeyer (Hg.), Modern American and British Poetry, New York 1955, S. 553.

–, »Kisses in the Train«, in: Louis Untermeyer (Hg.). a. a. O., S. 547.

Maugham, W. Somerset, »Mrs. Dot«, in: *The International Thesaurus of Quotations*, New York 1970, S. 613.

Mew, Charlotte, »The Trees Are Down«, in: Penelope Fitzgerald, *Charlotte Mew and Her Friends*, Reading, Mass., 1988, S. 264.

Pearson, Carol, *Die Geburt des Helden in uns*, München 1993.

Reed, Henry, »Lessons of the War. I. Naming of the Parts«, in: Louis Untermeyer (Hg.), *Modern American and British Poetry*, New York 1955, S. 679f.

Rilke, Rainer Maria, *Briefe an einen jungen Dichter*, Frankfurt 1994, S. 21.

Roethke, Theodore, »The Waking« (1953), in: *The Collected Poems of Theodore Roethke*, New York 1966, S. 104.

Shakespeare, William, »*Othello*«, Englisch/Deutsch, übers. v. Schlegel und Tieck, Hamburg 1965, Szene III, Zeile 160–171.

Sondheim, Stephen, »Moments In The Woods«, in: *Into The Wood*, New York 1988.

Thomas, Dylan, »Geht nicht gelassen in das sanfte Nichts«, übers. v. Klaus-Dieter Sommer, in: *Und dem Tod soll kein Reich mehr bleiben. Gedichte*, Berlin 1984.

Tolkien, J. R. R., *Das Tolkien Lesebuch*, München 1992.

Traditional Folktale, »It Is As You Wish« (»Nach deinem Belieben«), Ursprung unbekannt.

Traditional Folktale, »The Nature of Truth« (»Das Wesen der Wahrheit«), Ursprung unbekannt. Erstmals von der Geschichtenerzählerin Carol Burch während des NAPPS-Festival gehört. Eine weitere Version der Geschichte findet sich in: Jane Yolen, *Favorite Folktales from Around the World*, New York 1986, S. 3f.

von Franz, Marie Luise, *Interpretation of Fairy Tales*, Zürich 1970.

White Hat, Albert Sr., *Lakota Ceremonial Songs*, S. 10, 11, 14, Rosebud, Süddakota, 1983. (Die Übersetzungen aus dem Lakota stammen von Priscilla Cogan.)

Whiteman, Roberta Hill, »A Song For What Never Arrives«, in: *Star Quilt*, Minneapolis 1984, S. 64.

Wilbur, Richard, »Juggler«, in: Louis Untermeyer (Hg.), *Modern American and British Poetry*, New York 1955, S. 397.

Williams, William Carlos, »The Rose«, in: *The Selected Poems of William Carlos Williams*, New York 1949, S. 27.

Woodman, Marion, *The Pregnant Virgin*, Toronto 1985.

Wyman, Leland C., und Haile, Berard, *Blessingway*, Tuscon 1970, S. 164

Yeats, W. B., »Der Tod des Hasen«, übers. v. Richard Exner, in: *Werke I, Ausgewählte Gedichte*, Neuwied, Berlin 1970, S. 191.

GLOSSAR DER LAKOTA-WÖRTER

Chanunpa Wakan	heilige Pfeife
Heyoka	Stamm, der zum Volk des Blitzes gehört; gilt als mächtig, gefährlich, schnell und unberechenbar; eine Person mit Visionen von dem Donnerwesen; Clown
Iktomi	schwarze Spinne, Spinnengeist
Inipi	Schwitzhütte, Zeremonie
Mitakuye oyas'in	»All meine Verwandten«
Mni	Wasser
Wakan Tanka	Großvater; Großer Geist; Großes Geheimnis
Wazi	Großvater des Nordens; Schneesturm
Wi	Sonne
Yuwipi	Heilungszeremonie, bei der der Medizinmann in eine Sternendecke eingewickelt und mit sieben Knoten gefesselt wird

INHALT